W0406473

M.H.M

Méthode
Heuristique
Mathématiques

maternelle

PS

Guide des séances

Laurence Le Corf
PEMF et directrice d'école

www.orthographe-recommandee.info
Cet ouvrage est conforme à la nouvelle orthographe

Nathan est un éditeur qui s'engage pour la préservation de l'environnement et qui utilise du papier fabriqué à partir de bois issu de sources responsable et contrôlées.

Nathan

ISBN : 978-2-09-125213-1

Avant-propos

Ce guide des séances va vous permettre de mettre en œuvre la méthode heuristique de mathématiques en Petite Section, telle qu'elle a été décrite dans le *Guide de la méthode*[1].

La structure de ce guide est différente de celle des guides de Moyenne et Grande Sections de maternelle. En effet, la classe de Petite Section est très spécifique. Elle appelle de nombreux aménagements en termes d'emploi du temps. Vous trouverez donc des activités ritualisées, guidées, semi-autonomes ou autonomes pour chaque période, qu'il vous reviendra d'organiser au plus près de vos besoins.

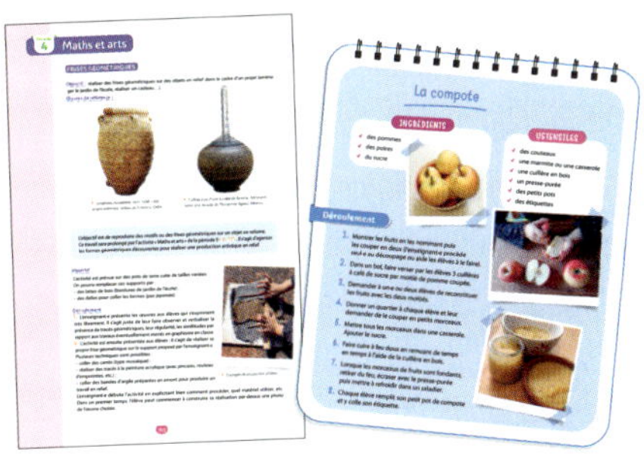

Cette spécificité de la Petite Section se traduit concrètement par des propositions transversales et interdisciplinaires : exploiter un coin thématique à chaque période, faire des mathématiques hors la classe, combiner maths et premières approches scientifiques, exploiter des œuvres artistiques pour réinvestir des apprentissages mathématiques, mais aussi cuisiner pour faire des mathématiques en situation.

Des supports pour vos élèves, mais aussi pour la vie de classe sont disponibles dans cette pochette pour un enseignement explicite : du matériel collectif ou individuel en couleur, à découper et/ou plastifier, des fiches photocopiables pour fabriquer des supports. Parmi les ressources proposées, vous trouverez notamment des comptines écrites spécialement pour accompagner les principales notions mathématiques découvertes au cours de cette année.

Lisez bien en amont le ***Guide de la méthode***. Il est fondamental pour bien comprendre le fonctionnement et l'intérêt de la méthode MHM. Respecter le fonctionnement du guide des séances les premières années est indispensable pour pouvoir ensuite vous en affranchir et adapter plus spécifiquement la méthode à vos besoins et à vos habitudes. Cette méthode se veut en effet évolutive.

1. *La Méthode heuristique de mathématiques, Enseigner les mathématiques autrement à l'école maternelle*, © Éditions Nathan, 2020.

Compris avec l'achat de cette pochette !

Le Bloc Ressources à imprimer

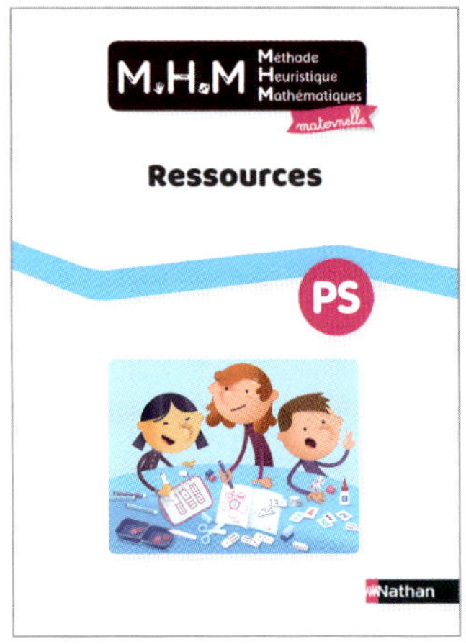

1. Rendez-vous sur :
https://activation.nathan.fr/mhm-ressources-ps

2. Répondez aux questions posées en utilisant votre Guide des séances, puis connectez-vous à votre compte Nathan (ou créez-le).
Vous recevrez quelques minutes plus tard un email de confirmation avec vos identifiants de connexion, et instructions d'accès à la Bibliothèque numérique BiblioManuels.

3. Téléchargez gratuitement l'application BiblioManuels sur votre ordinateur, et connectez-vous grâce **aux login et mots de passe reçus par email**.

Biblio MANUELS

4. Votre ouvrage apparait dans la bibliothèque.
Cliquez sur « Télécharger » sous le visuel, puis sur « Ouvrir ».
Vous avez désormais accès à toutes les ressources, même hors connexion !

5. Pour télécharger les ressources sur une clé USB personnelle, rendez-vous dans le menu ☰ et sélectionnez « Copier sur une clé personnelle ».

SOMMAIRE

PÉRIODE 3

PÉRIODE 4

PÉRIODE 5

L'organisation spécifique en Petite Section

Par rapport aux autres sections de l'école maternelle, la Petite Section présente quelques particularités dans la construction de l'emploi du temps de la classe :

– **un temps d'accueil plus long** le matin, allant parfois jusqu'à 30 minutes ;

– **un temps de passage aux toilettes** souvent organisé dans l'emploi du temps (rien ne l'y oblige hormis des habitudes ou des contraintes matérielles) ;

– **un temps de disponibilité et d'attention des enfants court**, voire très court : tous ne rentrent pas aussi vite et aussi facilement dans les apprentissages et les attentes de la classe ;

– **l'indisponibilité de certains élèves** pour les activités à plusieurs, en particulier les regroupements ;

– **la présence variable des élèves :** certains ne sont pas présents l'après-midi, d'autres sont à la sieste avec un réveil échelonné ;

– **une hétérogénéité importante due à l'âge :** quelques mois d'écarts d'âge entre les enfants suffisent pour avoir des conséquences concrètes sur leurs apprentissages et leur développement moteur, cognitif, langagier.

▸ *Le rituel des personnages en période 1.*

Toutes ces particularités expliquent notamment le choix de ne pas construire une méthode au jour près, avec des séances très organisées et contraignantes. Nous avons au contraire fait le choix de laisser une souplesse permettant à chacun·e de trouver ses propres modalités de travail.

Ainsi, la méthode propose dans chaque période :

– des **activités ritualisées** : menées en regroupement ou en petits groupes, s'inscrivant dans les pratiques habituelles de la classe (l'appel du matin), elles permettent d'**inscrire les apprentissages dans un temps long** ;

– des **activités guidées** de type « **atelier** », requérant la présence de l'enseignant·e pour expliciter, verbaliser, accompagner l'élève dans la découverte, la réflexion, la mise en œuvre d'activités mathématiques. Des fiches de suivi pour ces activités sont proposées dans le bloc Ressources et sur le site de la méthode ;

▸ *Le jeu « Croque le 1 » en période 1.*

– des **activités semi-autonomes** requérant la présence d'un·e adulte (enseignant·e ou ATSEM), au moins au début de l'activité. Elles permettent à l'élève de s'impliquer dans **une activité accessible** ;

– des **activités autonomes** sous la forme de **boites d'activités autonomes**. Ces boites s'inspirent des activités Montessori pour confronter les élèves à des compétences mathématiques ciblées qu'ils peuvent mettre en œuvre en totale autonomie : trier, classer, énumérer, etc. Elles ont vocation à être proposées à la suite des activités guidées ou semi-guidées. Elles sont présentées en page 14.

▸ *L'activité « Les colliers » en période 2.*

Chaque type d'activité est accompagné d'**éléments didactiques et pédagogiques permettant de différencier** selon les capacités des élèves, mais aussi de proposer une progressivité conduisant l'élève à s'essayer à des activités de plus en plus résistantes et constructrices de savoirs.

L'agencement, l'organisation de ces activités sur la semaine est de votre ressort. Vous êtes libre de construire vos activités et séances comme vous le souhaitez. Parmi l'éventail d'activités proposées, chacune permet une évolution au fil des occurrences. Vous pouvez choisir quel atelier, quel jour, à quel moment.

Toutefois, **à chaque période,** nous vous faisons **une proposition concrète**. L'organisation y est très structurée, associant volontairement un jour à un type de rituels. L'idée est qu'au cours de la période, **tous les élèves soient passés au moins une fois dans chaque activité**. Certaines sont très courtes, d'autres plus longues. Plusieurs occurrences des activités sont proposées afin d'avoir le temps de les faire évoluer selon les propositions faites. Le nombre d'occurrences est lié à l'intérêt de l'activité et aux variables didactiques en jeu. Une **fiche de suivi** est proposée à cet effet à chaque période dans le bloc Ressources ▶ p. 139.

▶ Une table dédiée à la manipulation mathématique.

Organisation en classe

La mise en œuvre de ces différentes activités appelle une réflexion sur l'aménagement de la classe et l'accessibilité du matériel.

Nous suggérons :

– **une table dédiée à la manipulation mathématique**, sur laquelle la zone de travail de chaque élève est identifiée (zone de couleur par exemple) ;

– **des mini-plateaux pour le matériel :** les élèves de Petite Section sont encore majoritairement dans l'individualité. Proposer du matériel individuel sur des plateaux dédiés permet de remédier à cette difficulté tout en inscrivant progressivement des modalités de travail à deux, à trois et plus pour apprendre à partager ;

– **des espaces clairement identifiés** dans la classe pour exploiter, ranger le matériel. Par exemple, les boites d'activités autonomes seront à disposition des élèves, à leur hauteur.

▶ De mini-plateaux pour le matériel.

En complément de ces différentes typologies d'activités, nous proposons d'autres occasions de mettre en œuvre des compétences mathématiques.

LE COIN DE LA PÉRIODE

Parce que l'apprentissage des mathématiques est transversal chez le jeune enfant, nous proposons pour chaque période d'**organiser un coin thématique en lien avec les mathématiques**.

L'idée est d'aller au-delà des coins mis en place traditionnellement – parfois utilisés pour du délestage – en ciblant des compétences mathématiques et en proposant d'autres façons de les exploiter. Par exemple, les périodes 1 et 2 s'appuient sur un coin « bac à sable » puis « bac à graines » pour mettre en œuvre des situations de transvasement.

Certaines compétences demandent un travail particulier. Par exemple, comprendre la notion de grandeur est une construction abstraite qui demande à être confrontée à de nombreuses situations concrètes différentes. Il nous semble nécessaire d'aborder ces apprentissages sous ces différents aspects.

Vous êtes libre de les explorer en partie ou totalement.

MATHS ET **SCIENCES**

Cette rubrique associe les premières connaissances mathématiques et **les premières approches du monde du vivant et de la matière**. Il s'agit de proposer une première rencontre, une familiarisation avec certains phénomènes qui semblent parfois relever de l'évidence aux adultes. L'enseignant·e accompagnera ces découvertes par l'étayage langagier, par l'explicitation. Il s'agit aussi de **s'inscrire dans une véritable démarche scientifique**, comme « La main à la pâte » le propose avec de nombreux exemples en maternelle.

La main à la pâte : banque de ressources
https://www.fondation-lamap.org/ressources

MATHS **DEHORS !**

Ces propositions visent à travailler à l'extérieur, dans **un contexte plus concret et plus proche de la vie réelle**. Elles permettent aussi de **travailler dans un espace plus grand**, d'expérimenter des actions infaisables en classe, de se déplacer, de réfléchir sur les perceptions (ce qu'on voit, ce qu'on ne voit pas, le rapport aux grandeurs : on ne perçoit pas toujours la réalité d'une grandeur donnée, etc.). Ce travail dans l'espace est important pour permettre à l'élève de construire sa structuration de l'espace.

Les activités « Maths dehors ! » peuvent avoir lieu sur le temps de classe mais aussi sur un temps d'accueil ou de récréation (les trente minutes habituelles pouvant être en partie exploitées avec les élèves volontaires).

▸ *Activités « Maths dehors ! »*

Maths et arts

À chaque période, une proposition est faite pour **travailler des compétences en lien avec la géométrie à partir d'une œuvre d'art**. Ces activités comprennent d'abord un temps de langage, d'expression sur une œuvre d'art, puis un travail « à la manière de », démarche qui nous semble adaptée à des élèves de Petite Section en les guidant pour arriver à une production concrète. L'intérêt réside autant dans la conception artistique que dans l'exploitation langagière et mathématique qui en sera faite.

▸ *Activité « pixel art » (période 2).*

La recette de la période

La cuisine est une activité appréciée des élèves qui permet de **travailler en situation de nombreuses compétences mathématiques** : partage, proportion, grandeurs et mesures, etc. Une recette simple est donc proposée chaque période.

Elle peut faire l'objet d'**un partage avec les familles** et d'une explicitation auprès des parents : la cuisine (comme d'autres activités) est un temps d'apprentissage informel important pour les enfants de cet âge.

Les muffins au chocolat

INGRÉDIENTS

- 1 pot de yaourt nature
- 3 œufs
- 2 pots de yaourt de farine
- 1 pot de sucre en poudre
- 1 pot d'huile végétale (tournesol, olive…)
- 1 sachet de sucre vanillé
- 1 sachet de levure chimique
- 1 pincée de sel
- 1 tablette de chocolat

USTENSILES

- un saladier
- un fouet
- un moule à muffins
- une cuillère

Déroulement

Le pot de yaourt, une fois vidé, servira d'outil de mesure.

1. Verser le yaourt dans le saladier.
2. Casser les œufs dans le saladier, mélanger.
3. Ajouter le sucre en poudre et le sucre vanillé dans le saladier, mélanger.
4. Ajouter la farine et la levure, mélanger.
5. Ajouter la pincée de sel, mélanger.
6. Ajouter enfin l'huile et mélanger.
7. Remplir les alvéoles du moule à muffins avec la cuillère. Chaque élève le fait et ajoute ensuite un carré de chocolat sur chaque muffin.
8. Cuire à 180° C pendant 15-20 minutes.

Le matériel de classe préconisé dans la méthode

Voici une liste de matériel utilisé régulièrement dans la méthode, hors fiches du bloc Ressources incluses dans cette pochette.

Type	Description	Quantité (minima pour ateliers)
Matériel de numération pour dénombrer, jouer…	• Figurines/personnages • Cubes (ou perles) • Jetons (ou bouchons) • Pions • Gommes fantaisie	• Autant de figurines/personnages que d'élèves • 40-50 cubes • 40-50 jetons • Quelques pions
Dés	• Gros dé	• 1 ou 2
Jeux de cartes	• Jeux de cartes à jouer 54 cartes	• Cartes de 1 à 5
Dominos	• Pièces de dominos en dur ou plastifiées	• 1 jeu
Balance	• Balances diverses simples • Balance à partir d'un cintre	• 2 ou 3 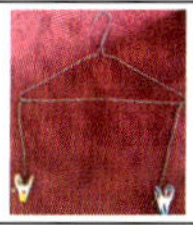
Jeu de la marchande, du magasin de vêtements	• Petits objets pour jouer présents dans les coins imitation de la classe (cuisine, coin poupées…)	• 1 lot pour la classe
Sac à toucher	• Range pyjama ou grande trousse	• 1 sac à toucher
Boites diverses	• Boites pour activités diverses, avec ou sans couvercle • Pots avec couvercles qui se vissent	
Briques, lattes de bois	• Jeux de constructions divers	• En quantité suffisante pour un groupe de 6  
Petit matériel divers	• Formes aimantées ou non (ronds , carrés, triangles, rectangles) • Pâte à modeler • Peinture • Gommettes • Plateaux ou barquettes • Grosses perles • Scotch de couleurs	• En grande quantité 
Puzzles, encastrements	• Puzzles variés de 2 à 24 pièces • Jeux d'encastrement	• Plusieurs modèles
Bâtonnets	• Batônnets en bois, type bâtons de glace	• 30 environ
Bac à manipulation	• Sable • Eau • Graines • Papiers divers • Colle, ciseaux, rubans	• En quantité
Figurines, éléments de décor	• Animaux, personnages, éléments que l'on trouve dans les maisons ou fermes miniatures…	 
Minimonstre à compter	• Minimonstre à compter de la classe, à construire à partir du bloc Ressources ► p. 41 ou à créer en version cousue	 

Au cours de certains ateliers, ou pour construire certains coins, nous vous proposerons d'utiliser d'autres objets, des jeux du commerce, mais aussi parfois du matériel spécifique (pics à brochette, Lego®, Duplo®…) ou certains outils numériques ► p. 20. Vous serez aussi amenés à fabriquer des jeux avec du matériel facilement accessible.

Le minimonstre à compter

Les mascottes sont souvent présentes dans les classes de maternelle pour favoriser des temps de langage. Elles constituent un élément déclencheur, mais permettent aussi de capter l'attention des plus jeunes lors des activités.

En Moyenne Section, la méthode exploite un « monstre à compter » ▸ Guide des séances MS, p. 8.

En Petite Section, les élèves utiliseront le « minimonstre à compter », reposant sur les mêmes principes. Il est plus simple et envisage de travailler sur des collections moins importantes.

Le minimonstre à compter pourra être utilisé de plusieurs manières :

- il symbolise le travail autour de la connaissance des nombres et leur utilisation dans l'emploi du temps : *« Quand le minimonstre est là, on va jouer avec les nombres »* ;
- il est le support pour des situations d'apprentissage et de verbalisation des procédures ou des stratégies des élèves ;
- l'enseignant·e peut le faire « vivre » pour imaginer des situations problèmes.

Le minimonstre à compter pourra être laissé à disposition dans un coin de la classe pour des usages autonomes.

En mathématiques, il sera un élément intermédiaire pour se distancier. L'élève pourra ainsi passer de ses doigts aux multiples mains moufles du minimonstre, dans une démarche progressive d'abstraction.

• **Le minimonstre** à découper et à plastifier est proposé en quatre couleurs différentes dans le bloc Ressources ▸ p. 41. Il permet notamment de créer une version aimantée.

• **Un patron du minimonstre** personnalisable à photocopier est disponible dans le bloc Ressources ▸ p. 132.

• Le minimonstre peut aussi être réalisé en **version cousue.**
La fabrication nécessite assez peu de matériel : du tissu de couleur pour le corps (que l'on coud ou colle) et pour les différents éléments (fixés avec des morceaux de scratch).

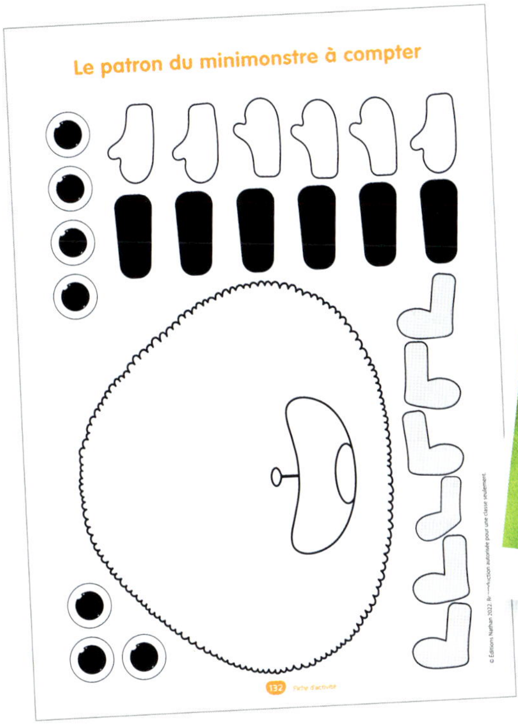

▸ *Le patron du minimonstre dans le bloc Ressources.*

▸ *Le minimonstre en version cousue.*

• **Une version aimantée** des monstres à compter Moyenne Section est disponible dans ***Ma boite de magnets Découvrir les nombres*** ▸ p. 18.

Les boites d'activités autonomes

Pour chaque période, nous proposons un ensemble de boites d'activités autonomes adaptées (leur descriptif se trouve après celui des activités). Ces boites s'inspirent des activités dites « Montessori » rencontrées dans les écoles pour confronter l'élève à des compétences mathématiques ciblées qu'ils peuvent mettre en œuvre en totale autonomie : trier, classer, énumérer, etc. Ce sont des compétences que l'on pourrait qualifier « de base » pour construire des apprentissages mathématiques.

Elles ont vocation à être proposées **à la suite des activités guidées ou semi-autonomes ou sur d'autres temps** pendant lesquels l'enseignant·e a besoin que l'élève soit en autonomie.

C'est à l'enseignant·e de les concevoir au regard des propositions faites pour chaque période, en ayant à l'esprit les principes suivants :

– **la boite (ou plateau, ou tiroir) doit être manipulable par l'élève seul·e.** L'emplacement, la rigidité, le poids, le couvercle éventuel sont donc à prendre en considération ;

– **le matériel choisi doit faire l'objet d'une attention particulière :** on isole une seule qualité (ou caractéristique) à la fois pour être certain de travailler la compétence ciblée. En effet, un matériel qui donnerait trop d'informations sensorielles va déconcentrer et détourner de l'objectif. Par exemple, si on travaille sur la reconnaissance d'une forme géométrique, pas besoin de jouer sur les couleurs, les tailles, les textures, etc. ;

– **la boite doit être identifiable rapidement** par l'élève par un système d'icônes, de dessins ou de photos : des étiquettes sont proposées à cet effet dans le bloc Ressources, à fixer (colle, aimant, pâte adhésive…) sur les tiroirs ▸ p. 55 ;

– **la consigne doit être présente** dans la boite. Nous proposons des cartes Consigne à plastifier dans le bloc Ressources ▸ p. 61. Il peut aussi s'agir d'un accès à un audio (pince enregistreuse, QR code à scanner, etc.).

Les jeux

À partir de la période 3, des temps autonomes seront proposés autour de jeux de logique, de jeux de repérage topologique ou de jeux développant les fonctions exécutives. Leur intérêt est développé dans le *Guide de la méthode MHM Maternelle* (p. 78 à 81 et annexes). Les compétences qu'ils développent sont variables et, bien que non référencées, strictement dans les programmes. Ils sont indispensables pour certains apprentissages et travaillent souvent des compétences du domaine « Explorer le monde ».

Nous n'imposons pas de matériel spécifique, car les classes n'en ont pas toujours le budget et possèdent souvent déjà beaucoup de jeux et de matériel, mais voici une sélection indicative.

Jeux de logique

Jour & Nuit (SmartGames)

Les joueurs doivent reconstituer les figures illustrées sur les pages défis. Les premiers niveaux demandent de reproduire la configuration clairement dessinée (version « jour »). Dans les suivants (version « nuit »), les modèles sont sous forme d'ombre.

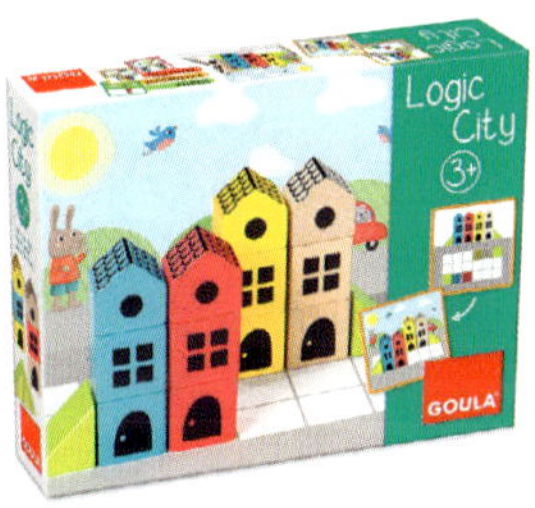

Logic City (Goula)

Avec les pièces en bois, l'élève doit construire sa ville en respectant les modèles. Ce jeu favorise la concentration et développe la motricité fine. En Petite Section, on utilisera essentiellement les cartes modèles vertes.

Oudordodo (Djeco)

Dans ce jeu de langage et de déduction, l'enfant doit retrouver où dort l'ourson parmi les cartes présentées. En Petite Section, il faut juste limiter le nombre de cartes.

Jeux de repérage dans l'espace et de topologie

De nombreux jeux en 3D sont intéressants et demandent aux élèves des habiletés motrices, perceptives, tout en manipulant des pièces en volume.

En voici quelques exemples.

Organicubes pour 2 enfants (Nathan)

Cet atelier d'entrainement autocorrectif permet de se familiariser avec une représentation de l'espace : la vue en perspective.

Bahuts Malins (SmartGames)

Le principe de ce jeu est de faire tenir une sélection d'éléments dans la benne d'un camion. Chaque défi n'a qu'une seule solution.

Spacio (Djeco)

Ce jeu permet d'apprendre à se repérer dans l'espace, avec les animaux de la savane que l'on doit placer sur un plateau quadrillé en respectant le modèle attendu.

Autres jeux

Le tri des couleurs (Janod)

Le jeu s'utilise avec deux niveaux de difficulté. Le premier consiste à mettre les pions dans les tubes de la même couleur. Le second est de reproduire les différents modèles représentés sur les cartes.

Jeu d'équilibre Flamant Rose (Janod)

Un jeu d'équilibre pour travailler la perception des masses (périodes 4 et 5).

Nous recommandons au moins **un jeu différent par période** pour constituer une base raisonnable de travail. Vous trouverez sans difficulté les descriptifs de ces jeux sur les sites des éditeurs. Si vous ne possédez aucun de ces jeux, choisissez-en un dans votre matériel de classe qui mobilise et développe les mêmes compétences.

Afin de permettre l'utilisation et le suivi de ces jeux, vous pouvez **les associer à des fiches de suivi** pour garder une trace de la progression et de la réussite des élèves.

Dans la mise en œuvre de ces jeux, vous avez plusieurs choix :

– faire jouer les élèves toujours au même jeu pour permettre une progression et une évolution de leurs stratégies ;

– alterner les jeux pour confronter les procédures.

Ma boite à décomposer Cycle 1

Ma boite à décomposer est destinée à une double utilisation : avec le guidage de l'enseignant·e et en autonomie, quand les élèves se sont approprié son fonctionnement.

Elle a été conçue dans un objectif mathématique précis : conduire l'enfant à travailler sur les nombres, en particulier sur **le dénombrement de collections, la décomposition des nombres et la résolution de problèmes numériques simples**.

Ma boite à décomposer permet aux enfants de manipuler les nombres dans différentes situations. Par l'utilisation du cache, on permet à l'enfant de fabriquer une image mentale, d'anticiper ce qui se passe dans la partie qu'il ne voit pas. C'est une étape indispensable vers l'abstraction. La manipulation régulière de ce matériel, accompagnée par l'adulte qui fait verbaliser l'enfant, l'aide à construire des procédures et, petit à petit, des savoirs abstraits qui seront une base solide pour les apprentissages numériques au CP.

▸ *La boite se compose de 6 boites, de cartes et de pions de deux couleurs.*
▸ *Le livret pédagogique comporte plusieurs scénarios pédagogiques à mettre en place dans la classe.*

La boite à énigmes Cycle 1

Cette boite contient 30 énigmes de mathématiques destinées à un public d'école maternelle. Proposées en 3 niveaux à chaque fois, elles constituent un ensemble de 90 questions. **Complément de la méthode MHM, ces cartes peuvent également être utilisées indépendamment en classe, ou à la maison.**

Ces énigmes ont été testées en classe. Elles permettent de résoudre des problèmes dans les différents domaines mathématiques : nombres et calculs, grandeurs et mesures, espace et géométrie.

Chaque carte comporte **une image support** du problème et **trois questions** différentes. La difficulté des questions est croissante sur chaque carte. L'élève peut répondre à la question grâce à la prise d'information sur l'image, qu'il peut compléter en manipulant du matériel pour reproduire la situation.

Les questions et les réponses sont accessibles au format audio par l'intermédiaire d'un QR-code. Une fiche de suivi à photocopier est proposée.

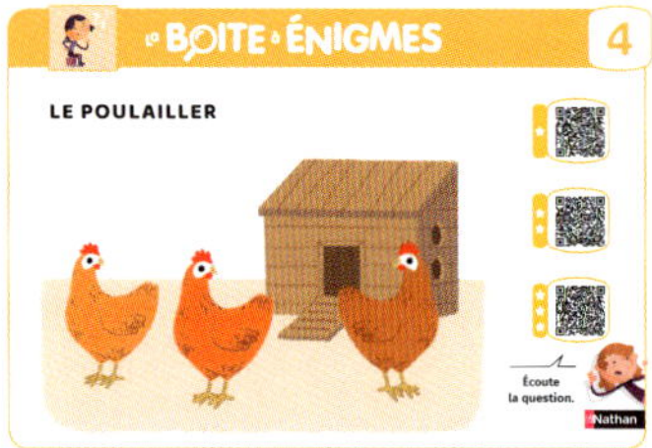

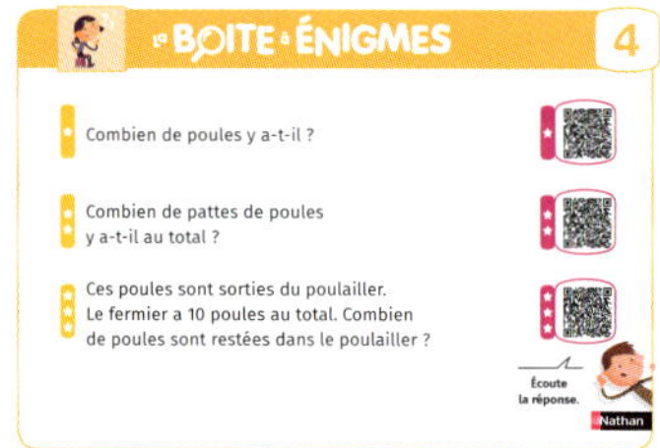

Les boites de magnets

Deux boites de magnets accompagnent la méthode heuristique en maternelle. Elles permettent de disposer d'un matériel conçu pour accompagner les apprentissages de la Petite Section à la Grande Section.

Chacune propose **des ardoises aimantées**, ce qui est très pratique pour la manipulation des plus petits, et **des magnets représentant les outils mathématiques** dont les élèves ont besoin tout au long de l'année.

Ma boite de magnets « Explorer les formes »

Exemples d'activités : réaliser un algorithme sur l'ardoise magnétique avec ou sans modèle, reproduire une figure, faire des jeux de topologie…

La boite contient : 1 livret de 16 pages avec des scénarios pédagogiques, 4 ardoises magnétiques, 12 fiches d'activités, 138 magnets de formes et de couleurs différentes.

Ma boite de magnets « Découvrir les nombres »

Cette boite mobilise le monstre à compter utilisé en Moyenne Section, dont un exemple est proposé dans le bloc Ressources ▸ p. 51. Illustré sur l'une des faces des ardoises magnétiques, le monstre permet de pouvoir compter avec ses mains, ses yeux mobiles et les cartes à placer sur son ventre.

La boite contient : 1 livret de 24 pages avec des scénarios pédagogiques, 4 ardoises magnétiques illustrées, 5 fiches d'activités, 316 magnets (animaux, faces du dé, doigts de la main, yeux du monstre, chiffres, collections, pièces et billets, réglettes de 1 à 6).

Mon Premier Cahier de maths PS/MS

En complément de ce guide des séances, il est possible d'utiliser *Mon Premier Cahier de maths PS/MS*. Ce cahier permet à l'élève d'avoir une trace de ses apprentissages, de formaliser ce qu'il/elle a mené en atelier, de communiquer avec les familles.

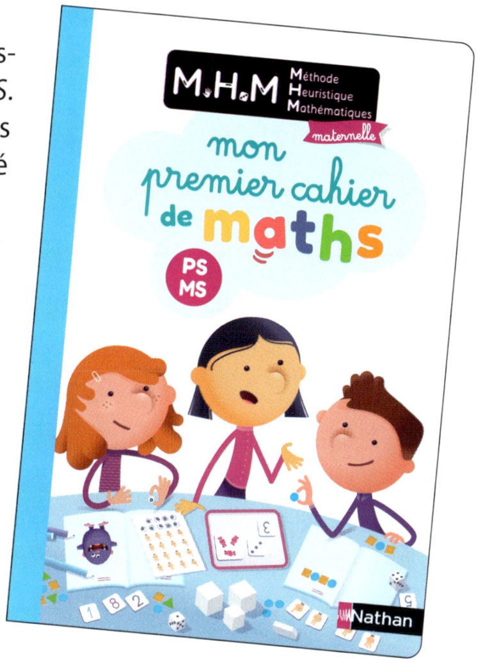

C'est un cahier individuel, en couleur, comportant 48 pages et disposant de 4 planches de gommettes pour mener à bien les activités. Il constitue un prolongement ou une trace possible pour certaines activités guidées ou semi-autonomes : les pages du cahier correspondant à ces activités sont mentionnées dans les encadrés « Traces et retours ».

Un petite gommette ronde de couleur dans la consigne indique de manière très simple à l'élève la page et l'encadré coloré où il pourra trouver les gommettes de son activité.

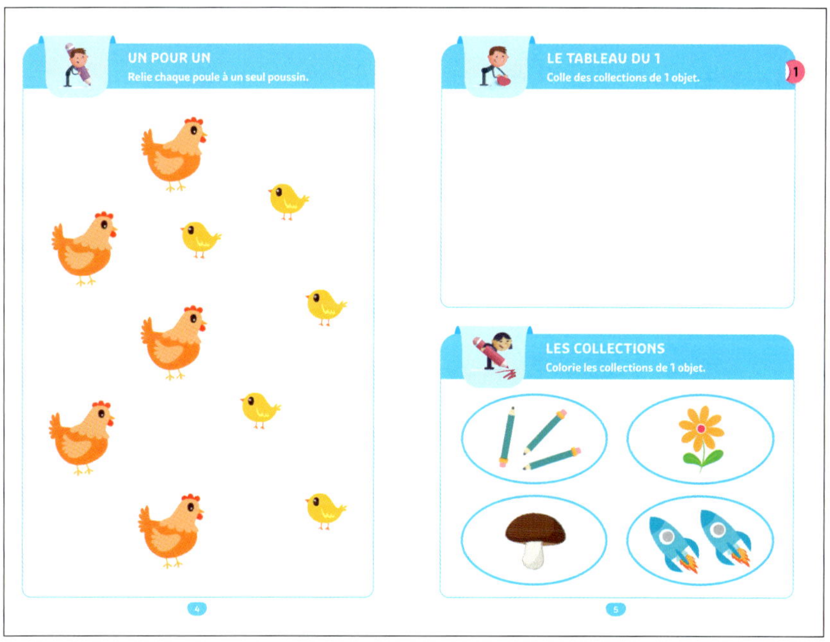

▶ *Le cahier contient 4 pages de gommettes autocollantes.*

Les outils numériques

Les ressources numériques MHM

Les différents supports de la méthode donnent accès à des compléments numériques :

– tous les outils et supports d'activités du bloc Ressources, vidéoprojetables et/ou téléchargeables ▸ p. 4 ;

– la version numérique de *Mon Premier Cahier de maths PS/MS* ▸ p. 19 ;

– les énigmes de *La boite à énigmes Cycle 1* (complément audio avec QR codes et situations problèmes vidéoprojetables) ▸ p. 17 ;

– de nombreuses ressources et documents accessibles sur le site Internet de la méthode.

Le site de la méthode MHM
mhm.nathan.fr

Autres sites ressources

• La classe de Florent

Un partenariat entre les éditions Nathan et le site *La classe de Florent* permet d'offrir des extensions numériques à certains jeux et matériels proposés par la méthode.

▸ Les monstres à compter

L'adaptation numérique des monstres à compter Moyenne Section.

▸ Autres activités adaptées en Petite Section

De courtes activités proposées sur ce site peuvent être exploitées en maternelle dans le cadre de la méthode MHM, par exemple la course aux nombres jusqu'à 5 ou certains algorithmes.

Les monstres à compter sur La classe de Florent
https://classedeflorent.fr/Nathan/index.php#monstres

▸ *La course aux nombres sur La classe de Florent.*

La course aux nombres
https://classedeflorent.fr/accueil/jeux/mathematiques/course-aux-nombres/course-aux-nombres-1-a-5.php

Algorithmes simples
https://classedeflorent.fr/accueil/jeux/mathematiques/algorithme-2.php

- **M@ths en-vie**

Ce site, issu d'un projet interdisciplinaire, propose notamment des fichiers de photo-problèmes « Un jour, un problème pour apprendre à réfléchir » (2 par période) pour les Petite et Moyenne Sections, construits autour de trois mascottes.

Un jour, un problème pour apprendre à réfléchir
https://www.mathsenvie.fr/?cat=29

- **Problemater**

Le projet collaboratif Problemater est destiné aux élèves de maternelle. Le site propose de nombreuses situations problèmes en maternelle et permet notamment de se lancer des défis entre classes.

Problemater
https://problemater.com

- **La classe du lama**

Ce site propose des exercices intéressants adaptés à la Petite Section.

La classe du lama
https://laclassedulama.pagesperso-orange.fr

Matériel numérique

- **La barre enregistrable TTS**

Cet outil permet de travailler sur des enregistrements audio réalisés par l'adulte ou l'enfant. Il peut être exploité autour de la frise chronologique. Par exemple, avec les étapes de l'habillement de la mascotte ▸ p. 67, on peut soit préenregistrer et demander aux élèves de poser la carte correspondante, soit les laisser déposer les cartes et ensuite les enregistrer. Cette barre est distribuée par Easytis.

- **Le moulin à paroles TTS (dé parlant)**

Ce cube se lance comme un dé et la face se trouvant sur le haut émet un message.

- **Les pinces enregistreuses TTS**

Un outil idéal pour enregistrer des consignes, par exemple avec les fiches problèmes de *La boite à énigmes*. Ces pinces sont distribuées par Easytis.

- **Bookinou**

L'enseignant·e enregistre des situations problèmes sur l'application liée au Bookinou.

Les élèves peuvent ensuite, en autonomie, écouter et rechercher les solutions.

La conteuse Bookinou
https://www.mybookinou.com/inscription-ecole-85

Applications numériques

- **Application 10 doigts de Marbotic**

L'objectif de cette application est de travailler la numération : la file numérique ; le lien entre les représentations analogiques, chiffrées et avec les doigts ; les décompositions en appui sur ses doigts.

- **Application Numberland**

Cette application Montessori permet d'une manière ludique d'aborder les nombres en maternelle.

- **Application Vkids Shapes**

Cette application permet aux élèves de jouer avec les formes et les couleurs.

L'évaluation en Petite Section

La méthode heuristique souhaite une évaluation repensée loin des évaluations ponctuelles, sur feuille, telles qu'on les voit encore parfois. Dans la méthode maternelle, **l'évaluation est quasi continue, majoritairement formative et l'élève en est acteur.** Elle propose de réguler les apprentissages, tant pour l'élève (en lui permettant de savoir où il en est) que pour l'enseignant·e (en lui permettant d'adapter son enseignement).

L'évaluation va s'appuyer sur **des critères explicites** et partagés avec les élèves. Il s'agit de leur annoncer clairement les objectifs. Par exemple, en Petite Section : *« Tu sais dénombrer jusqu'à 3 si tu peux me donner trois objets, et seulement trois, à chaque fois que je te le demande »* ou alors *« Tu sais reconnaitre les longueurs si tu peux me donner des objets longs et des objets courts »*.

L'évaluation formative ainsi pensée permet à l'enseignant·e et à l'élève d'échanger, de verbaliser les réussites et les difficultés. Ils pourront alors mesurer, ensemble, le chemin qu'il reste à parcourir.

En Petite Section, l'évaluation sommative a une place réduite. L'évaluation privilégiée sera formative, construite sur une observation régulière des élèves. Ainsi, **pour chaque période, des pistes sont proposées pour savoir quoi observer et quand observer**.

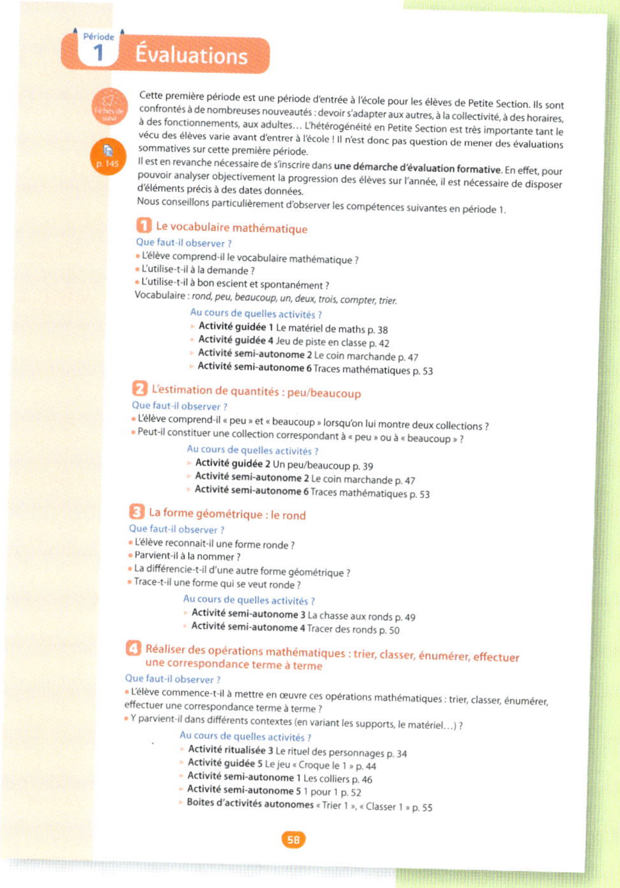
Période 1 Évaluations

Cette première période est une période d'entrée à l'école pour les élèves de Petite Section. Ils sont confrontés à de nombreuses nouveautés : devoir s'adapter aux autres, à la collectivité, à des horaires, à des fonctionnements, aux adultes… L'hétérogénéité en Petite Section est très importante tant le vécu des élèves varie avant d'entrer à l'école ! Il n'est donc pas question de mener des évaluations sommatives sur cette première période.
Il est en revanche nécessaire de s'inscrire dans **une démarche d'évaluation formative**. En effet, pour pouvoir analyser objectivement la progression des élèves sur l'année, il est nécessaire de disposer d'éléments précis à des dates données.
Nous conseillons particulièrement d'observer les compétences suivantes en période 1.

1 Le vocabulaire mathématique

Que faut-il observer ?
- L'élève comprend-il le vocabulaire mathématique ?
- L'utilise-t-il à la demande ?
- L'utilise-t-il à bon escient et spontanément ?

Vocabulaire : *rond, peu, beaucoup, un, deux, trois, compter, trier.*

Au cours de quelles activités ?
- **Activité guidée 1** Le matériel de maths p. 38
- **Activité guidée 4** Jeu de piste en classe p. 42
- **Activité semi-autonome 2** Le coin marchande p. 47
- **Activité semi-autonome 6** Traces mathématiques p. 53

2 L'estimation de quantités : peu/beaucoup

Que faut-il observer ?
- L'élève comprend-il « peu » et « beaucoup » lorsqu'on lui montre deux collections ?
- Peut-il constituer une collection correspondant à « peu » ou à « beaucoup » ?

Au cours de quelles activités ?
- **Activité guidée 2** Un peu/beaucoup p. 39
- **Activité semi-autonome 2** Le coin marchande p. 47
- **Activité semi-autonome 6** Traces mathématiques p. 53

3 La forme géométrique : le rond

Que faut-il observer ?
- L'élève reconnait-il une forme ronde ?
- Parvient-il à la nommer ?
- La différencie-t-il d'une autre forme géométrique ?
- Trace-t-il une forme qui se veut ronde ?

Au cours de quelles activités ?
- **Activité semi-autonome 3** La chasse aux ronds p. 49
- **Activité semi-autonome 4** Tracer des ronds p. 50

4 Réaliser des opérations mathématiques : trier, classer, énumérer, effectuer une correspondance terme à terme

Que faut-il observer ?
- L'élève commence-t-il à mettre en œuvre ces opérations mathématiques : trier, classer, énumérer, effectuer une correspondance terme à terme ?
- Y parvient-il dans différents contextes (en variant les supports, le matériel…) ?

Au cours de quelles activités ?
- **Activité ritualisée 3** Le rituel des personnages p. 34
- **Activité guidée 5** Le jeu « Croque le 1 » p. 44
- **Activité semi-autonome 1** Les colliers p. 46
- **Activité semi-autonome 5** 1 pour 1 p. 52
- **Boites d'activités autonomes** « Trier 1 », « Classer 1 » p. 55

58

Par exemple, pour vérifier si l'élève a acquis le mot « beaucoup » représentant une quantité mathématique, l'enseignant·e va observer sur plusieurs activités ce que fait l'enfant :

– comprend-il le mot « beaucoup » lorsqu'on le lui dit (en réception) ?

– utilise-t-il lui-même le mot (si on lui demande *« Combien y a-t-il de… ? »*) ?

– est-il toujours en réussite si on change l'habillage de l'activité (passer de jetons à des fruits du coin de la marchande) ?

– l'utilise-t-il spontanément ?

– peut-il l'illustrer (en collant des gommettes, en faisant des traces à la peinture) ?

L'enseignant·e fera ses choix sur la base des propositions faites à chaque période.

Les instructions officielles : suivi et évaluation des apprentissages à l'école maternelle

https://eduscol.education.fr/107/suivi-et-evaluation-des-apprentissages-des-eleves-l-ecole-maternelle

Le suivi des apprentissages

Les élèves disposent depuis plusieurs années d'un carnet de suivi des apprentissages communiqué aux parents régulièrement. C'est un carnet qui compile des observations des élèves, des traces des procédures et réalisations et des commentaires à destination des familles.

Pour faciliter l'usage du carnet et le suivi des apprentissages des élèves, nous proposons :

– **un encadré** « **Traces et retours** » dans les différentes activités proposées. Il ne s'agit pas de chercher de l'exhaustivité, mais de piocher dans ces possibilités pour poser à une date donnée la réalisation d'un·e élève. Cette réalisation sera réinterrogée régulièrement pour observer la construction de l'apprentissage ;

– **des fiches de suivi pour chaque période**, disponibles dans le bloc Ressources ▸ p. 139 et en version modifiable dans les ressources numériques. Ces fiches permettent de garder une trace des réussites et procédures des élèves pour chaque activité guidée. Une fiche vierge permet de construire une fiche personnalisée pour les activités semi-autonomes proposées ▸ p. 144 ;

– **des fiches** « **Synthèse d'évaluation** » pour chaque période, disponibles dans le bloc Ressources ▸ p. 145 et en version modifiable dans les ressources numériques. Elles sont à mettre en relation avec les propositions d'évaluation faites à chaque période et permettent de suivre l'évolution des apprentissages des élèves. On peut les compléter de manière :

- qualitative : commentaire abrégé du type A (acquis), ECA (en cours d'acquisition), + (dépasse l'objectif fixé) ou X (ne rentre pas dans cet apprentissage) ;
- quantitative, en notant un score : le nombre de réussites sur le nombre d'essais, par exemple.

La programmation annuelle

La programmation annuelle est construite sur des propositions d'activités diverses et de nombreux compléments. **Elle couvre la totalité du programme de mathématiques.**

Les activités permettent aussi de travailler des compétences du programme relatives à « Explorer le monde : se repérer dans le temps et dans l'espace ». Par exemple, en période 1 : le déroulement de la journée avec le rituel de la mascotte, faire un jeu de piste (activité guidée 4), transvaser, explorer la matière avec le coin bac à sable, puis ranger la valise de la mascotte en période 2…

Le tableau ci-dessous présente **quelques exemples d'activités**, les tableaux détaillés de programmation étant donnés au début de chaque période. Les couleurs des numéros d'activités désignent les **activités ritualisées**, les **activités guidées** et les **activités semi-autonomes**.

	Utiliser les nombres/ étudier les nombres	**Explorer des formes, des grandeurs, des suites organisées**	**Explorer le monde : se repérer dans le temps et dans l'espace**
Période 1 ▸ p. 27 *5 semaines* 5 activités ritualisées 5 activités guidées 6 activités semi-autonomes	2 « Un peu / beaucoup » 5 Le jeu « Croque le 1 » 2 Le coin marchande 5 1 pour 1	1 Les colliers 3 La chasse aux ronds 4 Tracer des ronds 3 Les encastrements	2 Le rituel de la mascotte 4 Faire un jeu de piste Le coin Bac à sable
Période 2 ▸ p. 61 *5 semaines* 5 activités ritualisées 5 activités guidées 6 activités semi-autonomes	1 Le rituel de l'étiquette d'appel 4 Le rituel du minimonstre à compter 1 Les faces du dé 1 et 2 2 Les dominos 5 Le jeu « Croque le 2 » 1 Les colliers	5 Le rituel de la comptine : « Tout rond ! » 3 Le sac à toucher les ronds 4 La chasse aux carrés 4 Tracer des carrés 2 Les encastrements 3 Les puzzles 5 Les mosaïques	2 Le rituel de la mascotte Boite « Associer » : identifier la moitié d'une image Maths et arts : le pixel art
Période 3 ▸ p. 93 *5 semaines* 5 activités ritualisées 5 activités guidées 5 activités semi-autonomes	1 Les paires 3 Le rituel du devine nombre 1 Le mémory des trois premiers nombres 2 Le jeu des associations 5 Les partages	5 Le rituel de la comptine : « Le carré » 3 Classer des formes 4 Le rituel des longueurs 2 Classer par taille 4 Le jeu de la tour Le coin Bac à observation	4 Les puzzles 5 Les jeux de construction
Période 4 ▸ p. 123 *5 semaines* 6 activités ritualisées 6 activités guidées 5 activités semi-autonomes	1 Le rituel de l'étiquette d'appel « Le train des copains » 2 Le rituel des personnages 3 Le rituel du dénombrement 4 Les cartes flash 1 Le mémory des nombres	5 Le rituel du devine forme 4 Les triangles 6 Le rituel de la comptine « Les beaux triangles » 6 Peser 2 Ranger en lignes 3 Les puzzles	1 Le vocabulaire topologique 4 Un jeu de logique
Période 5 ▸ p. 155 *5 semaines* 6 activités ritualisées 7 activités guidées 6 activités semi-autonomes	4 Le rituel des cartes flash 1 Les photos des villages des nombres 2 Le jeu « Croque le 3, 4, 5 » 1 Les cartes à jouer 5 Les collections à compléter 6 Le coin marchande 4 Résolution de problèmes numériques 7 La décomposition des premiers nombres 7 Le minimonstre à compter	5 Le rituel des formes cachées 3 Le tangram Totem 5 Les mascottes des formes 6 La balance	2 Le décor 3 Les puzzles 4 Les jeux de logique

Les compétences travaillées

La majorité des compétences est travaillée à chaque période, en rituels ou dans les activités guidées et semi-autonomes. Les divers compléments (« Maths autrement », « Maths et arts », « La recette de la période »…) travaillent également les compétences.

Les compétences sont les objectifs de fin de Grande Section : elles sont donc déclinées de façon simplifiée et adaptée pour la Petite Section.

Utiliser les nombres		P1	P2	P3	P4	P5
N1	Évaluer et comparer des collections d'objets avec des procédures numériques ou non numériques	X	X	X	X	X
N2	Réaliser une collection dont le cardinal est donné	X	X	X	X	X
N3	Utiliser le dénombrement pour comparer deux quantités, pour constituer une collection d'une taille donnée ou pour réaliser une collection de quantité égale à la collection proposée		X	X	X	X
N4	Utiliser le nombre pour exprimer la position d'un objet ou d'une personne dans un jeu, dans une situation organisée, sur un rang ou pour comparer des positions			X	X	X
N5	Mobiliser des symboles analogiques, verbaux ou écrits, conventionnels ou non conventionnels pour communiquer des informations orales et écrites sur une quantité		X	X	X	X

Étudier les nombres

N6	Avoir compris que le cardinal ne change pas si on modifie la disposition spatiale ou la nature des éléments	X	X	X	X	X
N7	Avoir compris que tout nombre s'obtient en ajoutant un au nombre précédent et que cela correspond à l'ajout d'une unité à la quantité précédente	X	X	X	X	X
N8	Quantifier des collections jusqu'à dix au moins ; les composer et les décomposer par manipulations effectives puis mentales	X	X	X	X	X
N9	Dire combien il faut ajouter ou enlever pour obtenir des quantités ne dépassant pas dix			X	X	X
N10	Parler des nombres à l'aide de leur décomposition					X
N11	Dire la suite des nombres jusqu'à trente					X
N12	Lire les nombres écrits en chiffres jusqu'à dix					X

Explorer des formes, des grandeurs, des suites organisées

G1	Classer des objets en fonction de caractéristiques liées à leur forme		X	X	X	X
G2	Savoir nommer quelques formes planes (carré, triangle, cercle ou disque, rectangle)	X	X	X	X	X
G3	Reconnaitre quelques solides (cube, pyramide, boule, cylindre)					
G4	Classer ou ranger des objets selon un critère de longueur ou de masse ou de contenance			X	X	X
G5	Reproduire un assemblage à partir d'un modèle (puzzle, pavage, assemblage de solides)			X	X	X
G6	Reproduire, dessiner des formes planes	X	X	X	X	X
G7	Identifier le principe d'organisation d'un algorithme et poursuivre son application					X

Explorer le monde : se repérer dans le temps et dans l'espace

E1	Situer des évènements vécus les uns par rapport aux autres et en les repérant dans la journée, la semaine, le mois ou une saison	X	X	X	X	X
E3	Utiliser des marqueurs temporels adaptés (puis, pendant, avant, après…) dans des récits, descriptions ou explications	X	X	X	X	X
E4	Se situer par rapport à d'autres, par rapport à des objets repères	X	X	X	X	X
E5	Dans un environnement bien connu, réaliser un trajet, un parcours à partir de sa représentation (dessin ou codage)	X	X	X	X	X
E7	Orienter et utiliser correctement une feuille de papier, un livre ou un autre support d'écrit, en fonction de consignes, d'un but ou d'un projet précis				X	X

Période 1

SEPTEMBRE OCTOBRE

Objectifs majeurs de la période

Résoudre des situations problèmes	Découvrir les nombres et leurs utilisations	Explorer des formes, des grandeurs, des suites organisées	Se repérer dans le temps et l'espace
• Résoudre des situations de partage • Résoudre des situations d'associations	• Réaliser des collections de 1 objet • Comparer : un peu/beaucoup • Réciter la comptine numérique	• Reconnaitre le rond et l'associer à sa représentation • Transvaser • Réaliser des encastrements géométriques	• Se repérer dans les coins de la classe • Situer des événements dans la journée de classe • Réaliser des puzzles à encastrements

Cette première période va poser les bases de fonctionnement de la méthode, tant pour l'enseignant·e que pour les élèves. Il est essentiel de prendre le temps de travailler les premiers objectifs mathématiques, y compris pour des élèves qui pourraient donner l'illusion de les maitriser et pour qui il faudra pleinement exploiter les propositions de différenciation.

Mini sommaire

LE COIN DE LA PÉRIODE

LE BAC À SABLE

Le coin « bac à sable » est un incontournable dans la classe de Petite Section bien qu'il ait été parfois délaissé. En effet, il permet de travailler aussi bien **la motricité fine** de l'enfant (manipulation, préhension d'objets, coordination des gestes…) que **le développement de relations logiques**, telles que la relation de cause à effet (si j'en mets trop, ça déborde…)

Dans ce coin, l'élève se confronte à des phénomènes, les vit, expérimente des actions/réactions, perçoit des grandeurs, etc.

L'enseignant·e l'accompagne en mettant des mots sur ce qu'il ou elle voit, en explicitant les phénomènes, en soulignant ce qui est permanent et ce qui varie. Par exemple, pour un récipient donné, il faudra toujours le même nombre de transvasements si on prend le même objet, mais ce nombre change si je varie mon objet pour transvaser…

Variables didactiques

- **Le bac à sable :** récipients plus ou moins étroits, demandant la manipulation avec une seule main ou les deux, de différentes formes et de différentes matières (sac en tissu, sac congélation…).
- **Les objets pour transvaser :** la main, une cuillère, une louche, un gobelet, un seau…
- **Le matériau à transvaser :** le sable pourra être remplacé par de la farine, de la semoule, des lentilles, etc.
- **Les consignes :** transvaser sur place, avec ou sans déplacement.

MATHS DEHORS !

À cette période de l'année où la météo le permet encore, on peut mettre en place des activités extérieures. Par exemple :
- reprendre les activités de la classe dans le bac à sable avec des contenants plus volumineux (seaux, pelles, bassines), des camions bennes… ;
- effectuer des jeux de sauts dans des cerceaux ou déposer un seul objet par cerceau ;
- remplir une caisse avec « beaucoup » d'objets ;
- dessiner beaucoup de choses sur un tableau noir à l'extérieur ;
- entourer un arbre ou un poteau avec de la ficelle.

Ces expériences vont contribuer à **structurer l'espace et les relations aux grandeurs** des élèves : *« Est-ce qu'il faut beaucoup de pas pour aller jusqu'à tel endroit ? Est-ce qu'on a assez de corde pour faire le tour de l'arbre ? Est-ce qu'on peut mettre tout le sable du bac dans un seul seau ? »*

MATHS ET SCIENCES

Le bac à manipulation étant rempli de sable, on peut aussi l'utiliser en sciences pour différentes manipulations :
– tamiser le sable (et ainsi trier ce qu'il contient d'autre) ;
– faire des transvasements dans des contenants différents ;
– remplir/vider ;
– faire des empreintes, des contours de formes diverses… ;
– fabriquer des sabliers avec des bouteilles de tailles différentes ;
– séparer du sable d'un autre matériau (lentilles, par exemple).

Ces manipulations nécessitent un matériel varié : mettre à disposition des bouteilles, des boites, des entonnoirs, des cuillères et dosettes, etc.

Prolongements

↪ **Dans le domaine « Explorer le monde du vivant, des objets et de la matière : utiliser, fabriquer, manipuler des objets » :** choisir, utiliser et savoir désigner des outils et des matériaux adaptés à une situation (entonnoir, sablier, etc.).

↪ **Dans le domaine « Se repérer dans le temps et l'espace : stabiliser les premiers repères temporels » :** construire des sabliers pour visualiser des durées.

Exemples

- Profiter des traces des ronds dans la salle de motricité ou dehors pour suivre un chemin.
- Suivre les traits dans la cour.
- Distinguer le chemin le plus court entre deux repères dans la cour.
- Ramasser des balles et anticiper : *« Le récipient sera-t-il assez grand ? »*
- Exploiter le bac à sable pour transvaser, apprécier des quantités.
- Remplir des cerceaux avec des anneaux.

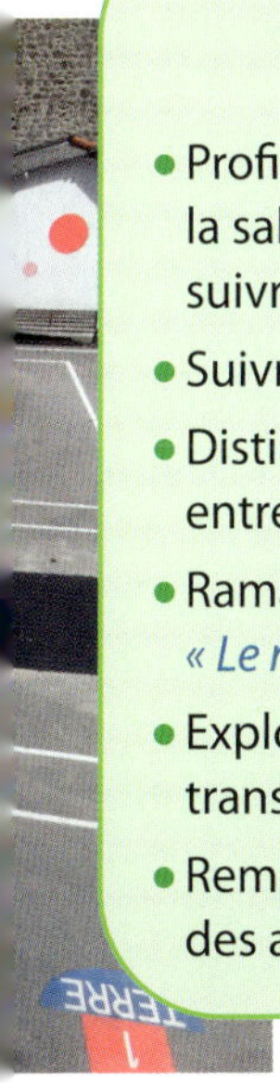

Période 1 Programmation

Vous êtes libre de construire vos activités et séances comme vous le souhaitez. Nous proposons un éventail d'activités, chacune permettant une évolution sur plusieurs occurrences. Vous pouvez choisir l'activité, le jour et à quel moment la réaliser.

La classe de Petite Section a ses spécificités qui appellent une organisation personnalisée. Toutefois, à chaque période, nous vous ferons une proposition concrète.

La proposition ci-dessous s'inscrit dans les principes de fonctionnement présentés en introduction ▸ p. 7.

	SEMAINE 1	SEMAINE 2	SEMAINE 3	SEMAINE 4	SEMAINE 5
JOUR 1	• Rituel de l'étiquette d'appel • Rituel de la mascotte • Activité guidée 1 • Activité semi-autonome 1	• Rituel de l'étiquette d'appel • Rituel de la mascotte • Activité guidée 1 • Activité semi-autonome 1	• Rituel de l'étiquette d'appel • Rituel de la mascotte • Activité guidée 1 • Activité semi-autonome 1	• Rituel de l'étiquette d'appel • Rituel de la mascotte • Activité guidée 1 • Activité semi-autonome 1	• Rituel de l'étiquette d'appel • Rituel de la mascotte • Activité guidée 1 • Activité semi-autonome 2
JOUR 2	• Rituel de l'étiquette d'appel • Rituel des personnages • Activité guidée 2 • Activité semi-autonome 1	• Rituel de l'étiquette d'appel • Rituel des personnages • Activité guidée 2 • Activité semi-autonome 2	• Rituel de l'étiquette d'appel • Rituel des personnages • Activité guidée 2 • Activité semi-autonome 3	• Rituel de l'étiquette d'appel • Rituel des personnages • Activité guidée 2 • Activité semi-autonome 3	• Rituel de l'étiquette d'appel • Rituel des personnages • Activité guidée 2 • Activité semi-autonome 4
JOUR 3	• Rituel de l'étiquette d'appel • Rituel de la gym des doigts • Activité guidée 3 • Activité semi-autonome 2	• Rituel de l'étiquette d'appel • Rituel de la gym des doigts • Activité guidée 3 • Activité semi-autonome 5	• Rituel de l'étiquette d'appel • Rituel de la gym des doigts • Activité guidée 3 • Activité semi-autonome 4	• Rituel de l'étiquette d'appel • Rituel de la gym des doigts • Activité guidée 3 • Activité semi-autonome 4	• Rituel de l'étiquette d'appel • Rituel de la gym des doigts • Activité guidée 3 • Activité semi-autonome 5
JOUR 4	• Rituel de l'étiquette d'appel • Rituel de la comptine • Activité guidée 4 • Activité semi-autonome 2	• Rituel de l'étiquette d'appel • Rituel de la comptine • Activité guidée 4 • Activité semi-autonome 5	• Rituel de l'étiquette d'appel • Rituel de la comptine • Activité guidée 5 • Activité semi-autonome 5	• Rituel de l'étiquette d'appel • Rituel de la comptine • Activité guidée 5 • Activité semi-autonome 6	• Rituel de l'étiquette d'appel • Rituel de la comptine • Activité guidée 5 • Activité semi-autonome 6

L'organisation est très structurée, en associant volontairement un jour à un type de rituels. L'idée est qu'au cours de la période, tous les élèves soient passés **au moins une fois dans chaque activité**. Certaines sont très courtes, d'autres plus longues. Plusieurs occurrences sont proposées afin d'avoir le temps de faire évoluer les activités selon les propositions faites. Le nombre d'occurrences est lié à l'intérêt de l'activité et aux variables didactiques en jeu.

En complément de ces temps structurés demandant la présence de l'adulte, des temps d'autonomie doivent être proposés chaque jour à la fin des activités guidées ou semi-autonomes :

– les boites d'activités autonomes ▸ p. 56 ;

– l'exploitation des coins jeux, en particulier le coin « Bac à sable » et « Maths et sciences » ▸ p. 28-29.

MATÉRIEL

Ressources

- Les cartes Vocabulaire ▸ bloc p. 9
- La comptine « Mes mains » ▸ bloc p. 123
- La recette « Les muffins au chocolat » ▸ p. 57

Matériel de classe

- Figurines, personnages
- Pions, bouchons, jetons
- Petits objets, animaux miniatures, perles, marrons, balles de cotillon…
- Paniers, plateaux
- Pots, boites avec couvercles qui se vissent/dévissent
- Grosse perles de couleur unies, fil épais
- Bac à manipulations avec du sable, contenants, cuillères, louches, entonnoirs, tamis…
- Peinture, encre, tampons encreurs
- Craies, gros crayons, feutres
- Grandes feuilles A3 de couleur, supports variés
- Balles molles, matériel varié à manipuler avec les doigts (dés, élastiques, perles…)
- Supports avec alvéoles (boites d'œufs, bac à glaçons, support de jeu d'awalé…)
- Photos des élèves
- Mascotte de la classe
- Support de frise temporelle
- Photos des coins de la classe
- Coin marchande organisé avec matériel varié et de quoi ranger et trier
- Paires d'images identiques
- Pâte à modeler
- Objets ronds accumulés dans une boite

Jeux

- Tout support de jeux de classe pour visser/dévisser
- Puzzles à encastrements de tous types

© Babyformes, Nathan.

© Encastrement bois - Grosseur, Nathan.

Matériel MHM optionnel

- Ma boite de magnets « Explorer les formes » ▸ p. 18
- Ma boite de magnets « Découvrir les nombres » ▸ p. 18
- *Mon Premier Cahier de maths PS/MS* ▸ p. 19

1 Activités ritualisées

ACTIVITÉ RITUALISÉE 1 Le rituel de l'étiquette d'appel

Objectif : évaluer et comparer des collections avec des procédures numériques ou non numériques.

Ce qu'il faut savoir

Des enjeux langagiers et mathématiques interviennent dans les rituels, au-delà de leur fonction propre. Rechercher sa photo, une étiquette… est une véritable activité mathématique de prise d'indices, de comparaison. Selon la modalité de mise en œuvre, l'élève y parviendra plus ou moins facilement. La façon dont l'activité est aménagée revêt donc un enjeu mathématique :
– proposer toutes les étiquettes ensemble ou les rassembler par groupe de quelques élèves ? L'activité n'est en effet pas la même si l'élève doit choisir son étiquette parmi 25 plutôt que parmi 6 ;
– disposer les étiquettes de façon aléatoire ou au contraire les organiser comme sur un quadrillage invisible ?
– faire sur ce quadrillage, en le précisant ou non, des lignes « filles » et des lignes « garçons » ?
Ainsi, c'est à l'enseignant·e de faire varier la situation pour qu'elle provoque réflexion et engagement chez l'élève.

Matériel :
– une photo de l'élève (avec ou sans prénom) ;
– un support pour déposer les photos (panneau vertical, table ou boite…).

▸ *Exemples de supports de présence/absence.*

Déroulement

À la première occurrence du rituel, l'enseignant·e présente le tableau, explique à quoi il sert.
À l'arrivée en classe, l'élève recherche sa photo (avec ou sans prénom) et vient la poser sur le support choisi par l'enseignant·e (panneau vertical, table, plateau, boite, etc.).
En cette première période, afin de créer la cohésion du groupe classe, l'enseignant·e fait le point collectivement sur les présents et les absents.
On observe ensuite juste si tout le monde est présent ou pas.
Le support utilisé doit permettre de constater qu'il y a ou non des absents. En ce début d'année, il s'agit d'un travail d'analyse et de comparaison par des procédures non numériques. L'explicitation de l'enseignant·e est fondamentale :
« Il y a une case par élève. Est-ce que toutes les cases sont remplies avec une photo ? Qu'est-ce que cela veut dire ? Manque-t-il un peu ou beaucoup d'élèves ? Comment peux-tu le savoir ? »

Différenciation

Ce rituel nécessite une présence adulte au début de cette année scolaire pleine de nouveautés pour les enfants. Cet étayage sera toujours accompagné d'une verbalisation rappelant le pourquoi de ce rituel.
L'enseignant·e, pour aider, peut disposer les photos des élèves en noir et blanc. Les élèves présents posent par-dessus leur photo couleur. Il est ensuite aisé d'identifier les élèves absents et de pouvoir les désigner.

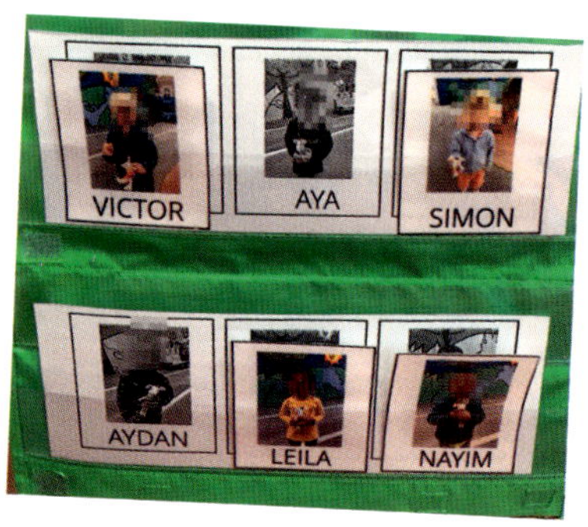

▸ *Exemple de support avec les photos en noir et blanc. Les élèves absents se repèrent aisément.*

ACTIVITÉ RITUALISÉE 2 Le rituel de la mascotte

Éval. p. 58

Objectif : situer des évènements vécus les uns par rapport aux autres, en les repérant dans la journée avec des marqueurs temporels.

Ce qu'il faut savoir

Les intérêts de l'introduction d'une mascotte sont bien connus des enseignant·es de maternelle : engager les élèves timides dans une relation de communication (verbale ou non verbale), créer un intermédiaire entre l'enfant et l'adulte, etc. La mascotte, sorte de « doudou de la classe », joue un rôle de médiation dans les apprentissages.
Vous pouvez choisir la mascotte que vous voulez, du moment qu'elle est « pratique » : elle doit pouvoir être habillée, être manipulable, s'asseoir, voire se faire accrocher des objets (dans les mains).
Utilisez des temps de regroupement ou de langage pour la présenter, rappeler que c'est un jouet et qu'elle n'est pas vivante, lui donner un nom, etc.
Dans le rituel proposé sur cette période, l'idée est d'utiliser la mascotte pour stabiliser les premiers repères temporels (*puis, pendant, après*) et de travailler sur l'objectif cité. Il est important d'employer un vocabulaire précis, en parlant lentement, en insistant sur les mots, en les répétant si besoin et en accompagnant les gestes de références (photos, événements temporels liés, etc.).
Ce travail est associé à la création d'une frise temporelle horizontale* reprenant en photo les différents moments de la demi-journée ou de la journée.

* En lien avec la linéarité du temps qui sera lu de gauche à droite ► Guide MS p. 24.

Matériel :
– une mascotte pour la classe ;
– une frise temporelle personnalisée.

► *Exemple de frise temporelle.*

Déroulement

Réveiller la mascotte sur un temps de regroupement en début de matinée (avec tous les élèves ou non) pour qu'elle soit présente tout au long de la journée.
Lors d'un temps de regroupement avec une partie des élèves (de préférence), procéder en deux étapes :
1. Temps de langage avec des marqueurs temporels :
« Pendant que vous étiez à la maison, où était la famille souris ? », « Le souriceau va être dans la classe pendant que les parents vont travailler ou s'occuper du bébé… », etc.
2. Repérage sur la frise temporelle.

Ce rituel pourra évoluer tout au long de la période en faisant de plus en plus participer les élèves :
« Qu'est-ce qui se passe après les toilettes ? »
« Quand allons-nous faire les jeux ? Avant ou après le regroupement ? »
« Est-ce que c'est bientôt l'heure du repas ? »
« Que va-t-on faire après les ateliers ? »
La mascotte est utilisée pour illustrer les échanges (la déplacer sur la frise, la positionner, etc.).

► *Exemples de mise en scène de la mascotte.*

Différenciation

- Permettre à l'élève de s'approprier la mascotte en l'utilisant sur d'autres temps de classe.
- Étendre plus ou moins la frise temporelle : du premier quart de journée de la matinée à la matinée complète, puis à la journée.
- Choisir des moments clés de l'emploi du temps facilement identifiables par les petits : l'arrivée du matin et l'accueil, le passage aux toilettes…
- Reprendre le rituel à l'accueil en individuel pour étayer.

Éval. p. 58

ACTIVITÉ RITUALISÉE 3 Le rituel des personnages

Objectif : évaluer et comparer des collections avec des procédures numériques ou non numériques.

Ce qu'il faut savoir

Les enfants qui arrivent en Petite Section ont déjà de premières connaissances mathématiques issues de leur vie personnelle. Ces connaissances, variables d'un·e élève à l'autre, relèvent parfois d'apprentissages de surface jugés importants par les parents comme la récitation de la comptine numérique ou un dénombrement sommaire.
En cette première période de Petite Section, gardez à l'esprit que la mathématique est comme une autre langue pour les élèves. Cette autre langue va leur permettre de mieux comprendre le monde qui les entoure et d'interagir avec des symboles qui sont encore très abstraits à cet âge.
Le rituel des personnages va faire rentrer les élèves dans une première activité mathématique structurée, basée sur la correspondance terme à terme et l'énumération. Il sert à poser la compréhension d'un concept très complexe à cet âge : la notion « *autant que* ». On ne vise pas son acquisition immédiate ; il s'agit de procéder à une familiarisation progressive.

Matériel :

– autant de figurines ou de personnages que d'élèves dans la classe (personnages fabriqués sommairement ou matériel commercial) ;

– les photos des élèves (avec ou sans prénom).

Déroulement

Au préalable, placer les figurines dans une corbeille ou une boite assez éloignée des photos.

1. À l'arrivée en classe, l'élève prend une figurine (ou un personnage) au hasard puis vient la placer sur sa photo ► Rituel de l'étiquette d'appel p. 32. C'est une correspondance terme à terme.
2. Quand tous les élèves sont arrivés, sur un temps de regroupement, on peut observer la situation, notamment les absents. On compare le nombre de figurines restantes avec le nombre de photos sans personnage pour travailler la notion de « autant que ». L'enseignant·e prend le temps de montrer et de verbaliser :
« Il manque des enfants, on peut le voir parce qu'il manque un bonhomme sur cette photo… »

Pour l'élève de Petite Section, cette correspondance terme à terme est déjà une première difficulté. Comprendre le fait que « *J'associe un objet à ma photo qui me représente comme individu unique* » n'est pas automatique. L'enseignant·e doit étayer et modéliser si nécessaire.
À la parole (*« Non, tu n'en prends qu'un. Un seul »*), il est nécessaire d'associer le geste et de modéliser l'action (mimer et faire).

Différenciation

- Faire varier les figurines : proposer des figurines toutes identiques ou des figurines différentes aura un enjeu sur la compréhension de l'élève.
- Adapter le support : selon sa disposition, son emplacement, la tâche sera plus ou moins aisée.
- Étayer et modéliser au besoin l'action à plusieurs reprises avant de laisser l'élève agir seul·e.

▸ *Le type de figurines est une variable de différenciation.*

ACTIVITÉ RITUALISÉE 4 Le rituel de la gym des doigts

Objectif : acquérir une agilité des doigts et une représentation mentale de la main.

Ce qu'il faut savoir

Les activités travaillant l'habileté motrice des doigts sont très présentes en classes de Petite et de Moyenne Section. Plusieurs études montrent que les enfants qui ont une représentation mentale complète de la main sont plus compétents dans une tâche numérique analogique. Cette représentation est en effet activée lorsque nous calculons. Utiliser ses doigts facilite les connaissances conceptuelles, verbales et procédurales, comme nous l'avons expliqué dans le *Guide de la méthode MHM maternelle* ▸ p. 73 du Guide.
Le rituel de la gym des doigts, à reproduire régulièrement, s'inscrit donc dans le résultat de ces recherches et permet de cibler les élèves qui peuvent rencontrer des difficultés à utiliser leurs doigts pour compter ou aborder la connaissance des quantités et des nombres.

Matériel :
– balles molles, matériel varié à manipuler avec les doigts (dés, élastiques, perles…) ;
– objets à visser/dévisser (bouteilles avec leurs bouchons ou objets du commerce).

© Vis-Animo, Djeco.

▸ *Matériel possible pour le rituel de la gym des doigts.*

Déroulement

1. Temps collectif

Proposer un échauffement pour chaque élève en activité. L'enseignant·e distribue le matériel ou laisse les élèves choisir :
– balle : on appuie fort sur la balle puis on lâche la pression (à faire plusieurs fois) ;
– élastiques ou chouchous : on étire avec les doigts des deux mains un à un.

2. Temps individuel

L'enseignant·e distribue à chaque élève un plateau différent avec du matériel à visser/dévisser.
Chaque élève visse/dévisse ce qui se trouve sur son plateau.
Quand les élèves ont fini, on échange les plateaux entre eux.
L'enseignant·e explique ce qu'il/elle fait et pourquoi, montre, voire modélise les gestes et encourage les enfants à faire.

Différenciation
- Visser/dévisser le plus rapidement possible.
- Visser/dévisser sans regarder.
- Trouver le bon bouchon pour le visser sur sa bouteille.
- Mimer des comptines ou des histoires avec les doigts à partir d'un album (par exemple, *Petite main, petit pouce* ▸ Bibliographie p. 59).

ACTIVITÉ RITUALISÉE 5 Le rituel de la comptine

Objectif : évaluer et comparer des collections avec des procédures numériques ou non numériques.

Ce qu'il faut savoir

L'apprentissage des comptines est fondamental à l'école maternelle : il permet en effet un travail sur le langage, la prononciation, le rythme, l'écoute, le vivre ensemble, et de développer des compétences annexes… C'est une activité difficile à installer en Petite Section du fait de l'hétérogénéité, de l'entrée dans le cadre qu'elle implique, des capacités langagières des élèves… Nous proposons ici d'exploiter des comptines à des fins mathématiques. Cette première comptine associe mots et gestes et travaille sur la main qui sera très utilisée au cours des activités mathématiques. Elle utilise aussi le terme « beaucoup », exploité en activité guidée au cours de la période.

p. 58

Matériel : le texte de la comptine pour l'enseignant·e, puis pour affichage.

Déroulement

Ce rituel est systématiquement un temps collectif.

L'enseignant·e récite la comptine après avoir capté l'attention d'une majorité d'élèves.
Il/elle explicite ensuite qu'ils vont la refaire tous ensemble, chacun faisant les gestes avec les mains et essayant de répéter les paroles.

Différenciation
- Varier la vitesse d'exécution.
- Ne faire que la première moitié de la comptine dans un premier temps.
- Reprendre individuellement la comptine avec un·e ou deux élèves sur un temps d'accueil.
- Utiliser la mascotte comme support pour réciter la comptine.

Mes mains

Je suis le monstre à compter *(agiter le monstre devant les enfants)*

Voici mes mains *(secouer les deux mains et les montrer à gauche et à droite)*

Mes mains ouvertes *(ouvrir les mains)*

Mes mains fermées *(fermer les poings)*

Une main d'un côté *(secouer la main, cacher l'autre)*

Une main de l'autre côté *(secouer l'autre main, cacher l'autre main)*

Beaucoup de doigts pour te chatouiller *(faire semblant de chatouiller)*

Éval. p. 58

ACTIVITÉ GUIDÉE 1 Le matériel de maths

Objectifs :

– associer les mathématiques et le langage oral par une utilisation de vocabulaire adéquat ;
– commencer à constituer un « imagier maths » ;
– donner le nom exact des objets.

Ce qu'il faut savoir

De nombreux mots ou expressions de la vie courante utilisés en mathématiques sont parfois polysémiques et employés différemment selon les parties prenantes (enseignant·e, ATSEM, parents). Le rôle de l'enseignant·e est donc de veiller à donner systématiquement le même sens à ces mots et de faire la différence auprès des élèves entre le sens mathématique et scolaire et le sens du mot dans la vie courante.
Tout au long des trois années de maternelle, la méthode propose donc des cartes Vocabulaire pour fixer un certain nombre de mots. Chaque mot y est associé à une image et l'enseignant·e pourra les utiliser pour accompagner une explicitation orale lors d'un temps collectif ou individuel. L'enseignant·e gardera à l'esprit que la compréhension du mot évoluera avec l'élève.
Par exemple, en Petite Section, le mot « grand » est d'abord vu dans un sens lié à la grandeur et non à une entrée abstraite comme dans « 3 est plus grand que 2 ». Ce mot est utilisé dans de nombreux contextes, « grand » pouvant être utilisé pour désigner *long*, *haut*, *âgé*, *important*, etc.

p. 9

Matériel :

– les cartes Vocabulaire (faire un choix parmi les cartes désignant du matériel concret) ;
– des objets « réels » correspondant aux cartes.

Organisation de classe :

– en regroupement, sous la direction de l'enseignant·e ;
– en petits groupes : chaque groupe est installé à une table avec un matériel partagé entre les élèves et attribué par l'enseignant·e selon les besoins identifiés ;
– en individuel (à une table, sur un banc, dans un coin avec un tapis…), une fois que l'activité a déjà été menée en présence de l'enseignant·e et que les consignes sont bien comprises.

Les cartes Vocabulaire sont disposées sur un tapis et les objets « réels » correspondants dans un sac.

▸ *En ce début d'année de Petite Section, les enfants partagent peu : pour éviter les disputes, il est donc préférable de bien identifier leur matériel.*

Déroulement

1. Un temps collectif est nécessaire pour présenter les cartes Vocabulaire une première fois, verbaliser ce que chacune désigne et montrer le matériel correspondant.
L'enseignant·e pose le vocabulaire et fait répéter par un·e ou deux élèves.

2. Les élèves travaillent avec les cartes Vocabulaire selon l'organisation choisie. Chaque élève est invité·e à prendre un objet et à le poser sur la carte en disant le nom.

Traces et retours

Faire une photo en fin d'activité, associant une carte et un objet.

Différenciation et évolution de l'activité

Cette activité a pour objectif de fixer le nom du matériel. Pour renforcer l'acquisition de ce vocabulaire, l'enseignant·e peut mettre en œuvre différents jeux :

– **un jeu de kim :** présenter 3, 4 ou 5 cartes. Les élèves ferment les yeux et une carte est enlevée. Ils doivent ensuite se souvenir de la carte manquante et la nommer ;

– **un jeu de mémory :** en photographiant le matériel de classe, l'enseignant·e peut fabriquer un jeu de mémory pour associer carte Vocabulaire et carte photo ;

– **un jeu d'association autonome :** utiliser les pinces enregistreuses ou la barre d'enregistrement en accès libre. Les élèves posent l'objet sur la carte Vocabulaire et répètent le mot qu'ils entendent (mémorisation et prononciation).

Vigilance pour l'enseignant·e

Vocabulaire : choisir les cartes Vocabulaire qui vous paraissent les plus importantes pour le coin maths.

Explicitation/formulation : prendre le temps de voir si l'élève connait le mot en réception ou en émission (il/elle peut savoir ce que c'est sans pouvoir le dire oralement).

ACTIVITÉ GUIDÉE 2 Un peu/beaucoup

Éval. p. 58

Objectifs :

– découvrir la notion de quantité ;

– réaliser des collections avec un peu/beaucoup d'objets.

Ce qu'il faut savoir

Au cours de leurs premières semaines d'école, les élèves de Petite Section sont confrontés aux premières activités travaillant la notion de quantité. Il ne faut pas aller trop vite en cherchant à les faire entrer trop vite dans la suite numérique. Il est nécessaire qu'ils réalisent différentes actions sur les quantités pour mieux les comprendre. On travaille donc d'abord sur « un peu/ beaucoup » ou « pas beaucoup/beaucoup ».

En premier lieu, on vise donc une approche perceptive d'une collection associée à une désignation orale qualitative : *un peu, pas beaucoup, beaucoup, trop, pas assez, pareil, plus*… Par la suite, les élèves travailleront sur des procédures de quantification.

Matériel :

– des paniers, des plateaux, des pots ou des boites (2 par élève) ;

– des pions, des objets, des animaux miniatures, des bouchons en quantité ;

– les cartes Vocabulaire « Peu »/« Beaucoup ».

p. 17

Organisation de classe :

– en petits groupes : chaque groupe est installé à une table avec un matériel partagé entre les élèves et attribué par l'enseignant·e selon les besoins identifiés ;

– en individuel (à une table, sur un banc, dans un coin avec un tapis…), une fois que l'activité a déjà été menée en présence de l'enseignant·e et que les consignes sont bien comprises.

Déroulement

L'enseignant·e présente le matériel choisi aux élèves.
Chaque élève reçoit 2 pots (*« Un pot et encore un pot »*).

1. L'enseignant·e demande de remplir un pot avec *« beaucoup de choses »*, en présentant la carte « Beaucoup », puis laisse les élèves agir. Une fois qu'ils ont terminé, analyser avec eux en reprenant le vocabulaire, avec la carte qui sert de modèle. Même si tous les élèves ont réussi, l'enseignant·e demande de refaire l'activité (dans l'autre pot ou après avoir vidé le premier pot).
2. Reproduire ensuite la même activité avec la carte « Peu ».
3. Plusieurs possibilités ensuite :
– l'enseignant·e redemande *« un peu »* ou *« beaucoup »* avec un matériel donné ;
– les élèves jouent en binôme : l'un·e présente la carte, l'autre accomplit la tâche.

En fin de partie, on aligne les « beaucoup » et les « peu » en y associant les cartes Vocabulaire.

Traces et retours

Faire une photo de l'activité finalisée.

Différenciation et évolution de l'activité

L'approche ne se limitera pas à cette activité, mais à tous les autres moments de vie de classe permettant son réinvestissement. Par exemple :
« La mascotte veut beaucoup de perles sur son collier », « Il faut poser beaucoup de crayons sur la table pour le dessin tout à l'heure », « Prenez beaucoup de ballons dans la caisse »…

On pourra :
– varier les objets ;
– demander de n'utiliser qu'une seule couleur ou une seule forme pour faire également de la catégorisation ;
– modéliser le concept devant l'élève : au fur et à mesure que l'élève complète les pots, l'enseignant·e les place lui-même ou elle-même auprès de la carte « Peu » ou « Beaucoup » en verbalisant ;
– utiliser la cuisine ou le bac à sable pour faire cette activité.

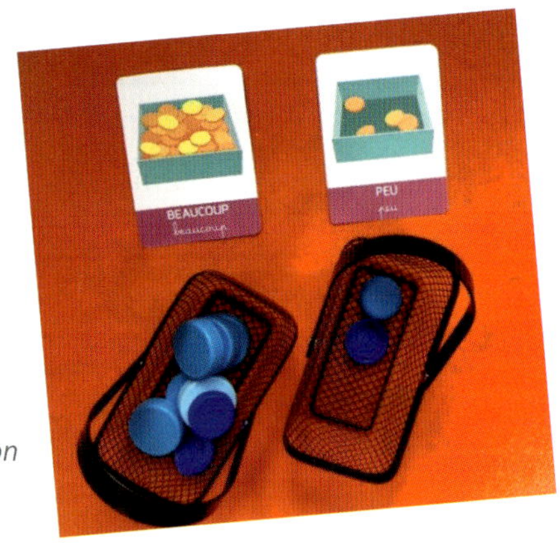

▸ *Exemples d'association de quantités aux cartes.*

Vigilance pour l'enseignant·e

Pour conceptualiser, il est nécessaire de varier le matériel et les situations et de ne pas s'en tenir à des situations toujours identiques.
Explicitation/formulation : demander aux élèves d'utiliser eux-mêmes le vocabulaire, dans différentes situations.

ACTIVITÉ GUIDÉE 3 Les encastrements

Objectifs :

– associer une forme à son « empreinte » ;
– acquérir du vocabulaire.

Ce qu'il faut savoir

Les élèves de Petite Section commencent à organiser leurs représentations mentales et à coordonner des gestes avec une volonté d'action. Les jeux d'encastrement sont un préalable aux activités de puzzle qui arriveront plus tard dans l'année.
Les encastrements encouragent l'enfant à travailler la coordination entre l'action qu'il ou elle veut faire, ce que son œil voit et ce que sa main parvient à faire. C'est un travail complexe. Parfois l'œil n'a pas analysé que la forme ne correspondait pas et l'élève tente de forcer… sans succès. Il faut permettre à l'enfant de répéter des activités d'encastrement régulièrement, à son rythme, et l'aider à verbaliser. Il est important de laisser le temps du tâtonnement, de l'essai-erreur, même à de nombreuses reprises. L'élève doit expérimenter par lui-même ou elle-même, même en cas de réussite systématique (cela consolide sa connaissance).
Avec l'aide de l'adulte, l'élève va développer tout un vocabulaire (*coin, trop grand, trop petit, sens, tourner…*) tout en associant son geste à des actions : enfoncer, remplir, tourner, etc.

Matériel : jeux d'encastrement variés, proposant des formes diverses et permettant une progression en termes de difficulté.

© Babycolor, Nathan.

Organisation de classe :

– en petits groupes : chaque groupe est installé à une table avec un matériel partagé entre les élèves et attribué par l'enseignant·e selon les besoins identifiés ;
– en individuel (à une table, sur un banc, dans un coin avec un tapis…), une fois que l'activité a déjà été menée en présence de l'enseignant·e et que les consignes sont bien comprises.
▸ *En ce début d'année de Petite Section, les enfants partagent peu : pour éviter les disputes, il est préférable de bien identifier leur matériel.*

Déroulement

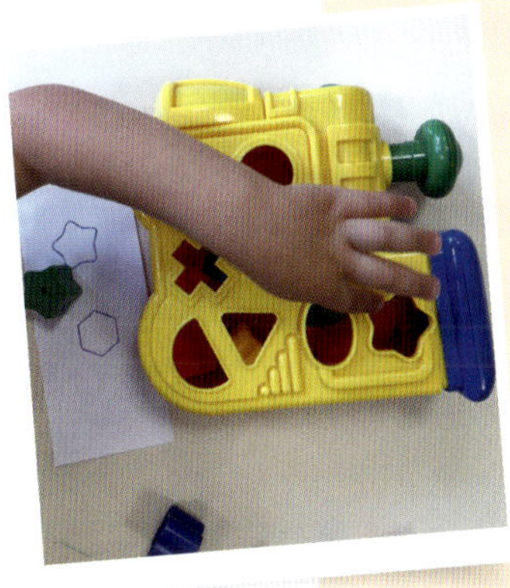

1. Un temps collectif est nécessaire pour expliquer ce qui est attendu, éviter le détournement de matériel et exprimer clairement un critère de réussite :
« J'ai réussi quand j'ai mis chaque forme au bon endroit, sans forcer. »
L'enseignant·e montre comment insérer les pièces dans les supports en précisant bien qu'il faut d'abord observer la forme. Il/Elle encastre chaque pièce en verbalisant ses actions : *« Je tourne la pièce… »*, etc. L'enseignant·e fait répéter par un·e ou deux élèves qui réalisent à leur tour la manipulation.

2. Les élèves réalisent différents encastrements selon l'organisation choisie.
▸ *Il est important que l'enseignant·e se constitue une fiche d'observation simple associant le prénom de l'élève et une photo du matériel pour pouvoir identifier ses réussites et difficultés et adapter ensuite le matériel qui lui sera proposé.*
Lors de l'activité, l'enseignant·e peut demander à l'élève ce qu'il ou elle pense : *« Crois-tu que cette pièce va pouvoir rentrer à cet endroit ? »* Cela permet de travailler l'anticipation et la représentation mentale.

Traces et retours

- Faire une photo des réalisations de l'élève.
- Donner une trace sous forme d'un tableau à double entrée des encastrements réussis par l'élève : nom de l'élève, miniature de l'élève, date de réalisation, indicateur de réussite…

Différenciation et évolution de l'activité

Cette activité qui a l'air simple est parfois vite délaissée. Il ne faut pas se leurrer sur une apparente réussite qui emmène parfois certains élèves vers des puzzles qu'ils n'arrivent pas à réaliser.
Les élèves en réussite doivent avoir prouvé leur réussite plusieurs fois et être capable de verbaliser *a minima* ce qu'ils font.
On pourra proposer :
– des encastrements de formes avec différents supports : horizontal, vertical et en 3D ;
– une progression avec des formes de plus en plus complexes : rond/carré ▸ étoiles ▸ formes asymétriques ;
– des encastrements avec les pièces à distance du support pour travailler la mémoire des formes : on fait toucher la forme à l'élève les yeux fermés avant qu'il ou elle aille chercher la pièce correspondante ;
– des encastrements avec les pièces à distance, mais en demandant à l'élève de faire une empreinte de la forme (pâte à modeler, tampon encreur…) avant d'aller la choisir (l'élève réalise un « bon de commande » de formes).

▸ *L'élève réalise une empreinte de la forme à encastrer.*

Vigilance pour l'enseignant·e

Mots à utiliser spécifiquement :
– *rond, carré, triangle…*
– *à l'intérieur…*
– *trop grand, trop petit…*
– verbes : *entrer, dépasser, enfoncer…*
Explicitation/formulation : insister sur la verbalisation et le vocabulaire (*ça rentre, ça ne rentre pas, c'est trop gros, pas assez…*) et sur l'association gestes/paroles.

Éval. p. 58

ACTIVITÉ GUIDÉE 4 Jeu de piste en classe

Objectifs :
– se situer dans la classe ;
– utiliser à bon escient du vocabulaire topologique (*à côté de, près de, derrière, devant…*).

Ce qu'il faut savoir

Les élèves arrivant en Petite Section disposent d'un vocabulaire topologique très variable et parfois non approprié (*« Je veux m'asseoir dans la chaise »*). Leur vision de l'espace est très limitée avant 3 ans, circonscrite souvent à un objet et aux interactions qu'ils peuvent avoir avec cet objet. La difficulté réside notamment dans la construction de repères, leur perception du monde environnant et leur propre représentation du schéma corporel. La relativité de l'emplacement des choses est une notion complexe : un objet peut être devant nous un moment et se retrouver derrière après qu'on se soit déplacé… ; certaines choses sont déplaçables (les tables) tandis que d'autres sont immuables (la porte, la fenêtre…).
Il est donc important d'accompagner ce travail d'une explicitation, d'un langage clair s'appuyant sur un repère identifié (*« Le jeu est sur la table rouge, près de la porte »*) et de multiplier les situations de manipulation, y compris à l'identique, sur plusieurs jours.

Matériel :
– les photos des coins de la classe (réalisées par l'enseignant·e) ;
– des objets bien identifiés de chaque coin ;
– 2 plateaux ou grandes feuilles A3 de couleur.

Organisation de classe : en petits groupes installés au sol, au coin regroupement ou ailleurs dans la classe.
Les photos des coins de la classe sont disposées au sol, dans un plateau ou posées sur une feuille de couleur. Les objets sont posés à distance dans un plateau ou sur l'autre feuille de couleur.

Déroulement

1. Une fois les élèves installés dans le coin regroupement, l'enseignant·e annonce l'objectif de l'activité : *« Nous allons apprendre à retrouver des objets à partir d'une photo. »*
L'enseignant·e choisit une photo dans le plateau puis la montre lentement à l'ensemble du groupe en demandant le silence. Il/elle interroge ensuite le groupe :
« Il va falloir me montrer le coin de la classe qui est sur la photo. Ceux et celles qui savent le montrer et qui peuvent dire comment s'appelle le coin lèvent la main. »
▸ *Les règles conversationnelles ne sont – bien entendu – pas encore acquises en ce début d'année. Il est probable que les élèves répondent à la volée ou se taisent.*
L'enseignant·e prend le temps d'écouter la réponse de chaque élève, l'un·e après l'autre, même si c'est la répétition d'une autre réponse, puis valide ou invalide.
2. L'enseignant·e interroge l'un·e des élèves et demande à côté de quel objet ou zone « remarquable » de la classe se trouve ce coin (ce questionnement est lié à la configuration de votre classe). Il s'agit de conduire l'élève à utiliser du vocabulaire topologique : *devant, derrière, près de, à côté, au fond…*
3. L'enseignant·e choisit ensuite un objet dans l'autre plateau et demande s'il appartient ou non au coin que l'on vient d'identifier. Il/elle pose ensuite des questions précises aux élèves pour qu'ils décrivent les objets qu'on peut trouver dans ce coin :
« Que trouve-t-on sur la table ? », « Qu'y a-t-il dans la cuisine ? », « Qu'est-ce qui est accroché sur le mur ? »
L'enseignant·e formalise et enrichit les réponses en emmenant les élèves au coin et en accompagnant sa parole de gestes :
« L'affiche est sur le mur. Elle est dessus. »
« Il y a une casserole dans la cuisine. La casserole est à l'intérieur. »

▸ *Exemples de photos de coins de la classe.*

Traces et retours

- Faire une photo des associations objet/coin.
- Afficher la photo du coin et accrocher l'objet pour une exposition éphémère.

Différenciation et évolution de l'activité

L'évolution de cette activité dépend du coin utilisé et de la richesse d'interactions qu'il permet de mener.

• On peut demander aux élèves de se déplacer physiquement jusqu'au coin, d'identifier des objets présents dans le coin parmi des photos (avec ou sans intrus), etc.
• L'atelier peut, la fois suivante, se dérouler dans le même coin sous la forme d'un jeu d'action : *« Range ceci dans cela », « Pose ça sur la table », « Cache ça sous la chaise »,* etc.
• On peut demander d'aller chercher un ou plusieurs objets du coin (identiques ou non) pour faire une collection.

Vigilance pour l'enseignant·e

Pour conceptualiser, il est nécessaire de varier le matériel et les situations et ne pas s'en tenir à des situations toujours identiques.
Explicitation/formulation : demander aux élèves d'utiliser eux-mêmes le vocabulaire, dans différentes situations.

Éval. p. 58

ACTIVITÉ GUIDÉE 5 Le jeu « Croque le 1 »

Objectifs :

– réaliser une collection de 1 objet ;
– accéder à la notion de nombre.

Ce qu'il faut savoir

L'année de Petite Section va être consacrée majoritairement à la compréhension des trois premiers nombres et à la stabilisation de la connaissance de ces petits nombres. Des activités nombreuses et variées seront nécessaires pour cela, en particulier sur la décomposition et recomposition des petites quantités. Mais le préalable est d'avoir compris *a minima* le nombre « 1 ».
Ce premier nombre pose différents problèmes aux jeunes enfants. L'usage courant du « un », mot-nombre, comme article indéfini, complique la tâche. D'autres langues différencient bien cet aspect (en anglais : « *one* » pour le nombre, « *a* » pour l'article).
La compréhension du 1 est la base du travail de compréhension d'un nombre car comprendre un nombre, c'est notamment savoir qu'il est composé de nombres plus petits que lui, qu'il est construit en ajoutant « un » au précédent (principe d'itération de l'unité) et qu'il sert à construire d'autres nombres plus grands que lui…
Le travail mené ici sera poursuivi au cours d'ateliers travaillant l'énumération dans différents contextes.

Matériel :

– pots ou boites avec si possible un couvercle qui se visse ;
– pions, bouchons, jetons…

Organisation de classe :

– en petits groupes : chaque groupe est installé à une table avec un matériel partagé entre les élèves et attribué par l'enseignant·e selon les besoins identifiés ;
– en individuel (à une table, sur un banc, dans un coin avec un tapis…), une fois que l'activité a déjà été menée en présence de l'enseignant·e et que les consignes sont bien comprises.
Les pots sont disposés en périphérie de la table et les objets en vrac au centre.
Enlever les chaises pour que les enfants puissent circuler autour facilement.

Déroulement

Présenter le matériel et décrire la règle du jeu :
« Il faut mettre le plus rapidement possible un pion/un objet dans les pots qui sont sur la table. »
Montrer comment procéder en insistant sur le vocabulaire :
« Je mets un jeton, un seul jeton… dans le pot. »
Les élèves s'exécutent ensuite à leur rythme.
L'enseignant·e demande aux élèves d'énoncer clairement *« un jeton »* à chaque fois qu'ils en mettent un dans le pot.
Une vérification est ensuite faite collectivement. Reformuler alors chaque action et féliciter les élèves pour leurs réussites.

Traces et retours

Prendre une photo de l'activité finie. Y associer une dictée à l'adulte dans laquelle l'élève explicite la tâche à réaliser.

Différenciation et évolution de l'activité

On pourra :
– enrichir la consigne : *« Dévisse le couvercle, mets un objet et revisse »* ;
– changer les objets à « croquer » : cela permet de travailler la permanence de la situation dans des contextes différents. Le nombre « un » n'est pas lié à l'objet, sa forme, sa couleur… ;
– limiter le temps en utilisant un sablier : la contrainte temps va confronter l'élève à une nouvelle situation. En se précipitant, il ou elle va probablement oublier ce qu'il faut faire, ce qui permettra à l'enseignant·e de le rappeler et de ramener l'élève à la tâche mathématique.

Vigilance pour l'enseignant·e

Mots à utiliser spécifiquement : *un, un seul, quantité.*
Explicitation /formulation : dire *« Il n'y en a qu'un et pas plus »*.

Activités semi-autonomes

Éval. p. 58

ACTIVITÉ SEMI-AUTONOME 1 Les colliers

Objectif : travailler l'énumération.

Ce qu'il faut savoir

Les activités autour de la fabrication de colliers, parfois confondues avec les algorithmes – alors que ce n'est pas toujours le cas –, sont un classique de l'école maternelle. Cette activité doit s'inscrire dans une progression mesurée tout au long de l'école maternelle pour passer de la fabrication de colliers « ludiques » à la correspondance terme à terme, puis à l'analyse et la reproduction d'algorithmes complexes. Il ne faut donc pas chercher à aller trop vite.
L'année de Petite Section sera centrée sur la capacité à reproduire un modèle, à verbaliser la production, à réaliser des correspondances terme à terme, etc.
La réalisation de colliers de perles nécessite aussi des compétences en motricité fine qui ne sont pas encore acquises pour tous les élèves de cet âge. Elle permet en outre d'acquérir un vocabulaire tout en servant de support concret pour travailler en parallèle d'autres situations à caractère mathématique autour des longueurs, de tris…

Matériel :

– un lot de grosses perles de couleurs unies par élève ;
– un fil épais (fil à linge plastique, ficelle) par élève.

Organisation de classe :

– en petits groupes : chaque groupe est installé à une table avec un matériel partagé entre les élèves et attribué par l'enseignant·e selon les besoins identifiés ;
– en individuel (à une table, sur un banc, dans un coin avec un tapis…), une fois que l'activité a déjà été menée en présence de l'enseignant·e et que les consignes sont bien comprises.
Le matériel (fils et perles) est disposé dans une barquette ou un petit plateau pour individualiser les supports.
▸ *Astuce : coller des ronds autocollants de couleur sur la table pour permettre aux élèves de mieux se repérer et pour individualiser le matériel.*

Déroulement

1. L'adulte (l'enseignant·e ou l'ATSEM) présente l'activité aux élèves :
– montrer le matériel et le nommer ▸ « Vigilance pour l'enseignant·e » ;
– expliciter verbalement ce qu'il faut faire, en précisant le critère de réussite :
« Tu réussis si tu fais un collier totalement rouge », « Tu réussis si tu fais un collier plus grand que le modèle » ;
– montrer comment commencer en verbalisant ses actions :
« Tu prends le collier et tu le tiens avec ta main. Avec l'autre main, tu prends une perle et tu fais passer le fil du collier dans le trou de la perle… »
Chaque élève essaie de faire son collier à son rythme.

2. Quand les colliers sont finis, on les aligne pour les comparer. On vérifie que la consigne a bien été respectée : l'enseignant·e redemande à l'élève le critère de réussite et le reformule avec lui puis compare la production à la consigne. L'enseignant·e explicite alors à l'élève s'il a réussi ou non.
À la première occurrence de l'activité, les élèves produisent les colliers comme ils le souhaitent, en totale liberté.

Différenciation et évolution de l'activité

L'activité va être reproposée de nombreuses fois au cours de la période puis au cours de l'année scolaire. Elle doit donc évoluer. Par exemple :
– fabrication libre ;

– fabrication avec une contrainte : d'une couleur donnée, d'une longueur donnée (comparaison avec un modèle posé ou suspendu), avec deux couleurs données, dans un temps donné (avec un sablier visualisant le temps) ;
– reproduction d'un modèle ;
– fabrication avec cumul de contraintes : par exemple, une couleur donnée et une longueur donnée.
Chaque élève avancera à son rythme, reproduisant à plusieurs reprises le même type d'activités. Un suivi précis est donc nécessaire pour proposer à chaque élève l'activité la plus adaptée (utiliser une fiche d'observation).
On pourra différencier :
– **le matériel :** longueur du fil, taille, forme et nombre de perles. On peut ainsi, par exemple, complexifier en donnant des perles de même couleur mais de formes différentes ;
– **l'organisation matérielle :** ne pas préparer les plateaux individuels et demander aux enfants de les remplir avec la couleur du set de table qui se trouve à leur place (tri des perles par couleur).
L'étayage de l'enseignant·e doit être centré sur l'accompagnement des différentes sous-tâches (aider à ne bien prendre qu'une couleur, à se souvenir de la contrainte) et sur la verbalisation des actions réalisées.

Traces et retours

Une photo de la production de l'élève, assujettie d'un commentaire en dictée à l'adulte.

Vigilance pour l'enseignant·e

Mots à utiliser spécifiquement :
– *fil, ficelle, perle, enfiler, l'une après l'autre… ;*
– *collier le plus **long**/le plus **court** ;*
– *colliers **pareils**, **autant** de perles **que**.*

ACTIVITÉ SEMI-AUTONOME 2 Le coin marchande

Éval. p. 58

Objectifs :
– utiliser les notions « *un peu / beaucoup* » en situation ;
– trier selon un critère donné (couleur, forme…).

Ce qu'il faut savoir

Le coin marchande est prétexte à de nombreuses activités mathématiques.
En Grande Section, les élèves pourront acheter et vendre en utilisant de la monnaie et en gardant une trace écrite de leurs transactions.
Sur ce début d'année de Petite Section, les coins jeux sont des lieux de transition entre la maison et l'école du fait que les élèves y retrouvent des jouets, du matériel éducatif qu'ils peuvent manipuler. Le coin marchande va offrir un espace d'activité très riche pour déclencher et entretenir des apprentissages.

Matériel : coin marchande organisé (présentoir, étals) avec matériel varié (fruits, légumes, boites d'œufs, boites diverses…) et de quoi ranger/trier (caissettes, paniers ou chariots).

▸ *Si la classe dispose d'un matériel riche et varié, il est préférable de ne pas tout mettre d'un coup dans ce coin mais de le faire varier tout au long de l'année.*

Organisation de classe : travail par 2, voire 3, dans un coin organisé, identifié, suffisamment grand pour accueillir le nombre d'élèves souhaité.

Déroulement

L'adulte (l'enseignant·e ou l'ATSEM) présente le coin marchande aux élèves :
– montrer le matériel et le nommer ▸ « Vigilance pour l'enseignant·e » ;
– expliciter verbalement ce qu'il faut faire en précisant le critère de réussite : *« Tu réussis si tu fais… »* ;
– donner un exemple, modéliser :
« Bonjour madame, pour mon déjeuner, je voudrais une orange et beaucoup de raisin, merci… » ; « Je range les oranges. Il y en a beaucoup. Il faut donc un grand panier pour toutes les ranger… »
Les élèves sont encouragés à faire à plusieurs, par 2 voire par 3, chaque élève pouvant se trouver en situation d'acheter ou de vendre. Dans un premier temps, la consigne sera assez libre pour permettre l'appropriation du matériel puis elle évoluera selon les besoins des élèves.

Traces et retours

Une photo de l'élève en activité dans l'atelier, accompagnée d'une légende pour expliciter la consigne aux parents.

Différenciation et évolution de l'activité

Le coin marchande est une activité phare de la méthode heuristique chaque année. Il doit évoluer pour permettre à chaque élève de construire les apprentissages nécessaires.
Au cours de la période, les élèves pourront :
– jouer librement, pour découvrir et nommer le matériel, les rangements ;
– ranger ou organiser le coin, soit sur une consigne orale, soit sur une consigne visuelle (image d'un fruit ou d'un légume collée sur la zone associée) ;
– remplir leur panier de courses avec une contrainte de quantité ou de tri :
« Rapporte peu de fruits », « Rapporte beaucoup de légumes » ;
« Rapporte dans ton panier tous les fruits jaunes » ;
« Vide tout le panier dans la caisse » ;
« Remplis la boite d'œufs avec un œuf dans chaque trou ».
– jouer au marchand ou à la marchande : un·e élève vient acheter, un·e autre vend et fait le vendeur ou la vendeuse. Cette situation qui a l'air réelle peut être très artificielle pour certains élèves qui ne connaissent pas cela dans leur vie privée.
Sur cette première période, on peut laisser chaque élève s'approprier le coin. Il sera réutilisé dans l'année et une évaluation plus précise sera alors menée.
Plusieurs variables permettent de différencier :
– **le matériel :** faire varier la quantité et la variété de ce qui est proposé, ou le nombre de rangements proposés. On pourra, sur une activité ponctuelle, proposer de vrais fruits en lien avec une activité de cuisine en classe ;
– **les rôles et attentes** que l'on peut faire varier auprès de chaque élève : ranger, vendre, acheter, nettoyer, etc.

▸ *Ranger par catégorie.*

▸ *Jouer à l'acheteur et au vendeur.*

▸ *Prendre beaucoup de fruits dans son panier.*

Vigilance pour l'enseignant·e

Mots à utiliser spécifiquement : mots désignant l'ensemble du matériel présent dans le coin.
Explicitation/formulation : expliciter les actions (*trier, poser, ranger dans, mettre…*).

ACTIVITÉ SEMI-AUTONOME 3 La chasse aux ronds

Éval. p. 58

Objectif : découvrir et reconnaitre la forme ronde dans l'environnement.

Ce qu'il faut savoir

Les trois années de maternelle doivent permettre de poser de premières bases d'apprentissage, voire de constituer une initiation en géométrie, à partir de nombreuses manipulations. Celles-ci visent à construire l'abstraction qui permettra à l'élève de voir ce qu'il y a d'équivalent entre un objet avec une forme donnée, sa photo, sa représentation en deux dimensions, ses propriétés, etc. Il est important de travailler sur l'environnement de l'élève pour que, tout au long de sa scolarité, celui ou celle-ci comprenne l'implicite d'une géométrie servant à modéliser l'espace. L'apprentissage sera donc d'abord perceptif, en passant par les sens (la vue, le toucher). Il s'effectuera dans les différents espaces possibles (micro-espace, méso-espace), chacun offrant des problématiques différentes au jeune enfant. Il faut multiplier les expériences et les varier pour construire un bagage géométrique pour l'élève.

Matériel :
– des objets ronds du quotidien, de la classe et de l'école, en particulier différentes sortes de bouchons ;
– un ou plusieurs objets « modèles » de forme ronde (magnets ronds, par exemple).

Organisation de classe : en petits groupes installés au sol, dans le coin regroupement ou ailleurs dans la classe.
En amont, l'enseignant·e cache le matériel dans une zone définie qui sera la zone de recherche.

Déroulement

▸ *L'enseignant·e peut faire auparavant un mot aux familles pour que l'enfant apporte des objets de forme ronde pour la chasse au trésor.*

L'adulte (l'enseignant·e ou l'ATSEM) présente la tâche attendue :
« Vous allez faire une chasse au trésor. Il faut trouver des ronds comme celui-ci. »
La forme modèle est présentée et touchée par les élèves.
« Il faut trouver d'autres formes rondes, pareilles que ça, cachées partout ici. »
L'adulte présente la zone de recherche puis l'endroit où les formes doivent être ramenées.
Chaque élève cherche et ramène des objets.
Une synthèse est ensuite menée par l'enseignant·e :
« La forme ronde n'a pas de coin, de partie pointue… Elle roule sous la main. Nous avons trouvé plein de formes rondes. »
L'activité a vocation à toucher, manipuler, comparer des formes rondes. Il faut donc, pendant la synthèse, accompagner la verbalisation, inciter à faire des contours, à éliminer des formes ressemblantes, etc.

Traces et retours

- Une photo de l'atelier, assujettie d'un commentaire en dictée à l'adulte.
- La page « Les ronds » de *Mon Premier Cahier de maths PS/MS.*

Différenciation et évolution de l'activité
Plusieurs variables permettent de différencier :
– le nombre de formes à retrouver ;
– la taille des formes : des objets qui tiennent dans les mains puis des objets plus grands (frisbees, assises de chaises rondes…) ;
– la variété des formes : dans un premier temps, essentiellement des bouchons, puis différents objets plus bariolés, etc.

▶ *Exemple de mise en œuvre.*

Vigilance pour l'enseignant·e

Mots à utiliser spécifiquement : *rond.*
Explicitation/formulation : *« c'est rond », « ça tourne »…*

Éval. p. 58

ACTIVITÉ SEMI-AUTONOME 4 Tracer des ronds

Objectif : tracer des contours de ronds ; réaliser des empreintes de ronds.

Ce qu'il faut savoir

Cette activité s'inscrit dans la suite de l'activité précédente, « La chasse aux ronds » ▸ p. 49. Les programmes demandent de préférer au mot « rond » les mots « disque » ou « cercle » (et de savoir différencier les deux). Nous utiliserons cependant ici le mot « rond » par abus de langage, notamment en parlant de forme ronde, et par cohérence avec le vocabulaire utilisé généralement par les parents. Le dictionnaire Larousse nous conforte dans ce choix, en donnant pour définition de « rond » :
« 1. Figure, tracé en forme de circonférence. Synonyme : cercle.
2. Surface, objet de forme circulaire. »
Chacun·e fera son choix, l'important étant la constance.
Pour comprendre ce qu'est un rond, il est nécessaire de proposer des activités variées, associant les différents sens (vue, toucher) en même temps, ou l'un après l'autre.

Matériel :
– des craies, de gros crayons ;
– de grandes feuilles, des supports variés (sets de table rond…) ;
– une boite contenant des objets ronds issus de la chasse aux ronds ;
– éventuellement : pâte à modeler, peinture, pâte adhésive (▸ Différenciation).

Organisation de classe :
– en petits groupes : chaque groupe est installé à une table avec un matériel partagé entre les élèves et attribué par l'enseignant·e selon les besoins identifiés ;
– en individuel (à une table, sur un banc, dans un coin avec un tapis…), une fois que l'activité a déjà été menée en présence de l'enseignant·e et que les consignes sont bien comprises.
Le matériel doit être en quantité suffisante pour que chaque élève puisse mener à bien l'activité.

Déroulement

L'adulte (l'enseignant·e ou l'ATSEM) présente l'activité aux élèves :
– montrer le matériel et le nommer ;
– expliciter verbalement ce qu'il faut faire en formulant le critère de réussite : *« Tu réussis si tu fais… »*. Les élèves doivent essayer de tracer le contour d'objets de leur choix, ou bien de faire des empreintes ;
– montrer un ou plusieurs exemples :

▸ *Ronds autour d'un bouchon.*

▸ *Ronds au sol autour d'une tache.*

▸ *Empreintes à la pâte à modeler avec des bouchons.*

Traces et retours

- Une photo de l'atelier, assujettie d'un commentaire en dictée à l'adulte.
- L'activité « Le traceur » (le rond) de *Mon Premier Cahier de maths PS/MS.*

Différenciation et évolution de l'activité

L'enseignant·e étayera les productions des élèves pour aider à percevoir la forme ronde :
« Non, ça doit être arrondi… Un rond n'a pas de côté pointu… Ça tourne… »
L'activité pourra être menée de nombreuses fois, en montrant aux élèves l'évolution de leur tracé.
On pourra :
– varier les supports : travailler avec un support rond qui sera inducteur du tracé à réaliser (le bras de l'élève pouvant le gêner, travailler sur une forme ronde elle-même l'aidera à orienter son geste), travailler sur support vertical ;
– coller l'objet sur le support pour limiter son déplacement, à l'aide de Patafix® ou autre pâte adhésive ;
– faire des empreintes de bouchons avec de la peinture ;
– faire des empreintes en appuyant sur de la pâte à modeler.

Vigilance pour l'enseignant·e

Cette activité est aussi un travail de motricité fine : il faut accompagner les élèves sur le geste graphique, la tenue des objets.

Éval.
p. 58

ACTIVITÉ SEMI-AUTONOME 5 1 pour 1

Objectifs :

– énumérer ;
– faire de la correspondance terme à terme.

Ce qu'il faut savoir

Cette activité s'inscrit dans les ateliers d'inspiration Montessori classiques. Elle permet de travailler à la fois la motricité fine, la correspondance terme à terme et l'énumération.
Au cours de ce temps de travail, les élèves remplissent avec leur main. Imposer l'usage d'un objet (une cuillère, une pince…) centre en effet l'apprentissage sur la motricité fine et détourne du travail mathématique.
L'activité prendra son sens en verbalisant avec l'élève et en employant le vocabulaire adapté : *un, chaque, exactement, pas plus…*
Le choix du matériel est une variable didactique fondamentale : poser un marron dans l'alvéole d'une boite à œuf est plus simple que de poser une petite perle. En effet, l'élève qui pose une petite perle sera tenté d'en poser une deuxième car il voudra « remplir » l'alvéole. La consigne « *une et une seule* » prend dans ce cas tout son sens.

Matériel :

– supports avec « alvéoles » (boites à œuf, bacs à glaçons, boite d'awalé, etc.) ;
– petits objets (perles, marrons, boules de cotillon…).

Organisation de classe :

– en petits groupes : chaque groupe est installé à une table avec un matériel partagé entre les élèves et attribué par l'enseignant·e selon les besoins identifiés ;
– en individuel (à une table, sur un banc, dans un coin avec un tapis…), une fois que l'activité a déjà été menée en présence de l'enseignant·e et que les consignes sont bien comprises.
Le matériel est disposé dans une barquette ou un petit plateau pour individualiser les supports.

Déroulement

L'adulte (l'enseignant·e ou l'ATSEM) présente l'activité aux élèves :
– montrer le matériel et le nommer ;
– expliciter verbalement ce qu'il faut faire en formulant le critère de réussite : *« Tu réussis si tu disposes une seule perle dans chaque trou… »*. Il s'agit pour l'élève de remplir chaque alvéole du support avec un unique objet.
Chaque élève complète à son rythme et l'adulte valide ensuite.
En cas d'erreur, l'adulte fait verbaliser l'élève sur ce qu'il ou elle a fait et rappelle la consigne.

Traces et retours

- Une photo de l'atelier, assujettie d'un commentaire en dictée à l'adulte.
- La page « Un pour un » de *Mon Premier Cahier de maths PS/MS*.

Différenciation et évolution de l'activité

L'activité pourra être proposée de nombreuses fois au cours de la période puis au cours de l'année scolaire. Plusieurs variables didactiques entrent en jeu :
– l'aspect motricité fine : taille des objets à déposer, usage ou non d'un objet intermédiaire (avec vigilance ▸ « Ce qu'il faut savoir ») ;
– le nombre d'alvéoles à compléter : plus il y en a, plus cela demande une constance de la part de l'élève ;
– le matériel à déposer dans le support : sa taille est une variable importante ▸ « Ce qu'il faut savoir ».

Vigilance pour l'enseignant·e

Bien accompagner le geste de l'élève par la verbalisation et l'analogie à d'autres activités de la classe (*« C'est comme quand on fait ceci… »*).

ACTIVITÉ SEMI-AUTONOME 6 Traces mathématiques

Éval. p. 58

Objectif : identifier « pas beaucoup/beaucoup » par l'approche sensorielle.

Ce qu'il faut savoir

L'« empreinte » est la marque, en creux ou en relief, obtenue par l'action d'un objet sur une surface. La « trace » est la marque laissée par une action, par l'intermédiaire d'un objet ou avec son corps. Proposer à l'élève de faire des empreintes ou des traces va lui permettre de comprendre ce que son corps peut faire.
Avec l'aide du langage, de la répétition, l'élève prendra progressivement conscience qu'il ou elle peut associer une idée, une image mentale, à une réalisation concrète, comme ce sera le cas en graphisme puis en écriture.
Cette activité est d'abord une activité de motricité fine, l'enfant devant gérer son geste, l'adapter à l'outil et au support, anticiper, etc. Nous exploitons ici cette activité pour créer une trace des notions « pas beaucoup/beaucoup ». Elle correspond aux prémices du travail qui sera mené dans la méthode à partir de la Moyenne Section sur les ardoises, puis les tableaux des nombres.

Matériel :
– 2 feuilles A3 par élève ou une feuille plus grande séparée en deux parties ;
– formes pour faire des traces (tampons, bouchons…) ;
– peinture, encre ;
– cartes Vocabulaire « Peu »/« Beaucoup ».

p. 17

Organisation de classe :
– en petits groupes : chaque groupe est installé à une table avec un matériel partagé entre les élèves et attribué par l'enseignant·e selon les besoins identifiés ;
– en individuel (à une table, sur un banc, dans un coin avec un tapis…), une fois que l'activité a déjà été menée en présence de l'enseignant·e et que les consignes sont bien comprises.
Le matériel doit être en quantité suffisante pour que chaque élève puisse mener à bien l'activité.

Déroulement

1. L'adulte (l'enseignant·e ou l'ATSEM) présente l'activité aux élèves :
« Sur une feuille, vous allez faire un peu de traces. Sur l'autre feuille, vous allez faire beaucoup de traces ».
Présenter le matériel et montrer comment faire.
Dans un premier temps, une seule couleur est proposée.
Les élèves utilisent le matériel proposé, voire leurs doigts avec de la peinture (cette option nécessite un·e adulte proche pour la gestion du nettoyage).

2. Un échange a lieu quand l'activité est terminée pour que l'élève verbalise sa production. La production de l'élève pourra être comparée à d'autres.
L'enseignant·e aidera l'élève à verbaliser sa production finie :
« Là, il y a un peu de traces. On voit beaucoup le blanc de la feuille. Il y a encore plein de place. Sur l'autre feuille, on voit beaucoup de traces. Il y en a plein. On ne voit plus beaucoup la feuille. »

Traces et retours

- La production de l'élève.
- Une photo de l'ensemble des productions des élèves.
- La page « Un peu/ beaucoup » de *Mon Premier Cahier de maths PS/MS*.

Différenciation et évolution de l'activité

L'élève doit ainsi progressivement percevoir plusieurs aspects fondamentaux de la construction du nombre :
– la différence entre la quantité et l'espace occupé. Une seule trace qui occupe une grande partie de la feuille représente « pas beaucoup » face à de multiples petites traces qui occupent moins l'espace ;
– la notion de quantité est indépendante du support, du matériel utilisé, de la couleur…
L'activité devra donc être menée de nombreuses fois avec des variations.
On pourra varier :
– **les objets** servant aux empreintes : doigts, mains, cotons tige, légumes servant de tampons (pommes de terre), grosses éponges (pour faire de grosses traces), etc. ;
– **les couleurs** utilisées pour les empreintes ;
– **la taille** des supports : feuille A5, A4…

Vigilance pour l'enseignant·e

- Le fait que l'élève soit en semi-autonomie ne doit pas exonérer **l'exigence de rigueur** quant à l'attendu de la production. L'adulte peut faire ce rappel, voire demander à refaire en sa présence.
- Il est important aussi d'**encourager l'élève à verbaliser sa production**, même si aucun·e adulte n'est à côté de lui ou d'elle à ce moment-là.

Période 1

Boites d'activités autonomes

Les boites proposées ont vocation à être utilisées en totale autonomie. Elles évolueront tout au long de l'année pour faire progresser l'élève.
Le fonctionnement est précisé en introduction ▸ p. 14.
Les étiquettes à placer sur les tiroirs ainsi que les cartes Consigne à placer dans les tiroirs sont disponibles dans le bloc Ressources ▸ p. 55 et 61.

BOITE « TRIER 1 »

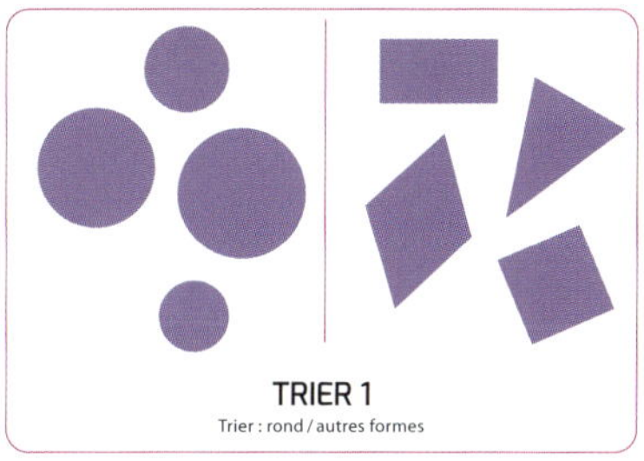

Objectif : trier
Matériel :
- 2 boites ;
- jetons ronds (ou bouchons) et divers petits objets aux formes diverses.

Consigne
Trier : d'un côté, tout ce qui est rond ; de l'autre, tout ce qui n'est pas rond.

BOITE « CLASSER 1 »

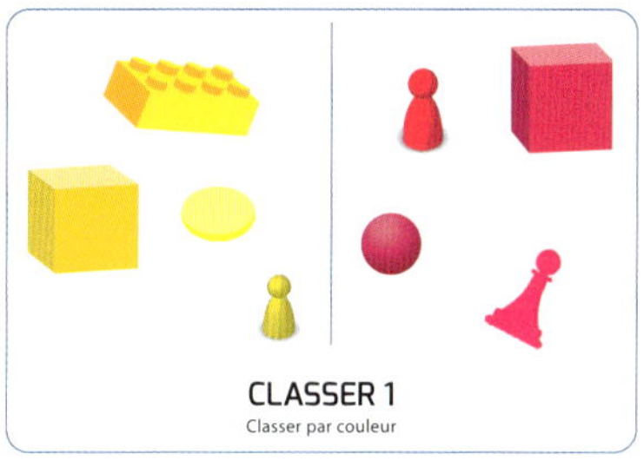

Objectif : classer
Matériel :
- 3 à 5 petits objets de couleur unique, pour un total de 3 ou 4 couleurs (petits personnages, perles…) ;
- boites de rangement (une par couleur).

Consigne
Classer par couleur.

BOITE « ASSOCIER 1 »

Objectif : associer deux images identiques
Matériel : 6 paires de 2 images identiques (les paires doivent pouvoir être facilement distinguées les unes des autres).
▸ exemples sur le site de la méthode
Consigne
Mettre ensemble les deux images identiques, refaire les 6 paires.

BOITE « VERSER »

Objectif : trier
Matériel :
- petits pots : 3 tailles différentes ;
- 1 sac contenant des haricots ;
- 1 objet pour verser : un verre avec verseur, une cuillère…

Consigne
Remplir chaque pot jusqu'en haut avec les haricots.

Il est également possible d'utiliser sur ce temps *Mon Premier Cahier de maths PS/MS*, sur des pages qui n'ont pas été réalisées en activité et que les élèves sont susceptibles de réaliser seul·e·s ▸ p. 19.

LE ROND (1)

Objectif : réinvestir la forme géométrique « rond » dans un travail d'arts plastiques.
Œuvre de référence : Vassily Kandinsky, *Étude de couleurs, carrés avec cercles concentriques*, 1913.

Matériel :
- rond évidé dans du lino ou pochoir rond ;
- peinture à doigt ;
- feuilles blanches ;
- feuilles carrées de couleurs variées ;
- reproduction de l'œuvre.

Découvrir *Étude de couleurs, carrés avec cercles concentriques* sur Wikiart
https://www.wikiart.org/fr/vassily-kandinsky/etude-de-couleurs-carres-avec-cercles-concentriques-1913

Déroulement

1. L'œuvre est présentée aux élèves qui s'expriment très librement. Il s'agit juste de les faire observer et verbaliser la présence de ronds et de couleurs différentes.
2. L'activité est ensuite présentée aux élèves : il s'agit de reproduire à plusieurs un des carrés de l'œuvre.
Pour cela, l'enseignant·e montre un modèle déjà réalisé : il s'agira de superposer des ronds de couleur sur un carré de couleur.
Les élèves remplissent avec la peinture à doigts le rond (lino évidé ou pochoir). L'enseignant·e les incitera à remplir la surface en tournant son doigt, en faisant des ronds, jusqu'à remplir toute la forme.
Le découpage du rond sera réalisé par l'adulte, de préférence devant l'enfant. Plusieurs tailles de ronds seront réalisées pour permettre une superposition des formes.

Période 1 — La recette de la période

Activités mathématiques mobilisées :
- utiliser le pot comme verre mesure ;
- partager la tablette de chocolat ;
- répartir les carrés de chocolat sur chaque muffin (énumération) ;
- distribuer les petits gâteaux : correspondance terme à terme entre les gâteaux et les élèves.

Les muffins au chocolat

INGRÉDIENTS

- 1 pot de yaourt nature
- 3 œufs
- 2 pots de yaourt de farine
- 1 pot de sucre en poudre
- 1 pot d'huile végétale (tournesol, olive…)
- 1 sachet de sucre vanillé
- 1 sachet de levure chimique
- 1 pincée de sel
- 1 tablette de chocolat

USTENSILES

- un saladier
- un fouet
- un moule à muffins
- une cuillère

Déroulement

Le pot de yaourt, une fois vidé, servira d'outil de mesure.

1. Verser le yaourt dans le saladier.
2. Casser les œufs dans le saladier, mélanger.
3. Ajouter le sucre en poudre et le sucre vanillé dans le saladier, mélanger.
4. Ajouter la farine et la levure, mélanger.
5. Ajouter la pincée de sel, mélanger.
6. Ajouter enfin l'huile et mélanger.
7. Remplir les alvéoles du moule à muffins avec la cuillère. Chaque élève le fait et ajoute ensuite un carré de chocolat sur chaque muffin.
8. Cuire à 180° C pendant 15-20 minutes.

Période 1

Évaluations

Fiches de suivi

p. 145

Cette première période est une période d'entrée à l'école pour les élèves de Petite Section. Ils sont confrontés à de nombreuses nouveautés : devoir s'adapter aux autres, à la collectivité, à des horaires, à des fonctionnements, aux adultes… L'hétérogénéité en Petite Section est très importante tant le vécu des élèves varie avant d'entrer à l'école ! Il n'est donc pas question de mener des évaluations sommatives sur cette première période.
Il est en revanche nécessaire de s'inscrire dans **une démarche d'évaluation formative**. En effet, pour pouvoir analyser objectivement la progression des élèves sur l'année, il est nécessaire de disposer d'éléments précis à des dates données.
Nous conseillons particulièrement d'observer les compétences suivantes en période 1.

1 Le vocabulaire mathématique

Que faut-il observer ?

- L'élève comprend-il le vocabulaire mathématique ?
- L'utilise-t-il à la demande ?
- L'utilise-t-il à bon escient et spontanément ?

Vocabulaire : *rond, peu, beaucoup, un, deux, trois, compter, trier.*

Au cours de quelles activités ?

- **Activité guidée 1** Le matériel de maths p. 38
- **Activité guidée 4** Jeu de piste en classe p. 42
- **Activité semi-autonome 2** Le coin marchande p. 47
- **Activité semi-autonome 6** Traces mathématiques p. 53

2 L'estimation de quantités : peu/beaucoup

Que faut-il observer ?

- L'élève comprend-il « peu » et « beaucoup » lorsqu'on lui montre deux collections ?
- Peut-il constituer une collection correspondant à « peu » ou à « beaucoup » ?

Au cours de quelles activités ?

- **Activité guidée 2** Un peu/beaucoup p. 39
- **Activité semi-autonome 2** Le coin marchande p. 47
- **Activité semi-autonome 6** Traces mathématiques p. 53

3 La forme géométrique : le rond

Que faut-il observer ?

- L'élève reconnait-il une forme ronde ?
- Parvient-il à la nommer ?
- La différencie-t-il d'une autre forme géométrique ?
- Trace-t-il une forme qui se veut ronde ?

Au cours de quelles activités ?

- **Activité semi-autonome 3** La chasse aux ronds p. 49
- **Activité semi-autonome 4** Tracer des ronds p. 50

4 Réaliser des opérations mathématiques : trier, classer, énumérer, effectuer une correspondance terme à terme

Que faut-il observer ?

- L'élève commence-t-il à mettre en œuvre ces opérations mathématiques : trier, classer, énumérer, effectuer une correspondance terme à terme ?
- Y parvient-il dans différents contextes (en variant les supports, le matériel…) ?

Au cours de quelles activités ?

- **Activité ritualisée 3** Le rituel des personnages p. 34
- **Activité guidée 5** Le jeu « Croque le 1 » p. 44
- **Activité semi-autonome 1** Les colliers p. 46
- **Activité semi-autonome 5** 1 pour 1 p. 52
- **Boites d'activités autonomes** « Trier 1 », « Classer 1 » p. 55

BIBLIOGRAPHIE

Albums sur la journée d'école pour accompagner la rentrée

***Tchoupi rentre à l'école*,**
Thierry Courtin,
Nathan, 2017.
Les élèves découvrent avec Tchoupi l'univers de l'école et sa journée de classe.

***Mimi va à l'école*,**
Lucy Cousins,
Albin Michel Jeunesse, 1992.
Ce livre à rabats permet de partager la journée de la souris Mimi entre les activités de l'école et la récréation.

***Je veux pas aller à l'école*,**
Stephanie Blake,
L'école des loisirs, 2008.
Le lapin Simon ne veut pas aller à l'école et le répète sans cesse. Mais après une journée passée avec ses copains, tout change.

***Trotte souris, trotte !*,**
Marion Billet,
Nathan, 2015.
Dans ce livre puzzle, la petite souris s'encastre dans les pages au fil de l'histoire.

Albums liés aux apprentissages mathématiques de la période

***Petit 1*,**
Ann et Paul Rand,
Circonflexe, 1994.
Un album pour accompagner les apprentissages sur « 1 ».

***Petite main petit pouce*,**
Martine Perrin,
Seuil Jeunesse, 2012.
Un album pour accompagner la gym des doigts et les tracés.

***On joue ?*,**
Hervé Tullet, Bayard Jeunesse, 2016.
Un album pour apprendre à suivre une ligne et voir des formes rondes se promener…

***Cercle comme*,**
Agnese Baruzzi,
White Star Kids, 2018.
Un album coloré consacré au cercle, que l'on retrouve dans les objets du quotidien.

Période 2

NOVEMBRE DÉCEMBRE

Objectifs majeurs de la période

Résoudre des situations problèmes	Découvrir les nombres et leurs utilisations	Explorer des formes, des grandeurs, des suites organisées	Se repérer dans le temps et l'espace
• Résoudre des situations de partage • Résoudre des situations d'association	• Réaliser des collections de 2 objets • Comparer des collections • Comparer : un peu/beaucoup • Réciter la comptine numérique • Utiliser le monstre à compter	• Reconnaitre le carré et l'associer à sa représentation • Transvaser et trier • Réaliser des emboitements, encastrements, puzzles • Classer selon un critère de longueur (petit/grand) • Réciter la comptine géométrique	• Ordonner une suite de photographies • Situer des évènements dans la journée de classe • Réaliser des puzzles à encastrement, les boites gigognes

Cette deuxième période s'inscrit dans la continuité de la première car il est important de donner des repères et des rituels stables aux élèves. Les activités proposées ont vocation à s'inscrire dans un temps long. Les élèves découvrent le nombre deux et le manipulent. En complément, vous pouvez aussi :

– travailler le thème des vêtements en lien avec la saison, ou en lien avec Apprentilangue (Nathan) pour celles et ceux qui l'utilisent en Petite Section ;

– exploiter le thème de Noël, en insérant par exemple dans les rituels un calendrier de l'Avent.

Mini sommaire

LE COIN DE LA PÉRIODE

LE BAC À GRAINES

Le coin « bac à sable » ▸ p. 28 est remplacé par le « bac à graines ». L'objectif est de poursuivre les activités menées en période 1 en faisant évoluer le matériel.

Le bac à graines pourra contenir : des graines de moutarde, de blé (en vente en jardinerie), mais aussi des grains de riz ou de la semoule. **La forme et la taille des grains a une incidence directe sur les transvasements et la masse.**

Le toucher est très agréable pour les petits et l'une des premières utilisations est de les laisser libres de manipuler entre leurs doigts. Ensuite, comme pour le bac à sable, ils pourront faire des transvasements et y ajouter des graines de tailles différentes pour filtrer, trier, classer.

Variables didactiques :

- **Les récipients :** petites bouteilles d'eau transparentes, mais aussi éprouvettes, gobelets, etc.
- **Les objets pour transvaser :** cuillère, entonnoir, dosettes, mais aussi, en cette période, des spatules et des fourchettes pour que l'élève évalue l'intérêt de chaque objet pour le transvasement.
- **Les objets pour trier :** tamis et passoires, auxquels on ajoutera des entonnoirs pour cette période.
- **Des objets pour agir :** des fourchettes, des louches, des mini-seaux pour essayer de dessiner dans le bac.
- **Le matériau à transvaser :** graines de différentes tailles en lien avec la taille des tamis, pour faire du tri.
- **Les consignes :** remplir la bouteille avec les graines (peu/beaucoup), remplir un récipient le plus vite possible (quel objet choisir pour le faire ?), sortir du bac un objet caché préalablement (avec ou sans les mains), etc.

MATHS DEHORS !

À cette période de l'année, la météo est de plus en plus capricieuse. Si elle le permet encore, les élèves agiront dehors. Sinon, on exploitera pleinement la salle de motricité ou les couloirs, zones intermédiaires de l'école. L'objectif est de **travailler avec son corps sur la notion de ligne droite**, notion complexe pour le jeune enfant.

Cela implique de travailler sur une zone géographique qui pourra aller du micro-espace au méso-espace. Le vocabulaire lié devra être explicité, notamment par l'exemple : *ligne, droite, entre, suivre, relier*…

Ces expériences vont contribuer à **structurer l'espace et à** y **repérer des caractéristiques géométriques** : qu'est-ce qu'une ligne ? Peut-on voir des lignes qui se croisent ? Comment tracer une ligne d'un endroit à un autre ? Est-ce qu'on a assez de corde pour aller d'un endroit à l'autre ? Elles font aussi le lien avec le travail généralement mené en graphisme.

MATHS ET SCIENCES

Le bac du coin de la période étant rempli de graines, on peut aussi l'utiliser en sciences pour différentes manipulations :
– toucher, comparer les graines, en utilisant le vocabulaire lié autour de la forme, de la couleur, de la texture, etc. ;
– tamiser et trier de ce fait tous les éléments qu'il contient. Les graines triées peuvent être collées sur du carton pour différents usages ;
– faire des transvasements dans des contenants différents ;
– remplir/vider : vider le bac dans une bouteille, remplir deux verres « pareil », etc. ;
– remplir des bouteilles de taille différente et écouter le bruit quand on les secoue… Comment faire des sons différents ? ;
– poser une situation problème : puis-je transporter les graines dans un sac-filet ? Que va-t-il se passer ?

Ces manipulations nécessitent d'exploiter pleinement le matériel.

▸ *Exemple de tamisage.*

Prolongements

↳ **Dans le domaine « Explorer le monde du vivant, des objets et de la matière » :**
– « Utiliser, fabriquer, manipuler des objets » : « utiliser et savoir désigner des outils et des matériaux adaptés à une situation [entonnoir, sablier…], à des actions techniques spécifiques [fabriquer un tamis avec une troueuse] », etc. ;
– « Découvrir le monde vivant » : planter un échantillon et observer si cela pousse (« [assurer] les soins nécessaires aux plantations de la classe »).

↳ **Dans le domaine « Agir, s'exprimer, comprendre à travers les activités artistiques » :**
– écouter le bruit des graines quand on les fait tomber dans un récipient, en jouant sur la hauteur ;
– les boites musicales : mettre des graines différentes dans des contenants divers et écouter les sonorités.

▸ *Manipulations avec pois cassés, éprouvettes, pince et dosette.*

Exemples

- Marcher sur les lignes dans la cour, en posant un pied après l'autre, pour suivre un chemin.
- Suivre des lignes avec la main (sur les murs, les poteaux du grillage, un fil tendu dans la cour, etc.).
- S'aligner ou aligner des objets. L'enseignant·e représente ensuite la ligne ainsi tracée avec une corde, voire la trace à la craie après.
- Faire des routes avec des rubans de sport et marcher dessus.
- Tirer avec une ficelle un objet roulant.
- Faire rouler sur une ligne un objet de plus ou moins grande taille…
- Exploiter le bac à sable pour faire des traits avec des objets divers (ex. : râteau).

Période 2 Programmation

Comme en période 1, vous êtes libre de construire vos activités et séances comme vous le souhaitez. La proposition ci-dessous s'inscrit dans les principes de fonctionnement présentés en introduction ▸ p. 7.

	SEMAINE 1	SEMAINE 2	SEMAINE 3	SEMAINE 4	SEMAINE 5
JOUR 1	• Rituel de l'étiquette d'appel • Rituel de la mascotte • Activité guidée 1 • Activité semi-autonome 1	• Rituel de l'étiquette d'appel • Rituel de la mascotte • Activité guidée 1 • Activité semi-autonome 1	• Rituel de l'étiquette d'appel • Rituel de la mascotte • Activité guidée 1 • Activité semi-autonome 1	• Rituel de l'étiquette d'appel • Rituel de la mascotte • Activité guidée 1 • Activité semi-autonome 1	• Rituel de l'étiquette d'appel • Rituel de la mascotte • Activité guidée 1 • Activité semi-autonome 1
JOUR 2	• Rituel de l'étiquette d'appel • Rituel des personnages • Activité guidée 2 • Activité semi-autonome 2	• Rituel de l'étiquette d'appel • Rituel des personnages • Activité guidée 2 • Activité semi-autonome 2	• Rituel de l'étiquette d'appel • Rituel des personnages • Activité guidée 2 • Activité semi-autonome 3	• Rituel de l'étiquette d'appel • Rituel des personnages • Activité guidée 2 • Activité semi-autonome 3	• Rituel de l'étiquette d'appel • Rituel des personnages • Activité guidée 2 • Activité semi-autonome 3
JOUR 3	• Rituel de l'étiquette d'appel • Rituel du minimonstre à compter • Activité guidée 3 • Activité semi-autonome 4	• Rituel de l'étiquette d'appel • Rituel du minimonstre à compter • Activité guidée 3 • Activité semi-autonome 4	• Rituel de l'étiquette d'appel • Rituel du minimonstre à compter • Activité guidée 3 • Activité semi-autonome 4	• Rituel de l'étiquette d'appel • Rituel du minimonstre à compter • Activité guidée 4 • Activité semi-autonome 5	• Rituel de l'étiquette d'appel • Rituel du minimonstre à compter • Activité guidée 4 • Activité semi-autonome 5
JOUR 4	• Rituel de l'étiquette d'appel • Rituel de la comptine • Activité guidée 5 • Activité semi-autonome 6	• Rituel de l'étiquette d'appel • Rituel de la comptine • Activité guidée 5 • Activité semi-autonome 6	• Rituel de l'étiquette d'appel • Rituel de la comptine • Activité guidée 5 • Activité semi-autonome 5	• Rituel de l'étiquette d'appel • Rituel de la comptine • Activité guidée 5 • Activité semi-autonome 6	• Rituel de l'étiquette d'appel • Rituel de la comptine • Activité guidée 5 • Activité semi-autonome 6

L'organisation rejoint celle de la première période. La proposition ci-dessus met l'accent sur une progressivité dans les activités et un nombre d'occurrences supérieur pour certaines d'entre elles au regard des compétences qui y sont travaillées.
L'idée est qu'au cours de la période, tous les élèves soient passés au moins une fois dans chaque activité. Certaines sont très courtes, d'autres plus longues. Leurs occurrences multiples visent à avoir le temps de les faire évoluer selon les propositions faites. Le nombre d'occurrences est lié à l'intérêt de l'activité et aux variables didactiques en jeu.

En complément de ces temps structurés demandant la présence de l'adulte, des temps d'autonomie doivent être proposés chaque jour à la fin des activités guidées ou semi-autonomes :
– les boites d'activités autonomes (▸ p. 86) ;
– l'exploitation des coins jeux, en particulier les coins « Bac à graines » et « Maths et sciences » (▸ p. 62-63).

MATÉRIEL

Ressources

- Les cartes flash (doigts, faces du dé) ► bloc p. 87
- Les cartes Vocabulaire ► bloc p. 9
- Le minimonstre à compter ► bloc p. 41
- Les dominos ► bloc p. 117
- La comptine « Tout rond ! » ► bloc p. 124
- La recette « Le jus de fruits frais » ► p. 89
- Les modèles de Space Invaders ou du sapin pixels ► bloc p. 121 ou 138

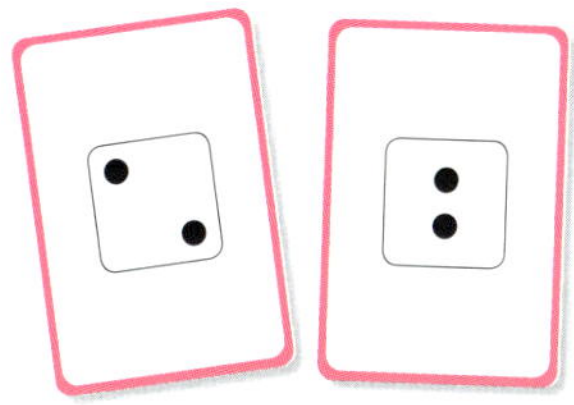

Matériel de classe

- Figurines, personnages
- Pions, bouchons, jetons
- Gommettes variées
- Formes géométriques variées (ronds, carrés, triangles) en grand nombre, aimantées ou non
- Grosses perles de couleur et fil épais
- Plateaux, ardoises aimantées
- Pots, boites avec couvercles qui se vissent/dévissent
- Petits objets
- Bac à manipulations avec des graines, contenants, cuillères, louches, entonnoirs, tamis
- Objets carrés accumulés dans une boite
- Couvercles carrés, soucoupes carrées…
- Moitiés d'images à reconstituer
- Coin magasin de vêtements avec poupons à habiller, paniers…
- Cartons et ronds de feutre
- Mascotte de la classe
- Habits pour la mascotte et photos de la mascotte dans différentes tenues
- Support de frise temporelle
- Sac opaque

Jeux

- Dominos
- Tout support de jeux de classe pour emboitements et accumulations
- Puzzles à encastrements
- Puzzles simples à 4 ou 6 pièces

Matériel MHM

- Ma boite de magnets « Explorer les formes » ► p. 18
- Ma boite de magnets « Découvrir les nombres » ► p. 18
- *Mon Premier Cahier de maths PS/MS* ► p. 19

ACTIVITÉ RITUALISÉE 1 Le rituel de l'étiquette d'appel

Objectif : évaluer et comparer des collections avec des procédures numériques ou non numériques.

Ce qu'il faut savoir

Ce rituel est la continuité du rituel de l'étiquette d'appel de la période 1 ▸ p. 32. Il va en effet être mis en œuvre toute l'année, tant pour son intérêt mathématique que pour les autres compétences travaillées, notamment autour du vivre ensemble.

Matériel :

– une photo de l'élève (avec ou sans prénom) ;
– un support pour déposer les photos (panneau vertical, table ou boite…).

Déroulement

À l'arrivée en classe, l'élève recherche sa photo (avec son prénom ou pas, comme en période 1) et vient la déposer sur le support choisi par l'enseignant·e.
En regroupement (classe entière ou par groupes d'élèves), l'enseignant·e exploite le support pour interroger les élèves sur les absences et les présences. Le questionnement auprès des élèves est plus ouvert qu'en période 1 et doit les engager davantage :
« Est-ce que tous les enfants présents ont mis leur photo ? Qui est absent ? Y a-t-il beaucoup d'absents ? Comment repères-tu les absents ?… »
L'enseignant·e reformule les réponses en insistant sur le vocabulaire : *présents, absents, peu, beaucoup, un, deux…*

Différenciation

L'enseignant·e peut réorganiser le tableau avant le temps collectif pour que tous les absents se retrouvent les uns à côté des autres sur une même ligne. Cela rend plus facile l'identification de la quantité.
Une fois que tous les élèves sont venus déposer leur photo, il est possible de placer les photos des élèves restants en les retournant – pour en faire apparaitre le dos blanc – puis de jouer à deviner qui est absent…

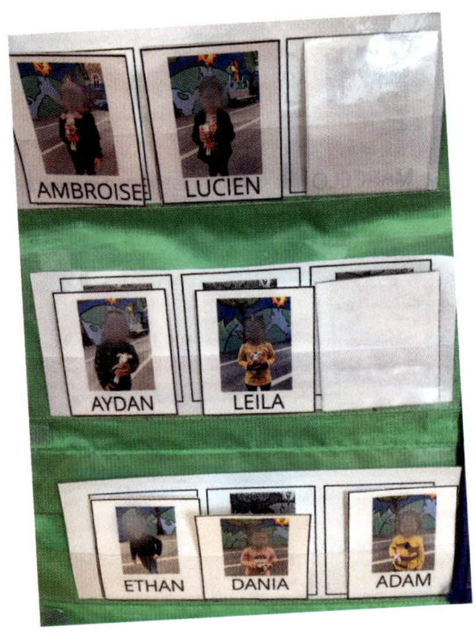

ACTIVITÉ RITUALISÉE 2 Le rituel de la mascotte

Objectif : situer des évènements vécus les uns par rapport aux autres, en les repérant dans la journée avec des marqueurs temporels.

Ce qu'il faut savoir

Ce rituel est la poursuite du rituel de la mascotte de la période 1 ▸ p. 33. Les objectifs ciblés en période 1 demandent un temps long d'apprentissage. Les modalités évoluent en période 2 : l'idée est d'utiliser la mascotte en lui mettant des tenues différentes au cours de la journée, en décomposant les phrases d'habillage et de déshabillage.

L'enseignant·e emploie un vocabulaire précis. Pour celles et ceux qui utilisent les outils Apprentilangue® Nathan, il est possible d'associer ce temps de rituel pour revoir les nouveaux mots appris lors des activités.

Ce rituel est associé à la création d'une nouvelle frise temporelle associant les tenues de la mascotte aux différents moments de la journée (une tenue pour la classe, pour la récréation, pour le dortoir…).

Matériel :

– une mascotte pour la classe (de préférence la même qu'en période 1) ;
– des habits variés et leur rangement (sac, valise…), en lien avec le vocabulaire travaillé sur les vêtements pour les enseignant·es qui utilisent Apprentilangue® ;
– un support « frise temporelle » ;
– des photos de la mascotte avec différentes tenues selon les activités associées (dormir, jouer en classe, aller en récréation…).

Déroulement

1. L'enseignant·e présente à nouveau la mascotte aux élèves au cours d'un temps de regroupement. Il/elle rappelle son nom, les activités que les élèves ont pu faire avec la mascotte précédemment. L'enseignant·e présente ensuite la valise (ou le sac) associée à la mascotte en demandant aux élèves ce qu'elle peut contenir : *« Que contient la valise ? Qu'est-ce qu'on met dans une valise ? Quels vêtements peuvent être rangés dans la valise ? »*

2. La valise est ensuite ouverte. Chacun des vêtements est présenté à l'ensemble des élèves. L'enseignant·e leur demande de les nommer, d'en donner la couleur et l'usage. Pour chacun des vêtements, demander à quel moment on les met.

3. L'enseignant·e propose ensuite une situation qui permette la mise en place d'un échange avec des marqueurs temporels. Par exemple :
« Pendant que vous étiez à la maison, où était la souris ? »
« Le souriceau a mis quel vêtement pour dormir ? » (pyjama)
Il est aussi possible de travailler sur les étapes de l'habillage de la mascotte, la tenue à mettre (et dans quel ordre) pour aller en récréation, etc.
Ce rituel pourra évoluer tout au long de la période en proposant de nouvelles photos (tenue pour jouer dans la neige, tenue pour aller se baigner, etc.).

Différenciation

• Permettre aux élèves d'utiliser la mascotte et ses vêtements sur des temps autonomes pour réinvestir les activités réalisées au cours de ce rituel.
• Faire évoluer la frise temporelle pour accueillir de nouvelles photos de la mascotte.
• Reprendre le rituel à l'accueil en individuel pour étayer.

Éval.
p. 90

ACTIVITÉ RITUALISÉE 3 Le rituel des personnages

Objectif : évaluer et comparer des collections avec des procédures numériques ou non numériques.

Ce qu'il faut savoir

Ce rituel proposé en période 1 ▸ p. 34 va évoluer pour faire rentrer les élèves dans une première activité mathématique structurée, basée sur la correspondance terme à terme.
La situation de mise en œuvre va servir à poser la compréhension du terme « moins que » et à revoir le terme « autant que », dont la complexité demande un apprentissage sur un temps long avec de nombreuses mises en situation.
Ce rituel peut être réalisé en même temps que celui de l'étiquette d'appel ▸ p. 66.

Matériel :

– autant de figurines/personnages que d'élèves dans la classe ;
– un support disposant d'une ligne de gommettes (autant de gommettes que d'élèves dans la classe). Le support doit être visible de tous et situé près de la zone de regroupement, sur une table ou une étagère. Les gommettes doivent être suffisamment espacées et de grande taille.

Déroulement

L'enseignant·e met en œuvre le rituel sur un temps de regroupement avec une partie ou la totalité des élèves. Au préalable (sur le temps de l'appel, par exemple), ou sur le temps de regroupement, il/elle distribue un personnage à chaque élève.

1. L'enseignant·e demande à chaque élève de venir poser son personnage en correspondance avec une gommette. Il/elle verbalise ce que fait l'enfant :
« Ton bonhomme est devant une gommette. Un bonhomme, une gommette… »
Cela peut sembler long et fastidieux mais il est important que chacun·e le fasse.

2. L'enseignant·e peut ensuite exploiter la situation :
« Est-ce que […] est là ? Comment le sais-tu ? Est-ce qu'il manque beaucoup d'enfants ? Est-ce que ce bonhomme est bien en face d'une et une seule gommette ? »
L'élève est amené à répondre : « *Présent* », « *Présente* » ou « *Je suis là* ». L'enseignant·e accompagne les échanges oraux en utilisant les personnages (il/elle les montre, montre leur absence sur des gommettes, etc.).

Différenciation

• **Choix du matériel :** il induit une plus grande facilité ou une plus grande difficulté pour les élèves. Il pourra donc varier selon les situations et selon ce qu'on souhaite travailler. Par exemple, on peut associer deux sortes de figurine selon le sexe des enfants : telle figurine pour les garçons, telle figurine pour les filles…
• **Adaptation du support :** la distance entre les gommettes entre en jeu. Un trait (au crayon ou matérialisé par du scotch) peut aussi symboliser l'espace entre chaque personnage.
• Pour les élèves qui manifestent le besoin de réciter la comptine numérique (apprise en famille, par exemple), on pourra commencer à compter les absents, voire l'ensemble des présents.

ACTIVITÉ RITUALISÉE 4 Le rituel du minimonstre à compter

Objectifs : énumérer, constituer une collection.

Ce qu'il faut savoir

Les élèves ont déjà découvert le travail avec une mascotte. Il est ici proposé de travailler sur une mascotte elle-même porteuse d'apprentissage mathématique : le minimonstre à compter, en lien avec le « monstre à compter » utilisé en Moyenne Section dans la méthode.
Sa fabrication, ses intérêts et usages sont présentés en introduction ▸ p. 12-13.
L'enseignant·e peut directement utiliser le « monstre à compter » de la Moyenne Section si il ou elle le souhaite. Les apprentissages seront les mêmes.

p. 41

Matériel : le minimonstre à compter ▸ p. 12-13.

Déroulement

L'enseignant·e présente le minimonstre à compter lors d'un temps collectif. Il/elle le montre, fait verbaliser les parties qui le composent (bouche, dents, yeux, pieds…).
Les élèves peuvent le toucher et décider de lui donner un nom.
Plusieurs activités pourront être menées :
– **reconstituer le minimonstre :** l'enseignant·e a retiré au préalable certaines parties amovibles du monstre et les élèves verbalisent ce qu'il faut mettre pour le reconstituer. Les élèves doivent apprendre à parler chacun leur tour et à s'exprimer précisément. L'enseignant·e reformule pour modéliser : *« Tu me dis qu'il faut mettre un pied. Je prends un pied et je l'accroche au monstre »* ;

▸ *Le minimonstre à compter.*

– **fabriquer le minimonstre du** « 1 » **:** l'enseignant·e a retiré au préalable toutes les parties amovibles du monstre (il n'a donc aucun œil, aucun pied…). L'enseignant·e explicite ce qui est attendu :
« Le minimonstre du "1" correspond au minimonstre lorsqu'il n'a qu'un seul œil, un seul pied… »
Chaque partie du corps doit comporter un seul élément.
Les élèves verbalisent ou font en verbalisant si le travail est mené avec un petit groupe. L'enseignant·e reformule si besoin. De même, au cours de la période, ils pourront fabriquer le minimonstre du « 2 ».

▸ *Le minimonstre du « 1 ».*

▸ *Le minimonstre du « 2 ».*

Différenciation

• **Choix du monstre :** le support utilisé sera plus ou moins facile à appréhender selon le nombre d'éléments amovibles associés. *A minima*, il faut pouvoir agir sur les pieds et les yeux. *A maxima*, on exploite le monstre utilisé en Moyenne Section, disponible dans la boite de magnets MHM « Découvrir les nombres » ▸ p. 18, qui offre une grande variété de modes d'action (▸ guide MS).
• **Travail en petits groupes uniquement,** pour favoriser la manipulation par les élèves et les laisser agir par eux-mêmes sur le minimonstre.

ACTIVITÉ RITUALISÉE 5 Le rituel de la comptine

Objectif : mémoriser une comptine.

Ce qu'il faut savoir

Le thème de cette deuxième comptine est le rond, en lien avec le travail mené en période 1. Le rond est une forme géométrique très distincte des autres formes que les élèves vont travailler. Pour mémoriser sa forme, sa régularité, la comptine associe des gestes qui seront exploités en graphisme et, plus tard, en écriture.

p. 124

Matériel : le texte de la comptine pour l'enseignant·e, puis pour affichage.

Déroulement

Ce rituel est systématiquement un temps collectif.
L'enseignant·e récite la comptine après avoir capté l'attention d'une majorité d'élèves.
Il/elle explicite ensuite qu'ils vont la refaire tous ensemble, chacun faisant les gestes avec les mains et essayant de répéter les paroles.
Pour cette comptine, l'enseignant·e insistera sur la forme ronde, son lien à des objets de la classe, à la forme de la lettre O présente dans le prénom de certains élèves, etc.

Différenciation

- Varier la vitesse d'exécution.
- Ne faire que la première moitié de la comptine dans un premier temps.
- Reprendre individuellement la comptine avec un·e ou deux élèves sur un temps d'accueil.
- Utiliser un ruban de GRS (bâton avec un long ruban fixé au bout) pour faire des ronds en récitant la comptine.

Tout rond !

Tout rond est le cerceau
Rond comme la lettre O
Rond comme les roues du vélo

À l'école, on fait des ronds
On souffle sur les bulles de savon

Il y a des ronds partout
Les ronds sont tout doux !

ACTIVITÉ GUIDÉE 1 Les faces du dé 1 et 2

Éval. p. 90

Objectifs :

– associer des représentations des nombres (face du dé et désignation orale) ;
– commencer à constituer un imagier mental mathématique.

Ce qu'il faut savoir

Le dé est un outil mathématique de base à l'école maternelle. Avant d'utiliser le dé (objet en trois dimensions) qui représente les six premiers nombres, les élèves de Petite Section vont travailler sur les faces 1 et 2. C'est une représentation en fait très abstraite : les nombres sont représentés sur des faces carrées par une collection organisée de ronds noirs.
Les élèves vont les manipuler pour rentrer dans le concept de nombre et appréhender différents aspects du nombre, comme le fait que la collection représente toujours 2 quelle que soit son orientation ou son organisation spatiale.
Cette première découverte va aussi permettre de travailler la compétence de *subitizing* ▸ *Guide de la méthode MHM Maternelle p. 64*.

p. 87

Matériel :

– les cartes flash 1 et 2 (doigts et constellations du dé) ;
– un lot de cartes « 1 » et « 2 » fabriquées : sur du papier blanc épais, on colle des ronds de feutre (patins pour protéger les pieds de chaises) ou des gommettes en relief pour reproduire les constellations du dé et d'autres configurations ;
– un sac opaque pour ranger les cartes.

Organisation de classe : en petits groupes. Chaque groupe est installé à une table avec un matériel partagé entre les élèves et attribué par l'enseignant·e selon les besoins identifiés.

▸ *Exemples de cartes « 1 » et « 2 » fabriquées.*

Déroulement

1. L'enseignant·e distribue une carte « 1 » et une carte « 2 » fabriquées à chaque élève du groupe. Les élèves ont un temps de manipulation libre pendant lequel l'enseignant·e les encourage à parler sur ces nouveaux objets.
2. L'enseignant·e reprend ensuite les cartes. Il/elle présente sur la table une carte « 1 » et une carte « 2 » et interroge les élèves :
« Sur quelle carte y a-t-il le plus de points ? Quelle est la carte du "1" ? »

L'enseignant·e nomme chacune des cartes l'une après l'autre, en les comparant aux cartes flash correspondantes : pour les doigts, montrer qu'il y a autant de doigts que de ronds ; pour le dé, montrer la similitude. Puis l'enseignant·e fait circuler les cartes fabriquées pour que chaque élève puisse les toucher.

3. L'enseignant·e reprend ensuite les cartes, présente une carte, demande aux élèves quel nombre elle représente et verbalise : *« C'est la carte du 1. Il y a un rond sur la carte. C'est la carte du 2. Il y a un rond et encore un autre rond sur la carte. »*

4. Les cartes sont remises dans le sac. L'enseignant·e sort une carte et demande rapidement à un·e élève de quelle carte il s'agit. Si l'élève répond bien, il/elle conserve la carte. Le jeu est reproduit jusqu'à épuisement des cartes du sac.

Traces et retours

- Une carte « 1 » ou « 2 » fabriquée par l'élève, à emmener chez lui/elle.
- La page « Le jeu des collections » (1 et 2) dans *Mon Premier Cahier de maths PS/MS.*

Différenciation et évolution de l'activité

Cette activité est une première approche d'une représentation abstraite du nombre. Les élèves réagiront très différemment à ce qui est proposé. Pour répondre aux besoins de chacun·e, on pourra :
– reproduire la même activité mais sans voir les cartes, en les touchant simplement dans le sac ;
– comparer les cartes « 2 » : voir qu'elles sont différentes mais représentent la même chose ;
– demander à reproduire une carte « 2 » avec des cartes « 1 » (première approche de la décomposition) ;
– trier les cartes ;
– introduire pour les élèves performants la carte du « 3 ».

Vigilance pour l'enseignant·e

Explicitation/formulation :
– décomposer avec soin les nombres : *« un et encore un, ça fait deux »* ;
– expliciter que la disposition spatiale n'a pas d'importance : la carte « 2 » représente toujours deux, quel que soit le sens dans lequel on la tourne, horizontalement, verticalement, que les ronds soient disposés d'une façon ou d'une autre.

Éval. p. 90

ACTIVITÉ GUIDÉE 2 Les dominos

Objectifs :
– découvrir le jeu de dominos ;
– utiliser la correspondance terme à terme.

Ce qu'il faut savoir

Les dominos sont un classique des jeux de l'enfance et ils sont très utilisés en maternelle. Ils nécessitent un apprentissage progressif car la représentation est abstraite, comme les faces du dé. L'apprentissage va donc s'installer sur un temps long pour envisager à terme des temps de jeu autonome.
Le jeu de dominos est exploité en Moyenne Section dans la méthode.

p. 21
p. 117

Matériel :
– carte Vocabulaire « Domino » ;
– jeu de dominos ne contenant que des 1 et des 2 (6 pièces différentes).

Organisation de classe :
– en petits groupes : chaque groupe est installé à une table avec un matériel partagé entre les élèves et attribué par l'enseignant·e selon les besoins identifiés ;
– en individuel (à une table, sur un banc, dans un coin avec un tapis…), une fois que l'activité a déjà été menée en présence de l'enseignant·e et que les consignes sont bien comprises.

Déroulement

1. L'enseignant·e présente la carte Vocabulaire « Domino » en expliquant qu'elle désigne un jeu qu'on appelle « les dominos ». Il/elle présente également les pièces afférentes : dans un premier temps, uniquement les dominos contenant des 1 et des 2 (soit 6 dominos différents).
2. L'enseignant·e laisse un temps d'observation et de familiarisation aux élèves : ils peuvent regarder, toucher, manipuler les dominos. Les recentrer ensuite pour les rendre bien visibles de tous.
3. L'enseignant·e explicite comment on joue : un·e élève pioche un premier domino, le pose. Le ou la suivant·e choisit un domino et doit le poser en correspondance du domino déjà posé, à gauche ou à droite (sur une même ligne).
Dans un premier temps, l'enseignant·e étaye et modélise la situation avant de laisser les élèves s'approprier la règle.
La partie se termine quand tous les dominos sont placés ou qu'on ne peut plus en placer.

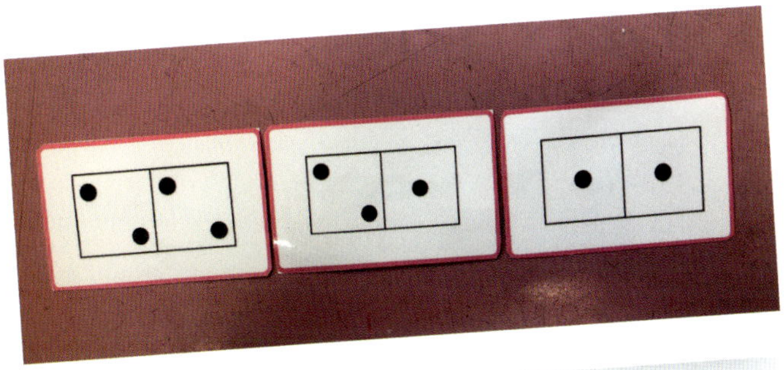

▸ *Exemple de ligne obtenue.*

Traces et retours

Faire une photo de la ligne obtenue en fin d'activité.

Différenciation et évolution de l'activité

Ce jeu est complexe pour les élèves, associant des compétences mathématiques et des compétences de « vivre ensemble ». Pour répondre aux besoins de chacun·e, on pourra :
– ajuster le nombre de joueurs : 2, 3 ou 4 ;
– laisser l'élève jouer seul·e et créer un chemin ;
– autoriser des chemins non droits et des pièces à angle droit comme le jeu « classique » ;
– ajouter les autres dominos contenant une zone « zéro » qui sera désignée par « rien » ;
– exploiter un jeu de domino classique et utiliser les dominos contenant des 3, voire des 4 avec des élèves performants.

Vigilance pour l'enseignant·e

Vocabulaire : veiller à ce que l'élève désigne les pièces par le nom « domino ».
Explicitation/formulation :
– expliciter la correspondance terme à terme en accompagnant le geste à la parole ;
– verbaliser et faire le lien avec l'activité « Les faces du dé » ▸ p. 71 pour que les élèves connectent les apprentissages.

Éval. p. 90

ACTIVITÉ GUIDÉE 3 Le sac à toucher les ronds

Objectif : reconnaitre la forme ronde par le toucher.

Ce qu'il faut savoir

Cette activité fait suite aux précédentes sur le rond et est axée principalement sur le toucher. Le rond sera ici identifié par opposition à d'autres formes, permettant d'introduire et d'utiliser un autre vocabulaire : *côté, pointu*… Son approche ludique est très appréciée des élèves qui pourront la reproduire dans un coin de la classe ou chez eux.

Matériel :

– un sac ou un range-pyjama ;
– des formes variées : ronds, carrés, triangles, rectangles…

Organisation de classe : en petits groupes installés au sol dans le coin regroupement ou ailleurs dans la classe.

▶ *Exemple avec un « chat » range-pyjama.*

Déroulement

1. Présenter et faire toucher les différentes formes par les élèves. Verbaliser :
« Le rond est doux. Il y a des formes qui piquent, qui ont un coin, qui sont pointues… qui ont un côté droit… »

2. Présenter le chat (ou autre contenant choisi) :
« Le chat ne mange que des ronds. Il a faim et il va falloir glisser tous les ronds, et seulement les ronds, dans son ventre. »
Les élèves – chacun leur tour – viennent mettre un rond dans le ventre du chat.

3. L'enseignant·e raconte alors l'histoire suivante en ajoutant la parole aux actes :
« Le chat est très gourmand et il a mangé toutes les autres formes.
Ça l'a rendu malade. »
Il/elle laisse les élèves toucher le chat.
« Pour le guérir, il faut laisser seulement les ronds dans son ventre. »
Les élèves doivent alors retirer en glissant une main les formes qui « piquent » car le rond, lui, ne pique pas, il n'a pas de côté pointu. L'enseignant·e étayera la recherche de l'élève :
« Avant de sortir la forme : est-ce qu'elle pique ? Est-ce qu'elle a un côté pointu ? Où est-ce qu'elle tourne ? »

▶ *Après avoir mis des formes rondes, on ajoute des formes variées (étape 3).*

Traces et retours

- Faire une photo de l'activité en cours de réalisation.
- Effectuer une dictée à l'adulte pour raconter l'histoire du chat (selon le contenant choisi) et des ronds qu'il mange.

Différenciation et évolution de l'activité

L'activité pourra être menée de nombreuses fois avec des variations. On pourra :
- refaire sans l'aide de l'adulte les deux types d'activités (mettre les ronds et retirer les ronds) ;
- ne mettre que des formes d'une seule couleur ;
- mettre des formes rondes petites et grandes et ne sortir que l'une ou l'autre ;
- explorer les caractéristiques tactiles des formes : introduire des formes avec différentes textures (lisses, rugueuses, piquantes…) et donner une double contrainte à l'élève.

Vigilance pour l'enseignant·e

Vocabulaire : *rond, carré, triangle, intérieur/extérieur, dedans/dehors…*
Explicitation/formulation : associer le geste à la parole :
« Je mets le rond dans le ventre du chat. Le rond est à l'intérieur. »

ACTIVITÉ GUIDÉE 4 La chasse aux carrés

Éval. p. 90

Objectif : découvrir et reconnaitre la forme carrée dans l'environnement.

Ce qu'il faut savoir

Cette activité s'inscrit dans la suite du travail mené sur le rond. La démarche pour identifier le carré sera donc d'abord perceptive : *« Il a la forme d'un carré »*, sans vérification réellement possible en maternelle.
Le carré présente plusieurs propriétés qui seront appréhendées par les élèves au fur et à mesure de l'école maternelle : 4 sommets, 4 côtés (de même longueur), 4 « coins » (angles droits). Ces propriétés qui peuvent se voir et se toucher permettent d'entrer dans l'abstraction du concept.
Le carré est plus complexe à appréhender que le rond, car la perception varie selon son orientation. Pour beaucoup d'élèves, un carré posé sur la pointe n'est plus un carré. Pourtant un carré est un carré, quelle que soit sa position et son orientation ! Il va donc falloir manipuler dans différentes situations et accompagner l'entrée dans l'abstraction.

Matériel :
- des objets carrés du quotidien, de la classe et de l'école ;
- des couvercles de boites, des soucoupes de pots de fleurs carrées ;
- un ou plusieurs objets « modèles » de forme carrée (ex. : magnets) ;
- des formes carrées, rondes et triangulaires en nombre, aimantées ou non.

Organisation de classe :
En petits groupes installés au sol dans le coin regroupement ou ailleurs dans la classe.
En amont, l'enseignant·e cache le matériel dans une zone définie qui sera la zone de recherche. En outre, il/elle pourra faire un mot aux familles pour que l'enfant apporte des objets de forme carrée pour la chasse au trésor.

▶ *Récolte de carrés.*

Déroulement

1. L'enseignant·e présente la tâche attendue :

« Vous allez faire une chasse au trésor, comme avec les ronds. Il faut trouver des carrés comme ceux-ci. »

Plusieurs formes modèles sont présentées (carrés de différentes matières, tailles, couleurs) et touchées par les élèves :

« Il faut trouver d'autres formes carrées, pareilles que celles-là, cachées partout ici. »

Présenter la zone de recherche, puis l'endroit où les formes doivent être ramenées.

2. Chaque élève cherche et ramène alors des objets.

Une synthèse est ensuite menée par l'enseignant·e :

« Le carré a des côtés tout droits, et des coins pointus. Le carré ne roule pas. Nous avons trouvé plein de formes carrées. »

Accompagner la verbalisation, inciter à suivre les contours, à éliminer des formes ressemblantes, etc., car l'activité a vocation à faire toucher, manipuler, comparer des formes carrées.

Différenciation et évolution de l'activité

Plusieurs variables permettent de différencier :
- **le nombre de formes** à retrouver ;
- **la taille des formes :** des objets qui tiennent dans les mains puis des objets plus grands (plateaux, assiettes carrées, dessous de table, carrés découpés dans du lino…) ;
- **la variété des formes :** dans un premier temps, les formes proposées dans le matériel, puis des formes intégrant différentes textures (carrés de moquette, par exemple).

L'activité peut être enrichie tout au long de la période. On pourra :
- lire le petit album *Carré comme…* pour accompagner ce travail de chasse aux formes ▸ Bibliographie p. 91 ;
- proposer de réaliser des pavages sur une surface définie avec les carrés récoltés ;
- créer un musée du carré rassemblant des objets, des photos, etc.

▸ *L'élève récupère des carrés pour paver le fond du tiroir.*

Traces et retours

- Une photo de l'activité, assujettie d'un commentaire en dictée à l'adulte.
- La page « Les carrés » de *Mon Premier Cahier de maths PS/MS*.

Vigilance pour l'enseignant·e

Vocabulaire : *carré, coins, droit.*

Explicitation/formulation : accompagner l'élève dans la formulation des propriétés du carré (*« Il a des côtés droits, il a des coins qui piquent »*), en même temps qu'il ou elle touche une forme modèle.

ACTIVITÉ GUIDÉE 5 Le jeu « Croque le 2 »

Éval. p. 90

Objectifs :

– réaliser une collection de 2 objets ;
– accéder à la notion de nombre.

Ce qu'il faut savoir

Après une première période consacrée au nombre 1, les élèves vont prendre du temps sur le nombre 2. Ils en ont une approche perceptive quotidienne et le rencontrent partout tant il y a de choses qui fonctionnent par paire : des parties du corps, les vêtements, etc.
Le nombre 2 va redonner du sens au 1, mais va aussi permettre de travailler une première décomposition et de commencer à comprendre le principe d'itération de l'unité.

Matériel :

– des pots ou des boites avec si possible un couvercle qui se visse ;
– pions, bouchons, jetons…

Organisation de classe :

– en petits groupes : chaque groupe est installé sur une table avec un matériel partagé entre les élèves et attribué par l'enseignant selon les besoins identifiés ;
– en individuel (à une table, sur un banc, dans un coin avec un tapis…), une fois que l'activité a déjà été menée en présence de l'enseignant·e et que les consignes sont bien comprises.

Déroulement

Redonner la règle du jeu « Croque le 1 » vu en période 1 ▸ p. 44 et expliquer :
« Il faut mettre cette fois-ci le plus rapidement possible deux pions, deux objets dans les pots qui sont sur la table. »
Montrer comment procéder en insistant sur le vocabulaire :
« Je mets un jeton, puis un autre jeton dans le pot. Ça fait deux jetons. »
Puis les élèves s'exécutent à leur rythme.
L'enseignant·e demande aux élèves d'énoncer clairement *« un jeton et encore un jeton »* à chaque fois qu'ils les mettent dans le pot.
Une vérification est ensuite faite collectivement. Reformuler alors chaque action et féliciter les élèves pour leurs réussites.

Traces et retours

Prendre une photo de l'activité finie.
Y associer une dictée à l'adulte : l'élève explicite la tâche à réaliser.

Différenciation et évolution de l'activité

On pourra :
– enrichir la consigne : *« Dévisse le couvercle, mets deux objets et revisse »* ;
– changer les objets à « croquer » : cela permettra de travailler la permanence de la situation dans des contextes différents. Le nombre « deux » n'est pas lié à l'objet, sa forme, sa couleur… ;
– limiter le temps en utilisant un sablier : la contrainte temps va confronter l'élève à une nouvelle situation ;
– demander aux élèves de prendre directement 2 jetons dans leur main avant de les déposer dans le pot.

Vigilance pour l'enseignant·e

Vocabulaire : *un et encore un, deux.*
Explicitation/formulation : *« Deux c'est un et encore un », « Deux c'est le nombre après un lorsqu'on compte ».*

ACTIVITÉ SEMI-AUTONOME 1 Les colliers

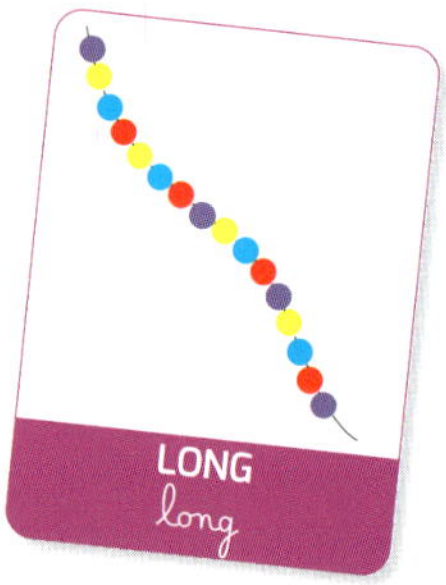

Objectifs :

– travailler l'énumération ;
– comparer des longueurs.

Ce qu'il faut savoir

Les élèves ont manipulé des colliers tout au long de la période 1 : l'objectif est maintenant d'exploiter ce matériel bien connu pour d'autres tâches mathématiques.
L'énumération est une compétence fondamentale à construire. Les attendus ont été précisés dans l'activité semi-autonome 1 de la période 1 ▸ « Ce qu'il faut savoir » p. 46.

p. 15
p. 17

Matériel :

– un lot de grosses perles de couleurs unies et un fil épais par élève ;
– cartes Vocabulaire « Long »/« Court » ;
– cartes Vocabulaire « Peu »/« Beaucoup ».

Organisation de classe :

– en petits groupes : chaque groupe est installé à une table avec un matériel partagé entre les élèves et attribué par l'enseignant·e selon les besoins identifiés ;
– en individuel (à une table, sur un banc, dans un coin avec un tapis…), une fois que l'activité a déjà été menée en présence de l'enseignant·e et que les consignes sont bien comprises.

Déroulement

1. L'adulte (l'enseignant·e ou l'ATSEM) présente l'activité aux élèves :
– montrer le matériel et le nommer ▸ « Vigilance pour l'enseignant·e » ;
– expliciter verbalement ce qu'il faut faire, en précisant les critères de réussite :
« Tu réussis si tu fais un collier court, c'est-à-dire un petit collier avec pas beaucoup de perles. »
Chaque élève essaie ensuite de faire deux colliers répondant à la consigne (deux afin de vérifier que la consigne a bien été comprise). L'élève doit préparer les perles avant de les enfiler (pour travailler l'énumération).

2. Une fois sa réussite validée, l'élève doit ensuite répondre à la consigne :
« Tu réussis si tu fais un collier long, c'est-à-dire un grand collier avec beaucoup de perles. »
Chaque élève essaie ensuite de faire deux colliers répondant à la consigne.
Une synthèse est menée pour comparer les deux colliers et l'adulte verbalise à nouveau le vocabulaire en utilisant les cartes Vocabulaire correspondantes.

Traces et retours

- Faire une photo de la production de l'élève, assujettie d'un commentaire en dictée à l'adulte.
- Construire une exposition des colliers des élèves pour les présenter aux autres élèves et aux parents.

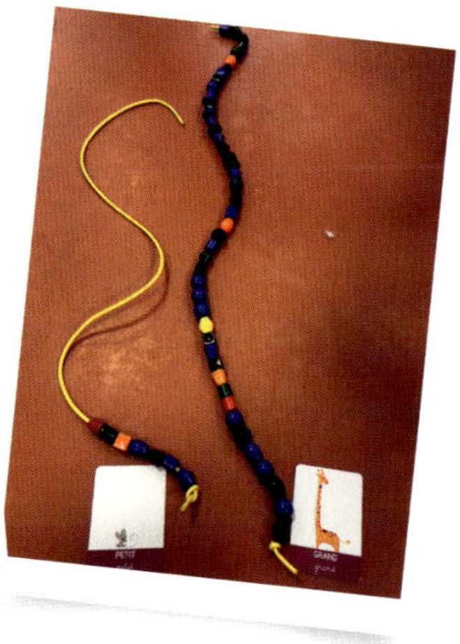

Différenciation et évolution de l'activité

L'activité va être proposée de nombreuses fois au cours de la période, puis au cours de l'année scolaire. Elle doit donc évoluer. On pourra par exemple :
– fabriquer un collier très court ou très long ;
– fabriquer un collier « pareil » qu'un modèle donné (avec 4 à 7 perles) ;
– fabriquer un collier « plus long » qu'un modèle donné ;
– fabriquer un collier avec des contraintes supplémentaires de couleur ou de formes de perles.

Vigilance pour l'enseignant·e

Vocabulaire : *petit, grand, long, court, plus long, plus court*, etc.
Explicitation/formulation : pour comparer les colliers, l'enseignant·e doit montrer qu'il faut les aligner et les tendre.

ACTIVITÉ SEMI-AUTONOME 2 Les encastrements

Éval. p. 90

Objectif : classer, trier, ranger selon la taille.

Ce qu'il faut savoir

Cette activité est une évolution des encastrement menés en période 1 ▸ p. 41. En période 2, elle cible des compétences perceptives liées aux grandeurs et mesures.
Elle ne peut être menée qu'à condition d'avoir un matériel de qualité et suffisant en quantité pour manipuler, permettre des essais et des erreurs.

Matériel : des boites gigognes (au moins 5) ou des boites de tailles différentes pouvant s'emboiter (au moins 5).

Organisation de classe : en petits groupes. Chaque groupe est installé à une table avec un matériel partagé entre les élèves et attribué par l'enseignant·e selon les besoins identifiés.
Disposer le matériel sur la zone de travail en ayant pris soin d'y avoir déjà rangé quelques formes pour amorcer le tri sans présence d'un adulte.

Déroulement

1. Laisser les élèves manipuler librement les boites et en faire ce qu'ils veulent.
2. Leur demander de les ranger sans en oublier une. La consigne est volontairement vague pour inciter des échanges entre les élèves.

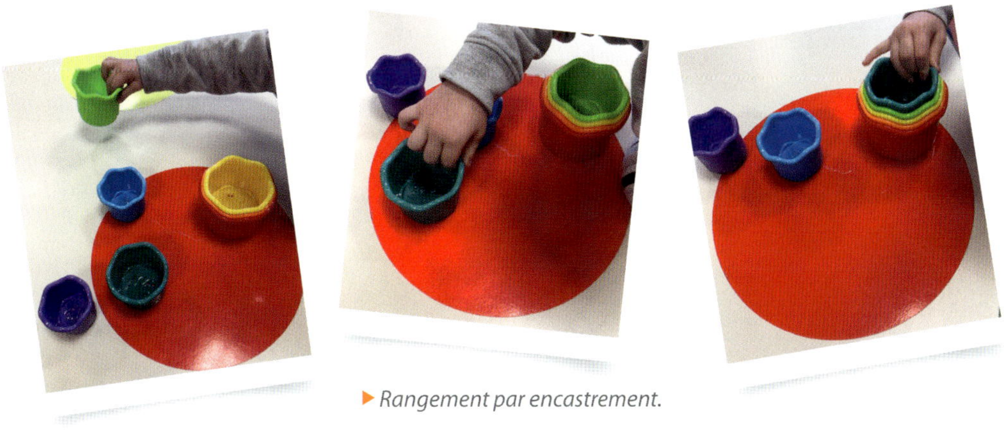

▸ *Rangement par encastrement.*

3. Les élèves peuvent ensuite faire des tours en empilant les boites de la plus grande à la plus petite ou l'inverse. L'enseignant·e commentera avec l'élève sa production pour utiliser le vocabulaire topologique (*haut, plus haut que*…) et géométrique (*« Tu as commencé par le plus petit »*…).

▸ *Empilement des boites par ordre de taille.*

Différenciation et évolution de l'activité

On pourra :
- proposer l'activité avec d'autres boites ;
- demander aux élèves de travailler en un temps donné ;
- demander aux élèves de travailler à deux, chaque élève posant un bloc à son tour ;
- proposer le matériel dans un bac en mélangeant deux sortes de séries de boites.

Traces et retours

Faire une photo de la production de l'élève, assujettie d'un commentaire en dictée à l'adulte.

Vigilance pour l'enseignant·e

Vocabulaire : *emboiter, ranger, plus grand, plus petit.*
Explicitation/formulation :
- insister sur la verbalisation et le vocabulaire en reprenant celui utilisé habituellement sur les encastrements : *« ça rentre, ça ne rentre pas, c'est trop gros, pas assez… »* ;
- insister sur l'association gestes/paroles.

Éval. p. 90

ACTIVITÉ SEMI-AUTONOME 3 Les puzzles

Objectif : reproduire un assemblage de formes simples en vue de reconstituer un puzzle.

Ce qu'il faut savoir

Le travail sur les puzzles fait suite aux encastrements.
Les élèves ont généralement déjà manipulé des puzzles dans le cadre familial, en activité périscolaire, etc. Pour beaucoup, c'est l'activité autonome par excellence. Les élèves apprécient cette activité et n'ont aucune gêne à refaire le même puzzle de nombreuses fois avec la satisfaction d'aller de plus en plus vite et de connaitre l'emplacement d'une pièce en avance.
Au-delà des compétences de motricité fine ou de langage (l'adulte pouvant encourager la description du puzzle, sur la forme et le fond) que le puzzle développe, il constitue une activité mathématique qui permet d'associer des pièces, soit par leur forme soit par la correspondance de l'illustration. Il existe des stratégies qu'il faudra enseigner.
Il est important que l'enseignant·e observe les procédures de l'élève et qu'il/elle puisse l'accompagner si besoin.

Matériel :
– premiers puzzles simples à 4 ou 6 pièces ;
– encastrements à étages.

Organisation de classe : en petits groupes installés au sol dans le coin regroupement ou ailleurs dans la classe. Chaque élève reçoit un puzzle déjà réalisé.

▶ *Exemples d'encastrements à étages.*

Déroulement

L'adulte (l'enseignant·e ou l'ATSEM) présente le puzzle et aide l'élève à observer ses caractéristiques :
« Y a-t-il un peu ou beaucoup de pièces ? Que représente le puzzle ? Comment les pièces s'assemblent-elles ? », etc.
Les élèves sont ensuite invités à démonter le puzzle (délicatement), à mélanger les pièces puis à le reproduire en autonomie.

Traces et retours

Faire une photo du puzzle terminé.

Différenciation et évolution de l'activité

L'activité va être proposée de nombreuses fois au cours de la période, puis au cours de l'année scolaire. Elle doit donc évoluer. On pourra par exemple :
– varier les puzzles, les modèles. Les variables didactiques sont la taille de chaque pièce, le nombre de pièces, leur forme pour les assembler, l'illustration, etc. ;
– utiliser des puzzles grand format pour les faire à plusieurs.

Vigilance pour l'enseignant·e

Vocabulaire : *puzzle, pièces, coins…*
Explicitation/formulation : l'enseignant·e étaye et explique pour que l'élève soit en capacité :
– de différencier les pièces : différence de motif, distinction d'un coin par rapport à une pièce centrale, etc. ;
– d'orienter la pièce ;
– d'assembler deux pièces sans forcer.

Éval. p. 90

ACTIVITÉ SEMI-AUTONOME 4 Tracer des carrés

Objectifs :

– tracer des contours de carrés ;
– réaliser des empreintes de carrés.

Ce qu'il faut savoir

Cette activité s'inscrit dans la suite de l'activité « La chasse aux carrés » ▸ p. 75.
Pour comprendre ce qu'est un carré, il est nécessaire de proposer des activités variées, associant les différents sens (visuel et toucher) en même temps, ou l'un après l'autre.

Matériel :

– des craies, de gros crayons ;
– de grandes feuilles, des supports variés ;
– une boite contenant des objets carrés issus de la chasse aux carrés ▸ p. 75.

Organisation de classe :

– en petits groupes : chaque groupe est installé à une table avec un matériel partagé entre les élèves et attribué par l'enseignant·e selon les besoins identifiés ;
– en individuel (à une table, sur un banc, dans un coin avec un tapis…), une fois que l'activité a déjà été menée en présence de l'enseignant·e et que les consignes sont bien comprises.

Déroulement

L'adulte (l'enseignant·e ou l'ATSEM) présente l'activité aux élèves :
– montrer le matériel et le nommer ;
– expliciter verbalement ce qu'il faut faire, en précisant le critère de réussite : *« Tu réussis si tu fais… »*. Les élèves doivent essayer de tracer le contour d'objets de leurs choix, ou bien d'en faire des empreintes ;
– montrer un ou plusieurs exemples.

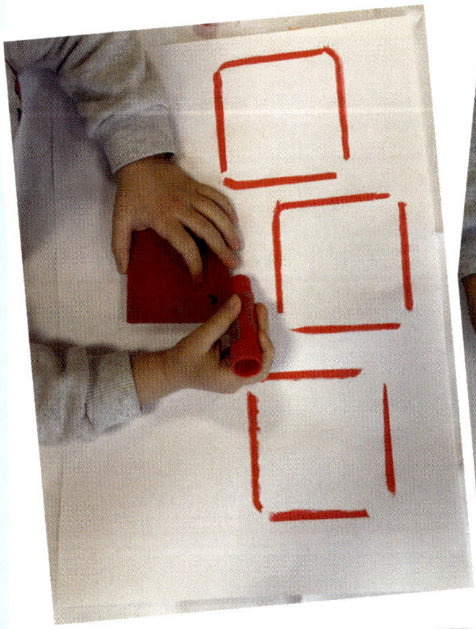

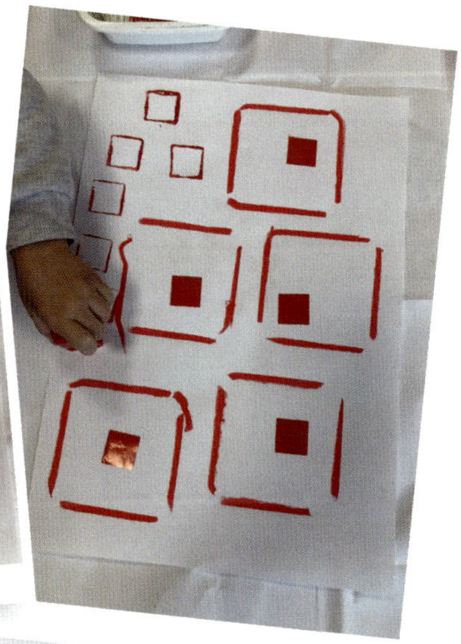

Traces et retours

- Une photo de l'atelier, assujettie d'un commentaire en dictée à l'adulte.
- L'activité « Le traceur » (les carrés) de *Mon Premier Cahier de maths PS/MS*.

Différenciation et évolution de l'activité

L'enseignant·e étayera les productions des élèves pour aider à percevoir la forme carrée :
« Non, ça doit être pointu à chaque coin… »
L'activité pourra être menée de nombreuses fois, en montrant aux élèves l'évolution de leur tracé.

On pourra :
– varier les supports : travailler avec un support carré qui sera inducteur du tracé à réaliser, ou sur un support vertical ;
– coller l'objet sur le support pour limiter son déplacement, à l'aide de Patafix® ou autre pâte adhésive ;
– faire des empreintes de morceaux d'éponge découpés en carrés avec de la peinture ;
– faire des empreintes en appuyant sur de la pâte à modeler.

Vigilance pour l'enseignant·e

Cette activité est aussi un travail de motricité fine : il faut accompagner les élèves sur le geste graphique, la tenue des objets.

ACTIVITÉ SEMI-AUTONOME 5 Les mosaïques

Éval. p. 90

Objectif : reconnaitre des carrés et les organiser dans un espace tracé.

Ce qu'il faut savoir

Les mosaïques relèvent de l'art décoratif. Il s'agit d'utiliser des morceaux de matériaux (verre, émail, pierres, céramique…) que l'on assemble sur un support (mur, sol, planche…) pour produire un motif. On en trouve parfois dans d'anciennes écoles.
L'activité proposée ici s'apparente à du pavage et au travail mené sur les puzzles. Elle participe à multiplier les expériences et rencontres avec des situations géométriques permettant aux élèves de se construire des habitudes (s'entrainer à percevoir des formes, des surfaces, des volumes) et des images mentales.

Matériel :
– des formes carrées en grand nombre (blocs logiques ou carrés aimantés) ;
– des supports : plateaux, ardoises aimantées… de tailles différentes.

▸ *Une forme rectangulaire aura été délimitée sur le support (avec un feutre, du scotch de couleur, etc.). Cette forme doit pouvoir être parfaitement remplie avec les carrés qui seront donnés à l'élève.*

Organisation de classe : en petits groupes installés au sol dans le coin regroupement ou ailleurs dans la classe.
Les élèves disposent chacun d'un support.
Mettre toutes les formes dans le sac avant le début de l'activité.

Déroulement

1. L'adulte (l'enseignant·e ou l'ATSEM) présente l'activité aux élèves :
– montrer le matériel, le nommer et faire glisser le doigt de l'élève sur la forme rectangulaire délimitée sur le support ;
– expliciter verbalement ce qu'il faut faire en précisant le critère de réussite :
« Tu dois remplir la forme avec tes carrés. Il ne doit pas rester de blanc. » ;
– montrer comment commencer en verbalisant les actions :
« Tu prends un carré et tu le poses bien dans le coin contre les bords. Puis tu en prends un autre que tu poses à côté… »
2. Chaque élève essaie de mener à bien la tâche.
L'adulte lui fait verbaliser sa production lorsqu'il ou elle déclare avoir fini, pour évaluer sa réussite.
En cas de réussite, lui proposer un autre support.

Traces et retours

Faire une photo de la production de l'élève, assujettie d'un commentaire en dictée à l'adulte.

Différenciation et évolution de l'activité

Plusieurs variables permettent de répondre aux besoins des élèves :
– **la forme et la taille du support** à remplir. Pour un·e élève très en difficulté, on pourrait proposer une forme allongée qui se compléterait avec trois carrés côte à côte ;
– **la taille des carrés** ;
– **la nature des supports :** par exemple, travailler au sol à partir d'un carrelage, en traçant des quadrillages à la craie ou en collant du scotch de couleur.

▶ *Utilisation du carrelage du sol.*

Vigilance pour l'enseignant·e

Vocabulaire : *carré, tour, bord, à côté de…*
Explicitation/formulation : l'enseignant·e doit expliciter le concept de « rempli sans blanc », quitte à modéliser ou à montrer un contre-exemple.

Éval. p. 90

ACTIVITÉ SEMI-AUTONOME 6 Le magasin de vêtements

Objectif : reproduire un modèle.

Ce qu'il faut savoir

Cette activité est un dérivé de l'activité « Le coin marchande » réalisée en période 1 ▶ p. 47. Il s'agit d'exploiter des objets du quotidien pour des apprentissages langagiers (ce qui peut se faire en lien avec Apprentilangue® Nathan, pour celles et ceux qui utilisent cette méthode) et mathématiques (reproduire un modèle).

Matériel :
– un espace délimité pour matérialiser un magasin de vêtements comprenant des gants, des écharpes, des chaussettes, des chaussures (récupération auprès des familles de vêtements de bébés) ;
– des poupons ;
– des petits paniers ;
– des bons de commande (photo d'un poupon habillé avec les vêtements disponibles).

Organisation de classe : en petits groupes installés au sol dans le coin regroupement ou ailleurs dans la classe.

Déroulement

1. Sur des temps libres, laisser les élèves se familiariser avec l'espace choisi et y jouer sans contrainte.

2. Dans un premier temps, l'adulte (l'enseignant·e ou l'ATSEM) travaille avec un groupe d'élèves et présente le jeu du magasin. Donner oralement les consignes : *« Habille les poupons comme tu veux »*, *« Ramène-moi un pantalon pour la poupée. »*

3. Dans un deuxième temps, mettre à disposition des bons de commande et donner la consigne suivante : *« Habille le poupon comme sur le bon de commande. »*
L'adulte peut éventuellement valider chaque étape.
Valider l'habillage en faisant verbaliser aux élèves les vêtements utilisés.

Traces et retours

Faire une photo d'un poupon habillé avec le bon de commande correspondant, assujettie d'un commentaire en dictée à l'adulte.

Différenciation et évolution de l'activité

On pourra :
– donner le rôle du vendeur ou de la vendeuse à un·e élève qui sert les clients. L'acheteur ou l'acheteuse doit soit montrer son bon de commande, soit énoncer sa liste de courses à l'oral ;
– ajouter au bon de commande une représentation de quantité par l'usage d'une face du dé.

▸ *Exemple de bon de commande avec quantités.*

Vigilance pour l'enseignant·e

Vocabulaire : le vocabulaire des vêtements et des actions liées (*mettre, enfiler, enlever…*).
Explicitation/formulation : l'enseignant·e fait le lien entre cette activité et le travail mené sur le vocabulaire des vêtements, le rituel de la mascotte ▸ p. 67, etc.

Période 2

Boites d'activités autonomes

Éval. p. 90

Les boites proposées ont vocation à être utilisées en totale autonomie.
Le fonctionnement est précisé en introduction ▶ p. 14.

BOITE « TRIER 2 »

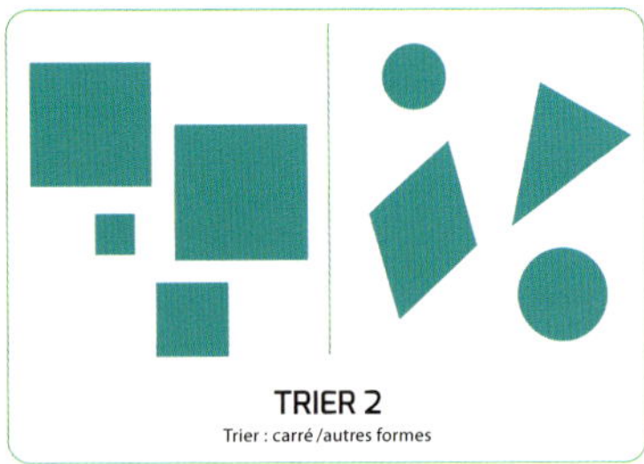

Objectif : trier

Matériel :

- 2 boites ;
- formes géométriques : ronds, carrés, triangles (éventuellement, ajout de rectangles après plusieurs réussites).

Consigne

Trier : d'un côté, tout ce qui est carré ; de l'autre, tout ce qui n'est pas carré.

BOITE « CLASSER 2 »

Objectif : classer

Matériel :

- 3 à 5 petits objets à couleur unique, pour un total de 3 ou 4 couleurs (petits personnages, perles…) ;
- boites de rangement (une par couleur).

Consigne

Classer par taille (hauteur si on pose verticalement, longueur si les objets sont posés sur une table).

BOITE « ASSOCIER 2 »

Objectif : reconstituer un objet par ses deux moitiés

Matériel : 6 paires de 2 images (les images sont des moitiés de cartes). Éventuellement, prévoir des images assez proches obligeant à une discrimination fine.

▶ exemples sur le site de la méthode

Consigne

Mettre ensemble les deux images correspondantes pour reconstituer l'objet complet.

BOITE « ÉNUMÉRER »

Objectif : énumérer

Matériel :

- des boites d'œufs vides (6, 10 ou 12 emplacements) ;
- des marrons ou des boules de cotillon ;
- une pince (type pince à cornichons).

Consigne

Remplir chaque alvéole de la boite d'œufs avec un unique objet.

Il est également possible d'utiliser sur ce temps *Mon Premier Cahier de maths PS/MS*, sur des pages qui n'ont pas été réalisées en activité et que les élèves sont susceptibles de réaliser seul·e·s.

Période 2
Maths et arts

PIXEL ART

Objectif : réinvestir la forme géométrique « carré » dans un travail d'arts plastiques.
Œuvres de référence : mosaïques Space Invaders réalisées par l'artiste Invader, ici à Paris.

▶ *Invader,* PA_834, *Paris, 2010.*

▶ *Invader,* PA_1030, *Paris, 2012.*

Le travail sur le pixel art est une proposition de la méthode heuristique en MS/GS. En Petite Section, c'est un prétexte à un travail artistique et de motricité pour reproduire un dessin simple. De nombreux autres exemples de pixel art sont disponibles sur Internet.

Matériel :
- carrés de couleur de taille identique ;
- photos modèles des Space Invaders et modèle du sapin pixels ;
- support sur feuille Canson reproduisant le modèle choisi, avec un code couleur indiqué dans chaque case.

p. 121 p. 138

Déroulement

1. L'œuvre est présentée aux élèves qui s'expriment très librement. Il s'agit juste de les faire observer et verbaliser la présence de carrés et de couleurs différentes.
2. L'enseignant·e présente ensuite l'activité aux élèves : il s'agit de reproduire le modèle proposé (l'un des Space Invaders au choix ou le sapin) avec des carrés de couleur.
Les élèves travaillent à plusieurs et collent les carrés au bon endroit. Ils peuvent ainsi voir la forme se construire petit à petit.
3. Quand l'œuvre est totalement finie, elle est affichée et commentée collectivement.

LE ROND (2)

Objectif : réinvestir la forme géométrique « rond » dans un travail d'arts plastiques.
Œuvre de référence : Keith Haring, *Untitled (dance)*, 1987.

Cette activité prolonge le travail mené en première période sur l'œuvre de Kandinsky ▸ p. 56. L'œuvre de Keith Haring est prétexte à produire un premier bonhomme à partir d'un rond.

Découvrir *Untitled (dance)* sur Wikiart
www.wikiart.org/fr/keith-haring/untitled-dance-1987

Matériel :

- morceaux de lino ou pochoirs ;
- feuille Canson (une par élève) ;
- encres, peinture à doigt, pastels et gros feutres.

Déroulement

1. L'œuvre est présentée aux élèves qui s'expriment très librement. Il s'agit juste de les faire observer et verbaliser la présence de ronds parmi toutes les autres formes, et la présence de couleurs différentes.
2. L'enseignant·e présente ensuite l'activité aux élèves : il s'agit de créer un bonhomme à partir d'un rond, car on a appris à faire des ronds.
Les élèves remplissent avec la peinture à doigts le rond du visage (lino évidé ou pochoir). L'enseignant·e les incitera à remplir toute la forme de la couleur qu'ils souhaitent.
Laisser sécher. Avec un gros feutre ou des pastels et en guidant verbalement l'élève, tracer les bras, les jambes, la bouche, le nez…
Coller des gommettes pour les yeux, des boutons ronds.
Terminer à l'encre le fond et le ventre.

▸ *Exemple de productions d'élèves.*

Période 2 La recette de la période

Activités mathématiques mobilisées :

- partager l'ensemble des fruits entre les enfants ;
- couper des fruits en deux ;
- ranger les demi-fruits en algorithme facile ;
- distribuer un verre chacun.

Le jus de fruits frais

INGRÉDIENTS

- des oranges
- des citrons

USTENSILES

- un couteau par adulte
- un presse-agrumes
- une carafe
- des verres

Déroulement

1. Distribuer un fruit par élève qui va le découper en deux avec l'aide d'un·e adulte.
2. Ranger les morceaux de fruits en organisant l'alternance. Prendre une photo qui pourra être exploitée en affichage, en langage, etc.
3. Faire presser à tour de rôle les élèves. Récupérer le jus dans une carafe et servir chaque verre.

Période 2

Évaluations

Fiches de suivi

p. 146

Cette deuxième période donne à voir l'entrée dans les apprentissages des élèves de Petite Section. Les compétences observées en période 1 peuvent être à nouveau observées au gré des activités pour une évaluation plus sommative en vue d'un bilan de fin de trimestre.
Nous conseillons particulièrement d'observer les compétences suivantes en période 2.

1 La maitrise des nombres 1 et 2

Que faut-il observer ?

- L'élève donne-t-il le nombre d'objets qu'on lui a demandé (1 ou 2 objets) ?
- L'élève énonce-t-il le nombre à bon escient ?
- L'élève fait-il le lien entre le nombre et ses représentations (faces du dé, dominos) ?

Au cours de quelles activités ?

- **Activité guidée 1** Les faces du dé 1 et 2 p. 71
- **Activité guidée 2** Les dominos p. 72
- **Activité guidée 3** Le sac à toucher les ronds p. 74
- **Activité guidée 5** Le jeu « Croque le 2 » p. 77
- **Activité semi-autonome 6** Le magasin de vêtements p. 84

2 L'estimation de quantités : peu/beaucoup

Que faut-il observer ?

- L'élève comprend-il « peu » et « beaucoup » lorsqu'on lui montre deux collections ?
- L'élève peut-il constituer une collection correspondant à « peu » ou à « beaucoup » ?

Au cours de quelle activité ?

- **Activité semi-autonome 6** Le magasin de vêtements p. 84

3 La forme géométrique : le carré

Que faut-il observer ?

- L'élève reconnait-il une forme carrée ?
- Parvient-il à la nommer ?
- La différencie-t-il d'une autre forme géométrique (rond) ?
- Trace-t-il une forme qui se veut carrée avec du matériel ?

Au cours de quelles activités ?

- **Activité guidée 5** Le jeu « Croque le 2 » p. 77
- **Activité semi-autonome 4** Tracer des carrés p. 82
- **Activité semi-autonome 5** Les mosaïques p. 83

4 Réaliser des opérations mathématiques

Que faut-il observer ?

- L'élève commence-t-il à mettre en œuvre ces opérations mathématiques : trier, classer, énumérer, effectuer une correspondance terme à terme ?
- Y parvient-il dans différents contextes (en variant les supports, le matériel…) ?

Au cours de quelles activités ?

- **Activité ritualisée 3** Le rituel des personnages p. 68
- **Activité semi-autonome 1** Les colliers p. 78
- **Boites d'activités autonomes** « Trier 2 », « Classer 2 », « Énumérer » p. 86

5 Assembler des formes (puzzles, pavages)

Que faut-il observer ?

- L'élève utilise-t-il des stratégies pour encastrer, associer des pièces de puzzle, réaliser un pavage ? Tourne-t-il spontanément les pièces ?
- Reconnait-il des similitudes entre les pièces et le support ?

Au cours de quelles activités ?

- **Activité semi-autonome 2** Les encastrements p. 79
- **Activité semi-autonome 3** Les puzzles p. 80
- **Activité semi-autonome 5** Les mosaïques p. 83

BIBLIOGRAPHIE

Albums sur les vêtements

***C'est l'heure de s'habiller*, Julia Donaldson, Axel Scheffler, Gallimard Jeunesse, 2018.**
Renard voudrait bien s'habiller mais il a perdu ses vêtements. Il faut l'aider à les retrouver.

***Tous les habits*, Pierrick Bisinski, Alex Sanders, L'École des loisirs, 2009.**
Les auteurs s'amusent à habiller les animaux avec toutes les couleurs.

***Les Habits de Lulu*, Alex Sanders, L'École des loisirs, 2014.**
Lulu va aider ses amis à s'habiller pour aller faire la fête.

Albums liés aux apprentissages mathématiques de la période

***Album des premiers nombres*, Rémi Brissiaud, Retz, 2015.**
Cet album comporte des rabats pour jouer sur les trois premiers nombres.

***M. et Mme et leurs enfants*, Mélissa Pigois, Tom Poche, 2016.**
Un album sur les formes géométriques.

***Bonhomme carré*, Hervé Tullet, Seuil Jeunesse, 2002.**
Cette histoire d'un bonhomme carré a pour thème les contraires.

***Petit Carré joyeux*, Mineva Denitza, Éditions du Jasmin, 2019.**
Ce livre appartient à une collection dans laquelle chaque personnage a une forme géométrique liée à une émotion.

Période 3

JANVIER FÉVRIER

Objectifs majeurs de la période

Résoudre des situations problèmes	Découvrir les nombres et leurs utilisations	Explorer des formes, des grandeurs, des suites organisées	Se repérer dans le temps et l'espace
• Résoudre des situations de partage • Résoudre des situations d'association	• Réaliser des collections de 1 et 2 objets • Partager une collection • Réciter la comptine numérique • Utiliser le minimonstre à compter	• Reconnaitre le rond et le carré et les associer à leur représentation • Observer des formes • Identifier long/court, petit/grand • Réciter une comptine	• Réaliser des puzzles • Réaliser des jeux de logique et de repérage en 3D

Cette troisième période offre une vision plus claire de la classe : l'enseignant·e a pu repérer quels élèves sont rentrés dans les apprentissages, quels élèves ont encore des difficultés, etc.
Les rencontres avec les situations mathématiques des deux premières périodes ont permis à chaque élève de commencer à construire son parcours d'apprentissage.
Ces apprentissages vont se complexifier petit à petit tout en prenant le temps de poser des bases solides.

Mini sommaire

LES MATHS AUTREMENT

LE COIN DE LA PÉRIODE

LE BAC À OBSERVATIONS

Le bac à transvasement des périodes précédentes – exploité en bac à sable en Période 1 ▸ p. 28 puis en bac à graines en Période 2 ▸ p. 62 – se transforme en « bac à observations » pour cette période.

Le bac à observations pourra contenir des objets comme des plumes, des feuilles, des écailles, des coquillages, dans des boites transparentes ou autres récipients. Ces objets pourront être remplacés par des photos de qualité, plastifiées.

On pourra travailler :
– **la mesure :** classer les plus longs/les plus courts… Avec des photos d'objets, ce travail s'effectuera de manière perceptive (un arbre sera plus haut qu'une fleur, par exemple) ;
– **les détails :** chercher, observer, comparer… ;
– **les formes :** celles qui se ressemblent, celles qui ressemblent à des formes géométriques, leurs différences…

Les élèves vont pouvoir mener **des observations sur de la matière, des objets ou du vivant** (feuilles, coquillages, etc.) en y réinvestissant des notions mathématiques comme les ronds, les traits et faire des classements et de la catégorisation.

On peut ajouter dans ce coin des règles graduées ou non (gabarit en bois, baguettes de différentes tailles) pour comparer des tailles, par exemple.

Variables didactiques :

- **Les outils pour observer :** loupes, lunettes, premiers microscopes, boites grossissantes et support de couleur unie (feuille cartonnée) pour mettre en valeur les éléments observés et ne pas distraire l'attention.
- **Les objets à observer :** cailloux, feuilles, plumes, coquillages, éponges, morceaux de bois, etc. mais aussi photos si l'on ne peut disposer des vrais objets.
- **Les consignes :** chercher un détail, comparer deux éléments, observer les éléments, faire des classements ou des tris, prendre des photos, associer un objet à un vocabulaire ciblé (adjectifs de texture : *doux, dur, piquant*…) et vice versa.

MATHS DEHORS !

Cette période est rarement favorable à des activités extérieures… sauf s'il neige suffisamment pour exploiter la belle surface blanche qu'offrira la cour pour réaliser des tracés avec des bâtons, des empreintes de pas par deux, des formes, etc.

Les activités proposées pour « Maths dehors ! » pourront donc se faire dans la salle de motricité, mais aussi dans les lieux annexes aux classes comme les couloirs ou les dortoirs.

L'objectif de cette période sera de travailler dans ces espaces :
– **la numération :** faire de la correspondance terme à terme, dénombrer jusqu'à 3, identifier des nombres… ;
– **l'espace et la géométrie :** reconnaitre, suivre et reproduire des lignes, des formes…, identifier des caractéristiques topologiques (*au-dessus, en-dessous, entre, à côté de*…).

MATHS ET SCIENCES

Le bac à observations étant rempli d'éléments du monde du vivant et de la matière, on peut utiliser ce coin pour « ***reconnaitre et décrire les principales étapes du développement d'un animal ou d'un végétal*** *dans une situation d'observation du réel ou sur des images fixes ou animées* »[1]. On peut ainsi :

– faire des comparaisons entre différentes sortes d'objets de la même catégorie (des cailloux, par exemple) ;
– observer des feuilles et leurs nervures, les photographier, les reproduire… ;
– observer des branches et leur écorce, comparer leur longueur ;
– observer des coquillages et des coquilles d'escargots vides ;
– effectuer des classements, par exemple « graines ou pas graines » : on mélange des graines avec des cailloux, des pâtes… puis on demande aux élèves un classement.

1 Programme d'enseignement de l'école maternelle, *Bulletin officiel* n° 25 du 24 juin 2021.

▸ *Imagier Zoom Nathan sur le monde végétal.*

▸ *Expérimentations en classe.*

Prolongements

↪ **Dans le domaine « Explorer le monde du vivant, des objets et de la matière » :** différencier ce qui est vivant de ce qui ne l'est pas.

↪ **Dans le domaine « Se repérer dans le temps et l'espace » :** ranger dans l'ordre croissant ou décroissant des cailloux, des brindilles selon une grandeur facilement identifiable, étudier l'évolution dans le temps d'une branche fraichement coupée…

Exemples

- Marcher sur les lignes (dans la cour, en salle de motricité, dans le couloir…), en posant un pied après l'autre, pour suivre un chemin.
- Sauter dans 1, 2 ou 3 cerceaux de suite en énumérant « encore un » à chaque fois.
- Énumérer : poser un objet dans chaque cerceau dans un temps donné, puis les déplacer pour réaliser une chenille. Refaire ensuite avec deux objets. ❶
- Marcher entre deux lignes dans un parcours, suivre des contours de formes au sol… ❷
- Se ranger par deux ou se mettre à l'abri sous un parapluie, dans un cerceau… ❸
- Faire des jeux par deux : mimes en miroir, se déplacer sur des parcours main dans la main, etc.
- Jouer aux quilles et énoncer le nombre de quilles tombées.
- Tourner autour d'un arbre ou un poteau en faisant un rond (avec support musical).
- Faire une chasse aux trésors de la cour pour les mettre dans le bac à observations (récolter feuilles, cailloux, branchettes, etc.).

①

②

③

Période 3

Programmation

La programmation ci-dessous est une proposition.
Nous rappelons que les boites d'activités autonomes ▸ p. 117 et le bac à observations ▸ p. 94 ont vocation à être utilisés en fin d'activités ou aux moments de votre choix.

	SEMAINE 1	SEMAINE 2	SEMAINE 3	SEMAINE 4	SEMAINE 5
JOUR 1	• Rituel de l'étiquette d'appel • Rituel des personnages • Activité guidée 1 • Activité semi-autonome 1	• Rituel de l'étiquette d'appel • Rituel des personnages • Activité guidée 1 • Activité semi-autonome 1	• Rituel de l'étiquette d'appel • Rituel des personnages • Activité guidée 1 • Activité semi-autonome 1	• Rituel de l'étiquette d'appel • Rituel des personnages • Activité guidée 1 • Activité semi-autonome 3	• Rituel de l'étiquette d'appel • Rituel des personnages • Activité guidée 1 • Activité semi-autonome 3
JOUR 2	• Rituel de l'étiquette d'appel • Rituel du devine nombre • Activité guidée 2 • Activité semi-autonome 2	• Rituel de l'étiquette d'appel • Rituel du devine nombre • Activité guidée 2 • Activité semi-autonome 2	• Rituel de l'étiquette d'appel • Rituel du devine nombre • Activité guidée 2 • Activité semi-autonome 2	• Rituel de l'étiquette d'appel • Rituel du devine nombre • Activité guidée 2 • Activité semi-autonome 2	• Rituel de l'étiquette d'appel • Rituel du devine nombre • Activité guidée 2 • Activité semi-autonome 2
JOUR 3	• Rituel de l'étiquette d'appel • Rituel des longueurs • Activité guidée 3 • Activité semi-autonome 4	• Rituel de l'étiquette d'appel • Rituel des longueurs • Activité guidée 3 • Activité semi-autonome 4	• Rituel de l'étiquette d'appel • Rituel des longueurs • Activité guidée 3 • Activité semi-autonome 4	• Rituel de l'étiquette d'appel • Rituel des longueurs • Activité guidée 4 • Activité semi-autonome 4	• Rituel de l'étiquette d'appel • Rituel des longueurs • Activité guidée 4 • Activité semi-autonome 4
JOUR 4	• Rituel de l'étiquette d'appel • Rituel de la comptine • Activité guidée 5 • Activité semi-autonome 3	• Rituel de l'étiquette d'appel • Rituel de la comptine • Activité guidée 5 • Activité semi-autonome 3	• Rituel de l'étiquette d'appel • Rituel de la comptine • Activité guidée 5 • Activité semi-autonome 5	• Rituel de l'étiquette d'appel • Rituel de la comptine • Activité guidée 5 • Activité semi-autonome 5	• Rituel de l'étiquette d'appel • Rituel de la comptine • Activité guidée 5 • Activité semi-autonome 5

MATÉRIEL

Ressources

- Les cartes flash (doigts) ► bloc p. 95
- Les cartes Nombre (chiffres, doigts, faces du dé) ► bloc p. 105
- Les cartes Collection ► bloc p. 113
- Le minimonstre à compter ► bloc p. 41
- Les comptines « Mon visage » et « Le carré » ► bloc p. 125 et 126
- La recette « Les sablés croustillants » ► p. 119

Matériel de classe

- Figurines, personnages
- Pions, bouchons, jetons, pions
- Briques, cubes empilables
- Formes géométriques (ronds, carrés) de tailles et couleurs variées
- Formes géométriques et ardoises aimantées
- Élastiques, chouchous
- Plateaux, barquettes
- Pots, boites avec couvercles qui se vissent/dévissent
- Supports avec alvéoles (boites d'œufs, bac à glaçons, support de jeu d'awalé…)
- Bâtons, baguettes, pailles et objets à mesurer de tailles diverses
- Paires de chaussettes, pinces, fil à linge
- Feuilles de papier de couleur, colle
- Sets de table
- Les photos des élèves
- Bac à observations contenant des feuilles, plumes, cailloux, châtaignes…
- Loupes, microscopes
- Carrés de mosaïque, ciment et support

Jeux

- Puzzles variés de 4 à 20 pièces
- Jeux de construction
- Jeux de repérage spatial ► p. 15
- En option pour « Maths dehors ! » : jeux de quilles du commerce ou fabriquées avec des bouteilles de lait

Matériel MHM optionnel

- Ma boite de magnets « Explorer les formes » ► p. 18
- Ma boite de magnets « Découvrir les nombres » ► p. 18
- *Mon Premier Cahier de maths PS/MS* ► p. 19

Activités ritualisées

ACTIVITÉ RITUALISÉE 1 Le rituel de l'étiquette d'appel

Objectif : évaluer et comparer des collections avec des procédures numériques ou non numériques.

Ce qu'il faut savoir

Ce rituel est la continuité du rituel de l'étiquette d'appel des périodes 1 et 2 ▸ p. 32 et 66. Il est réalisé de manière de plus en plus autonome et rythme la vie de l'élève.
En période 3, ce rituel évolue pour être organisé selon le sexe. Il n'est bien entendu pas question de développer des stéréotypes de genre, mais d'accompagner les élèves. En effet, c'est généralement vers 2-3 ans que l'enfant commence à se savoir fille ou garçon, en construisant son identité d'individu propre. Toutefois, cette conscience ne sera pas stable avant 5-6 ans, l'enfant pouvant croire jusque là qu'il suffit de s'habiller autrement pour changer de sexe.

Matériel :

p. 41

p. 87

- une photo de l'élève (avec ou sans prénom) ;
- deux supports à distinguer pour déposer les photos (panneau vertical, table ou boite…) : un pour les garçons, un pour les filles ;
- le **minimonstre à compter** ▸ p. 12-13 ;
- les **cartes flash** (doigts).

Déroulement

À l'arrivée en classe, les élèves placent leur photo sur les supports choisis par l'enseignant·e, comprenant un affichage pour les garçons et l'autre pour les filles.
En regroupement (classe entière ou par groupes d'élèves), l'enseignant·e exploite les supports pour vérifier que chacun·e s'est positionné·e au bon endroit, puis interroge les élèves sur les absences et les présences.
Le questionnement auprès des élèves est dans le même esprit que les périodes précédentes :
« Est-ce que tous les enfants présents ont mis leur photo ? Qui est absent ? Combien de filles sont absentes ? Combien de garçons ? Y a-t-il plus de filles absentes ? de garçons absents ? »
L'enseignant·e reformule les réponses en insistant sur le vocabulaire : *présents, absents, plus que, moins que, il manque…*
Le nombre d'absents est affiché avec une carte flash.
Si le nombre d'absents est modéré (trois maximum), on peut utiliser le minimonstre à compter pour l'illustrer : l'enseignant·e demande à quelques élèves de venir tour à tour le compléter pour atteindre la valeur voulue. Il peut illustrer le nombre total d'absents ou uniquement celui d'un sexe donné.

▸ *Les minimonstres à compter du 1 et du 3.*

Différenciation

- Utiliser toutes les représentations proposées sur les cartes flash : nombres, doigts, faces du dé.
- Illustrer le nombre d'absents avec des pions ou des objets.
- Faire reconstituer le minimonstre à compter par un·e élève (l'élève de service, par exemple) en avance, avant de commencer le rituel, une fois que tous les élèves sont arrivés et ont placé leur photo.

ACTIVITÉ RITUALISÉE 2 Le rituel des personnages

Objectif : évaluer et comparer des collections avec des procédures numériques ou non numériques.

Ce qu'il faut savoir

Comme en période 2 ▶ p. 68, ce rituel peut être réalisé en même temps que celui de de l'étiquette d'appel ▶ p. 98. Il s'agit de travailler les paires : le nombre 2 par association de deux objets, donc la constitution d'une collection. En effet, pour bien comprendre la notion de quantité, il faut aider l'élève à concevoir que la quantité n'est pas la caractéristique d'un objet (ici, un personnage) mais d'une collection d'objets. Cette activité, comme beaucoup d'autres, va y concourir, notamment par son aspect ritualisé.

Matériel :

– autant de personnages (figurines) que d'élèves dans la classe, placés dans un panier ou une barquette ;
– des élastiques, des chouchous ou des supports pour placer ensemble 2 personnages (alvéoles de boites d'œufs ou boites de chocolats) ;
– un support disposant d'une ligne de gommettes (autant de gommettes que d'élèves dans la classe). Le support doit être visible de tous et situé près de la zone de regroupement, sur une table ou une étagère.

Déroulement

1. Chaque élève prend un personnage et vient le poser, chacun à son tour, sur le support. Expliquer :
« Vous devez former des paires. Les personnages doivent être rangés deux par deux, comme dans un rang. »
L'élève a deux actions possibles :
– si le personnage posé avant le sien est seul dans sa rangée, l'élève pose son personnage à côté pour constituer une paire. Il relie les deux avec un élastique ;
– si les deux personnages posés avant le sien forment une paire, il pose son personnage seul sur une nouvelle rangée.

▶ *Cette première étape peut également se faire pendant le temps d'accueil, en autonomie, avec l'accompagnement de l'adulte (enseignant·e ou ATSEM) si nécessaire.*

2. Lors d'un regroupement, on observe les duos et les personnages qui sont restés seuls (sur le support ou dans le panier de départ). L'enseignant·e décrit et commente :
« Il y a des paires de personnages. Les personnages sont rangés par deux. Là, il manque un personnage pour faire 2. »

▶ *Selon que la figurine posée juste avant forme une paire ou non, l'élève positionne sa figurine seule sur un nouveau rang, ou à côté d'une autre pour former une paire.*

Différenciation

• Mettre des supports matériels (un bouchon, un couvercle, des alvéoles de boites de chocolats) sur le support de base pour faciliter la formation en autonomie des paires.
• L'enseignant·e peut ajouter une contrainte en demandant aux élèves :
– de constituer des paires par sexe ;
– de constituer des paires unicolores ou bicolores.

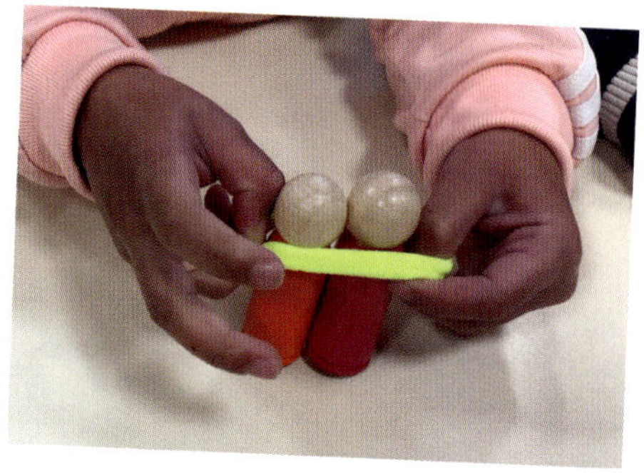

▶ *Exemple de paire bicolore.*

ACTIVITÉ RITUALISÉE 3 Le rituel du devine nombre

Objectif : évaluer et comparer des collections avec des procédures non numériques (sons).

Ce qu'il faut savoir

La compréhension du concept de nombre est longue et nécessite des situations d'apprentissage nombreuses et variées. Dans ce rituel, on exploite l'ouïe pour identifier une quantité. La compréhension des premiers nombres se base notamment sur le fait que le nombre est un outil pour exprimer une quantité. Parallèlement aux activités mobilisant le dénombrement, il est important de s'entrainer à identifier des quantités sans compter, par des procédures non numériques comme dans cette activité.

Matériel :
– plusieurs petites boites avec couvercle ;
– des jetons ou des pions.

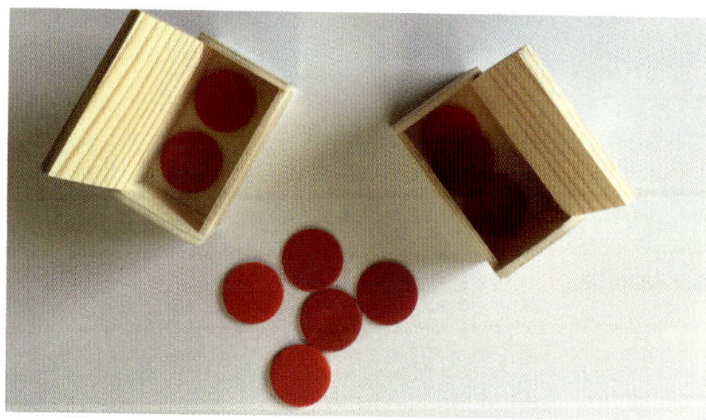

Déroulement

1. L'enseignant·e explique le but du jeu du devine nombre :
« J'ai glissé un ou plusieurs jetons dans les boites : l'un ou l'une d'entre vous va les secouer et nous allons rechercher la boite qui ne contient qu'un seul jeton. »
Demander ensuite : *« Dans quelles boites y a-t-il plusieurs jetons ? »*

2. Les élèves écoutent le son des boites et essaient de répondre aux questions. La validation des réponses collectives se fait en ouvrant les boites une à une.
Par la suite, l'activité est reproduite avec un pion ou deux pions, en montrant initialement les collections introduites dans les boites. Les élèves doivent comprendre que lorsqu'ils entendent un seul bruit quand on secoue, il y a un seul pion dans la boite, et que lorsqu'ils entendent plus de bruits, c'est qu'il y a deux pions.

▶ *On peut faire un parallèle entre ces boites et les maracas lors d'une séance d'éducation musicale.*

Différenciation

• La quantité dans la boite : on peut différencier entre 1 et 3, puis entre 2 et beaucoup.
• Le matériel : utiliser des boites plus ou moins sonores (par exemple, en fer pour une meilleure sonorité) et d'autres types d'objets (graines, billes…).
• Utiliser deux objets différents pour distinguer les sons (une graine + une bille, par exemple).
• Demander tous les jours à un enfant, pendant l'accueil du matin, de préparer les boites du devine nombre.

ACTIVITÉ RITUALISÉE 4 Le rituel des longueurs

Éval. p. 120

Objectif : identifier et reconnaitre systématiquement long/court (horizontalement) et petit/grand (verticalement).

Ce qu'il faut savoir

La comparaison d'objets est d'abord perceptive chez les élèves en école maternelle. La période 2 a déjà été l'occasion pour eux de s'essayer à des comparaisons ▸ p. 78.
Bien que, d'un point de vue rigoureux, on ne compare pas des objets mais des grandeurs, les abus de langage sont probablement inévitables dans l'environnement de l'élève. On essaiera tout de même de parler de « longueur » associée aux adjectifs « long/court » ou de hauteur associée aux adjectifs « petit/grand ».
Lorsque les objets sont très différents, il suffit de les regarder pour les comparer. Le rôle de l'enseignant·e est alors de verbaliser : *« Ta paille est plus courte que ma paille. »*
Si les objets sont similaires, l'approche perceptive sera insuffisante. Il faudra alors aider l'élève à formuler la difficulté : *« Comment pourrait-on faire pour comparer les longueurs puisque là, ça ne se voit pas ? »* On en viendra ensuite à repérer en mettant côte à côte les objets. Les élèves devront être accompagnés dans cette démarche car cela n'a rien d'évident.

Matériel :
– des bâtons, des baguettes ou des pailles (2 par élève : une petite et une grande) ;
– des objets de la taille de chaque bâton.

Déroulement

Au préalable, au début du temps de regroupement, l'enseignant·e distribue 2 bâtons (ou baguettes, ou pailles) par élève : un petit et un grand.

1. L'enseignant·e demande aux élèves de mettre un bâton dans chaque main.
« Nous allons comparer la longueur des bâtons. Montrez-moi le bâton qui est le plus petit. »
L'enseignant·e vérifie la proposition de chaque élève et verbalise – *« C'est le bâton le plus petit des deux »* – en accompagnant du geste : il/elle place les bâtons de l'élève l'un contre l'autre pour comparer.

2. L'enseignant·e peut ensuite exploiter la situation en montrant des objets de la classe et demander :
« Observez l'objet que je vous montre. À votre avis, lequel des deux bâtons est de la même longueur que cet objet ? »
On valide en comparant l'objet et le bâton.

Différenciation
• La taille des bâtons et des objets : le plus petit objet doit faire au moins 10 cm.
• L'écart entre les objets, qui doit être plus ou moins grand : 10 et 20 cm, puis 10 et 15 cm.

Éval.
p. 120

ACTIVITÉ RITUALISÉE 5 Le rituel de la comptine

Objectif : mémoriser une comptine.

Ce qu'il faut savoir

Deux comptines sont proposées pour cette période pour accompagner les apprentissages :
– **une comptine en numération**, « Mon visage », qui associe les parties du visage avec le nombre 2 ;
– **une comptine sur le carré**, en lien avec le travail mené en période 2 ▸ p. 75, 82 et 83. Le carré est une forme géométrique régulière, identifiable et facilement observable dans l'environnement des élèves. La comptine doit permettre de réexploiter le vocabulaire et d'aider à la construction d'une image mentale.

p. 125 - 126

Matériel :
– le texte des comptines, pour l'enseignant·e puis pour affichage ;
– un carré de couleur par enfant pour la comptine « Le carré ».

Déroulement

Ce rituel est systématiquement un temps collectif.
L'enseignant·e récite la comptine après avoir capté l'attention d'une majorité d'élèves.
Il/elle explicite ensuite qu'ils vont la refaire tous ensemble, chacun faisant les gestes avec les mains et essayant de répéter les paroles.

• Comptine « Mon visage »

Bien associer les gestes à la comptine. Quand l'enseignant·e dit *« avec une oreille »*, il/elle doit toucher l'une de ses oreilles et inviter les élèves à faire de même. En disant *« et encore une autre »*, il/elle touche l'autre oreille avec l'autre main. Enfin, au moment de dire *« Ça fait deux oreilles ! »*, il faut bien toucher les deux oreilles pour bien associer la quantité à l'énonciation du nombre ! Les gestes seront les mêmes pour les autres vers de la comptine.

• Comptine « Le carré »

Avant de faire la comptine, donner un carré de couleur aux élèves pour mimer les différentes actions. Lorsque l'enseignant·e montrera des carrés dans l'environnement de la classe (carreaux du sol, fenêtres, plaques carrées au plafond, etc.), les élèves pourront les comparer avec celui qu'ils ont en main.

Différenciation

• Faire les deux comptines en parallèle sur toute la période, ou apprendre l'une puis l'autre.
• Varier la vitesse d'exécution.
• Ne faire que la première moitié d'une comptine dans un premier temps.
• Reprendre individuellement la comptine avec un ou deux élèves sur un temps d'accueil.
• Utiliser la mascotte comme support pour réciter la comptine.

ACTIVITÉ GUIDÉE 1 Le mémory des trois premiers nombres

Éval. p. 120

Objectifs :
- associer différentes représentations des nombres ;
- continuer à construire un imagier mental mathématique.

Ce qu'il faut savoir

La compréhension du concept de nombre passe par différentes approches : par exemple, comprendre que 3, c'est deux et encore un, qu'on peut le représenter avec les doigts, les points des dés (de plusieurs façons), que c'est le cardinal d'une collection (que l'on crée ou que l'on dénombre), etc. Cette activité vise donc à travailler sur plusieurs correspondances de représentations autour des trois premiers nombres.
On pourrait naturellement être tenté d'introduire les représentations chiffrées, mais il ne faut pas aller trop vite. Elles seront introduites plus tard, lorsque les élèves auront suffisamment construit le sens des premiers nombres étudiés.

p. 105 p. 113

Matériel :
- les cartes Nombre des trois premiers nombres (dés, doigts) ;
- les cartes Collection des trois premiers nombres.

▸ *Cartes Nombre et Collection des 3 premiers nombres.*

Organisation de classe : en petits groupes. Chaque groupe est installé à une table ou au sol au coin regroupement, avec un matériel partagé entre élèves et attribué par l'enseignant·e selon les besoins identifiés.
Choisir au préalable 3 paires de cartes (une paire rassemble deux cartes représentant le même nombre de manière différente) et laisser les autres de côté.

Déroulement

1. L'enseignant·e présente au groupe toutes les cartes choisies, dans le désordre, en demandant à chaque fois quel nombre est représenté. Au besoin, il/elle modélise le dénombrement pour donner la valeur de la carte, en s'appuyant sur les activités déjà menées :
« Regarde, là c'est un doigt et encore un doigt, ça fait… »

2. Les cartes sont disposées face cachée et de façon organisée (sous forme d'une organisation 2 x 3, par exemple).
On joue avec trois paires représentant les trois premiers nombres.
L'enseignant·e énonce les règles du jeu :
« Vous allez retourner chacun votre tour deux cartes. Si les deux cartes représentent le même nombre, vous les gagnez. Celui ou celle qui aura le plus de cartes à la fin de la partie aura gagné.
Si les cartes ne représentent pas le même nombre, il faut bien les remettre en place et les mémoriser. »

▸ *Exemple de placement des cartes pour le mémory.*

Traces et retours

- Donner aux familles un exemplaire du jeu et les règles pour le reproduire à la maison.
- « Le jeu des associations » dans *Mon Premier Cahier de maths PS/MS.*

Différenciation et évolution de l'activité

Cette activité permet de travailler les représentations abstraites des premiers nombres, ce qui peut être difficile pour certains. Pour faciliter l'entrée dans l'activité ou augmenter les difficultés, on pourra :
– restreindre le nombre de cartes et jouer dans un premier temps avec deux paires ;
– varier les types de représentations : cartes Nombre (chiffre), collections non organisées (à fabriquer)… ;
– augmenter le nombre de cartes et jouer avec 5 paires en utilisant davantage de représentations. Il y aura donc deux paires pour représenter « 1 », par exemple.

Vigilance pour l'enseignant·e

Explicitation/formulation : bien verbaliser en cas de réussite : *« Les deux cartes représentent le même nombre, le deux. »*

Éval. p. 120

ACTIVITÉ GUIDÉE 2 Le jeu des associations

Objectif : associer un nombre à sa représentation en constellation.

Ce qu'il faut savoir

Associer un nombre à sa représentation en constellation peut se faire par deux types de procédure :
– une procédure non numérique : en procédant par *subitizing* ou par correspondance terme à terme ;
– une procédure numérique : en dénombrant les points de la constellation.
L'organisation régulière des points incite à l'usage du *subitizing*, d'autant plus que les quantités sont petites et accessibles rapidement. C'est donc ce qu'on vise majoritairement ici.

Matériel :

– des pions ou des figurines sur un plateau ou dans une boite ;
– des sets de table ;
– les cartes Nombre faces du dé de 1 à 3 (utilisées en période 2 ▸ p. 71).

p. 109

Organisation de classe : en petits groupes. Chaque groupe est installé à une table avec les pions au centre de la table dans une boite ou sur un plateau, et chaque élève a un petit plateau (ou une zone définie par une feuille de couleur ou un set de table).
L'enseignant·e doit veiller à ce que les élèves puissent prendre facilement des pions (parfois, le centre des tables rondes n'est physiquement pas accessible aux élèves).

Déroulement

1. L'enseignant·e présente les cartes aux élèves et rappelle le jeu « Les faces du dé 1 et 2 » déjà mené avec ces cartes ▸ p. 71. Expliquer ensuite :
« Nous allons les utiliser avec les pions. Je montre une carte et vous posez sur votre plateau le même nombre de pions (ou de figurines). J'en veux autant. »
Les élèves peuvent voir la carte mais n'ont pas le droit de la prendre.

2. L'enseignant·e valide ensuite la proposition de chaque élève en posant un pion sur chaque point de la carte, tout en verbalisant : *« Il y a un point et encore un autre sur la carte. Ça fait deux points en tout. »*

▶ *Situation après validation par l'enseignant·e.*

Traces et retours

- Faire une photo de l'activité en cours de réalisation.
- « Le jeu des associations » dans *Mon Premier Cahier de maths PS/MS.*

Différenciation et évolution de l'activité

Pour faire évoluer l'activité, on pourra :
- donner le carton à l'élève pour qu'il place les pions ou les figurines sur les pastilles ;
- cacher le carton pour obliger l'élève à mémoriser la quantité ;
- montrer des cartons avec des représentations de dés non standard (disponibles par exemple dans la boite de magnets MHM « Découvrir les nombres » ▸ p. 18, ou à fabriquer).

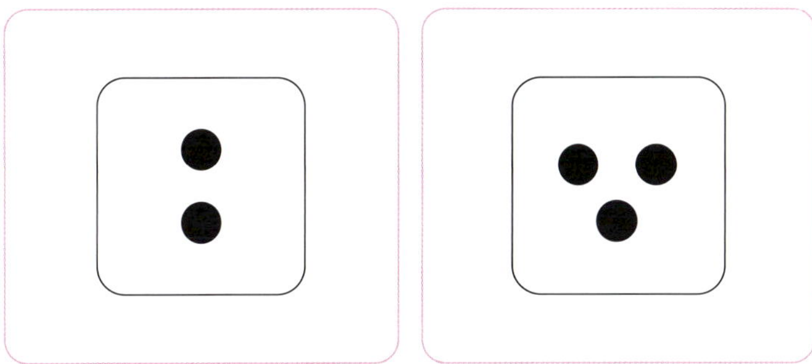

▶ *Exemples de représentation de dé non standard.*

Vigilance pour l'enseignant·e

Vocabulaire : *autant que, même, un et encore un…*

ACTIVITÉ GUIDÉE 3 Le jeu du magicien

Éval. p. 120

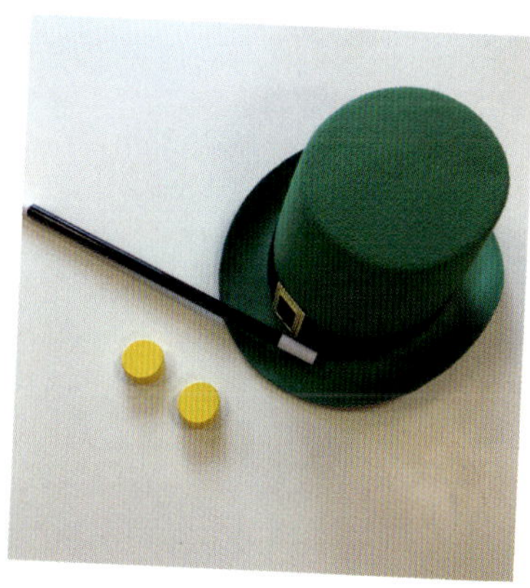

Objectifs :
- maitriser les procédures non numériques : identifier des petites quantités sans dénombrer ;
- avoir compris que le cardinal ne change pas si on modifie la disposition spatiale.

Ce qu'il faut savoir

Le *subitizing* est une procédure non numérique dont le travail permet de faciliter ensuite le comptage des plus grands nombres en maternelle, ainsi que les décompositions. Il est donc important de le mettre en place très régulièrement en classe et sous des formats variés, d'où cette activité plus manipulatoire que la précédente.
La référence au magicien est liée à un jeu similaire utilisé dans la méthode en Moyenne Section ▸ guide MS p. 89. Le chapeau et la baguette sont accessoires.

Matériel : 2 ou 3 objets (pions, cubes, figurines).

Organisation de classe : en petits groupes, installés au sol au coin regroupement ou à une table. S'assurer que tous les élèves puissent bien voir les objets posés.

Déroulement

1. L'enseignant·e présente le matériel aux élèves, le dénombre puis le pose sur la surface (ou dans le chapeau).
Les élèves sont invités à fermer les yeux.
L'enseignant·e déplace les objets ou en enlève, puis demande aux élèves de rouvrir les yeux.
Un·e élève est choisi·e et doit dire le plus rapidement possible la quantité présente. Le groupe vérifie en dénombrant.
2. Rejouer plusieurs fois avec 1, 2 ou 3 objets, en variant leur position sur la surface de jeu.

▶ *Les deux cubes ont été déplacés, mais il y en a toujours deux.*

Le jeu du magicien numérique de la classe de Florent

https://classedeflorent.fr/outils/lance-des-traditionnels.php

Différenciation et évolution de l'activité

Durant la partie, on peut ne demander de fermer les yeux qu'à l'élève interrogé·e : les autres peuvent alors observer les déplacements et le fait ou non de rajouter/enlever un pion ou une figurine.

Traces et retours

Faire des photos des différentes positions des pions qui seront ensuite réutilisables à la façon d'un jeu de cartes de familles des nombres.

Vigilance pour l'enseignant·e

Explicitation/formulation : faire dire à l'élève interrogé·e ce qui s'est passé. Par exemple : *« Les pions ont été écartés », « Un pion a été ajouté »*…

ACTIVITÉ GUIDÉE 4 Le jeu de la tour

Objectif : réaliser une construction en volume respectant une contrainte.

Ce qu'il faut savoir

Il est nécessaire de travailler en volume dès la Petite Section et de ne pas se limiter à des activités en deux dimensions. L'activité proposée ici permet de travailler en volume, mais surtout en hauteur pour comprendre les notions de verticalité et d'équilibre.

Matériel : briques de jeu de construction, briquettes en bois type Kapla®.

Organisation de classe : en petits groupes installés au sol, au coin regroupement ou ailleurs dans la classe. Les briques sont à disposition des élèves dans un bac ou éparpillées au sol directement.

Déroulement

1. Présenter aux élèves le matériel et leur demander de construire avec ce matériel une tour, c'est-à-dire une construction verticale, relativement haute. Pour aider les élèves, un modèle peut être proposé : une production d'élèves d'un niveau supérieur ou une production de l'enseignant·e. L'enseignant·e montrera comment associer les pièces pour qu'elles soient en équilibre.

2. Pour les élèves en réussite, l'enseignant·e peut leur présenter un objet – type personnage, jouet ou figurine – qui tient debout, puis leur donner la consigne : *« Vous allez construire une tour aussi haute que cet objet. »* La hauteur de cet objet est la variable didactique de la situation. Cette variable est directement liée au matériel utilisé.

Traces et retours

- Faire une photo de la tour.
- « Le jeu des longueurs » dans *Mon Premier Cahier de maths PS/MS*.

Différenciation et évolution de l'activité

On pourra :
– varier le matériel utilisé : la difficulté n'est pas la même selon que l'on utilise des Duplo®, des Kapla®, des blocs de grande taille…
– varier la consigne : réaliser la construction de la tour à deux, en posant une pièce chacun son tour. Cela fait appel à la coopération, suppose l'adaptation à l'action de l'autre, etc. ;
– demander à construire une tour plus haute, plus petite, puis demander de les classer selon le critère de hauteur.

Vigilance pour l'enseignant·e

Vocabulaire : *aussi haute, moins haute, plus petite, plus grande.*

ACTIVITÉ GUIDÉE 5 Les partages

Objectif : réaliser en situation de partage une collection dont le cardinal est compris entre 1 et 2.

Ce qu'il faut savoir

Les situations de partage sont très concrètes pour les élèves qui les rencontrent régulièrement dans leur environnement quotidien. Il s'agit ici de mettre en œuvre une situation de partage équitable. Cette dernière notion peut être complexe pour l'élève, chacun voulant souvent en avoir plus que son voisin.

Matériel :

– des pions, des petits objets identiques, des figurines ;
– une petite boite (ou barquette) par élève.

Organisation de classe : en petits groupes installés à une table avec un matériel partagé entre les élèves et attribué par l'enseignant·e selon les besoins identifiés.

Déroulement

1. L'enseignant·e distribue une boite (ou une barquette) à chaque élève, puis pose au centre de la table l'ensemble des objets (pions, figurines…). Dans un premier temps, mettre autant de pions que d'élèves. Donner la consigne : *« Vous allez vous partager les pions. »*
Expliquer aux enfants que le partage doit être juste, c'est-à-dire que chacun·e doit recevoir le même nombre de pions.

2. L'enseignant·e laisse les élèves s'organiser et attend qu'ils aient fini. Puis, on observe ensemble toutes les boites pour voir si elles contiennent un nombre identique d'objets. Par exemple, avec un nombre de figurines égal au nombre d'élèves, chaque élève doit avoir un seul pion dans sa barquette à l'issue du partage. La discussion doit permettre de faire émerger comment réussir l'activité.

3. L'activité est reproduite en mettant au centre de la table le double de pions afin que la distribution aboutisse à deux pions par élève.

Traces et retours

Faire une photo de l'activité finie.

Différenciation et évolution de l'activité

Cette activité pourra être aménagée. On pourra :
– varier le nombre d'élèves : c'est une variable didactique importante. L'activité est plus facile à deux élèves qu'à cinq !
– varier le matériel : mettre des pions unicolores ou multicolores, pour travailler sur le fait que ce qui importe, c'est bien la quantité et non les caractéristiques de l'objet ;
– utiliser des pions de différentes tailles et demander d'un prendre deux différents ;
– demander à un·e seul·e élève de réaliser le partage plutôt qu'au groupe entier.

Vigilance pour l'enseignant·e

Vocabulaire : *partager, avoir le même nombre, chacun…*
Expression/formulation : utiliser *« un et encore un »* pour faire deux.

ACTIVITÉ SEMI-AUTONOME 1 Les paires

Objectif : reconstituer des paires à partir d'un matériel varié.

Ce qu'il faut savoir

Travailler sur des paires d'objets permet aux élèves de développer des compétences d'observation, de symétrie (de façon implicite).
Le travail est proposé en deux dimensions et en trois dimensions afin de jouer sur les différentes caractéristiques impliquées par ces configurations.

Matériel :

– des paires de chaussettes, des pinces et un fil à linge ;
– les propres chaussures des enfants et des boites à chaussures.

Organisation de classe :

– en petits groupes installés au sol, au coin regroupement ou dans un coin de la classe (le coin poupées, par exemple) ;
– en regroupement ou en demi-classe (variante).

Déroulement

1. Dans la zone définie, les élèves disposent d'un bac avec des chaussettes mélangées.
L'adulte (l'enseignant·e ou l'ATSEM) montre une paire de chaussettes et explique qu'on appelle cela une paire car il y en a deux ; il/elle montre les similitudes et différences.
Inviter les élèves à regarder les chaussettes pour observer ces caractéristiques.
Expliquer : *« Vous allez remettre les chaussettes par paires puis les mettre à sécher/les ranger dans les étagères. »*

▶ *Les chaussettes sont rassemblées par paires puis suspendues au fil.*

Laisser faire les élèves, puis vérifier ensemble que toutes les paires de chaussettes sont reformées.

2. Variante en collectif

Sur un temps de regroupement ou en demi-classe, l'adulte (l'enseignant·e ou l'ATSEM) montre une paire de chaussures et explique qu'on appelle cela une paire car il y en a deux ; il/elle montre les similitudes et différences.
Les élèves sont invités à regarder les chaussures pour faire la même analyse.
Ensuite, l'adulte énonce la consigne suivante :
« Vous allez enlever vos chaussures (ou vos chaussons) et je vais les mélanger. Puis vous allez retrouver les chaussures qui forment des paires. »
Les paires sont rangées et organisées : le long du mur, en les mettant dans des boites ou en apposant la photo ou l'étiquette prénom du/de la propriétaire.

▶ *Les chaussures sont rangées par paires, de manière organisée.*

Traces et retours

Faire une photo de l'activité finie, assujettie d'un commentaire en dictée à l'adulte.

Différenciation et évolution de l'activité

Cette activité peut être prolongée. On pourra :
– utiliser des gants ou des moufles à la place des chaussettes et chaussures ;
– utiliser des puzzles à deux pièces ou des images coupées en deux. On parlera alors de « moitiés », vocabulaire qu'il faudra expliciter ;
– demander aux élèves de travailler en binôme ;
– en faire un jeu émetteur/récepteur : un·e élève décrit la moitié manquante et l'autre doit la retrouver.

▶ *Appariement de moitiés d'objets ou d'images.*

Vigilance pour l'enseignant·e

Vocabulaire : *un, deux, paire, moitié…*

Éval. p. 120

ACTIVITÉ SEMI-AUTONOME 2 Classer par taille

Objectif : comparer des longueurs.

Ce qu'il faut savoir

Le travail de comparaison des longueurs a déjà explicité précédemment ▸ Rituel des longueurs p. 101.

Matériel :

– deux baguettes (une grande et une petite) par élève ▸ p. 101 ;
– des objets divers de la classe ou des images découpées (d'animaux ou de personnages) à la taille exacte des baguettes.

Organisation de classe : en individuel (à une table, sur un banc, dans un coin sur un tapis) une fois que l'activité a déjà été menée en présence de l'enseignant·e et que les consignes sont bien comprises.

Déroulement

L'adulte (l'enseignant·e ou l'ATSEM) présente l'activité aux élèves :
– montrer le matériel, le nommer et le distribuer aux élèves. Chaque élève reçoit une grande baguette, une petite baguette et différents objets ;
– expliciter verbalement ce qu'il faut faire :
« Tu dois mettre chaque objet avec une baguette qui fait la même taille. Tu réussis si chaque objet est rangé avec une baguette qui fait exactement la même taille » ;
– montrer comment commencer en verbalisant ses actions :
« Tu choisis une baguette, tu recherches l'objet de même taille et tu le déposes à côté de la baguette. »

Chaque élève fait l'activité à son rythme.
L'adulte passe vérifier auprès de chaque élève pour valider ou non sa proposition. Si besoin, il/elle reformule la tâche attendue, voire modélise ce qu'il faut faire.

▸ *Association par taille.*

Traces et retours

Faire une photo de l'activité finalisée, assujettie d'un commentaire en dictée à l'adulte.

Différenciation et évolution de l'activité

Pour répondre aux besoins de chacun, on pourra :
– varier le nombre d'objets à apparier avec des baguettes : de 3 à une dizaine pour des élèves très performants ;
– poser sur un même plateau tous les objets de même taille en travaillant en collectif ;
– introduire une taille supplémentaire de baguette puis, par la suite, demander à classer selon le critère « plus grand que/plus petit que » ;
– ajouter des baguettes de différentes tailles et demander de ranger les objets mesurés par taille croissante.

Vigilance pour l'enseignant·e

Vérifier que l'élève procède bien en raisonnant, et non au hasard ou par copie d'une autre production. S'il ou elle est en facilité, introduire une variable de complexification proposée en évolution.

ACTIVITÉ SEMI-AUTONOME 3 Classer des formes

Éval. p. 120

Objectif : classer des formes (ronds et carrés) en fonction de leurs caractéristiques.

Ce qu'il faut savoir

L'importance du travail sur les formes géométriques est parfois sous-estimée à l'école maternelle. Ce travail mené au plus tôt est cependant fondamental pour les apprentissages géométriques du cycle 2, mais aussi pour l'écriture (les lettres ont des formes, des sens, des symétries, etc.). Avant de reproduire ou de représenter les formes, les élèves doivent savoir catégoriser, c'est-à-dire identifier les caractéristiques communes partagées par les différents objets. C'est l'objet de cette activité.

Matériel :

– des ronds et des carrés en quantité, de toutes tailles et toutes couleurs ;
– deux plateaux ou, idéalement, une grande ardoise aimantée avec deux zones (scotch de couleurs).
▸ *Cette activité peut être réalisée avec* Ma boite de magnets MHM « Explorer les formes » ▸ p. 18.

Organisation de classe : en individuel (à une table, sur un banc, dans un coin sur un tapis…).

Déroulement

L'adulte (l'enseignant·e ou l'ATSEM) présente l'activité aux élèves :
– montrer le matériel et le nommer, ainsi que le support de travail ;
– expliciter verbalement ce qu'il faut faire en formulant le critère de réussite :
« Tu vas trier les ronds et les carrés sur les zones de l'ardoise ou dans les boites. Tu réussis si chaque forme est au bon endroit. »

▸ *Exemples de mise en œuvre.*

Chaque élève réalise le classement à son rythme.
L'adulte valide en présence de l'élève à la fin du temps de travail.

Traces et retours

Faire une exposition éphémère des réalisations des élèves si celles-ci ont été réalisées sur des ardoises aimantées.

Différenciation et évolution de l'activité

Pour répondre aux besoins de chacun·e, on pourra :
– varier le matériel : le classement sera facilité en ne proposant que des formes d'une seule couleur ; complexifié si on varie les formes, quitte à ajouter des pièces intruses comme des triangles ou des rectangles ;
– faire travailler les élèves en binôme : chaque élève prend en charge l'une des formes seulement.

Vigilance pour l'enseignant·e

Vocabulaire : *rond, carré, tourne, pointu…*
Explicitation/formulation : lors du passage de l'adulte, demander à l'élève de dire le nom de la pièce qu'il/elle dépose et de la décrire.

ACTIVITÉ SEMI-AUTONOME 4 Les puzzles

Objectif : reproduire un assemblage de formes simples en vue de reconstituer un puzzle.

Ce qu'il faut savoir

L'activité, commencée en période 2 ▸ p. 80, se poursuit naturellement sur cette période. Les élèves prennent toujours du plaisir à refaire les mêmes puzzles, à en découvrir de nouveaux. Il faut les laisser faire plusieurs fois le même puzzle pour constater l'évolution, l'organisation, l'anticipation dont ils pourront alors faire preuve.
On peut penser aux élèves qui ne disposent pas de puzzles en dehors de l'école et en prêter pour la maison avec un accompagnement des familles.

Matériel : des puzzles variés (horizontaux, verticaux, aimantés ou non), de 4 à 20 pièces.

Puzzle Djeco.

© Magnéti'book, Janod.

Organisation de classe : en individuel (à une table, sur un banc, dans un coin sur un tapis…).

Déroulement

L'enseignant·e utilise une fiche de suivi pour savoir où en est chaque élève et lui proposer un modèle adapté : avec plus ou moins de pièces, avec ou sans modèle, facile à assembler ou non, etc.

1. L'adulte (l'enseignant·e ou l'ATSEM) explicite verbalement ce qu'il faut faire en formulant le critère de réussite :
« Tu dois remettre les pièces du puzzle pour le refaire comme sur le modèle. »
Il/elle peut accompagner et montrer comment commencer en verbalisant ses actions :
« Tu peux commencer par regarder le modèle puis rechercher les pièces avec des bords droits, ou les coins. »

2. Chaque élève essaie de faire son puzzle à son rythme.
L'enseignant·e valide la réalisation et le note sur la fiche de suivi.
L'élève peut faire un deuxième puzzle si le temps le permet.

Traces et retours

Faire une photo des puzzles réussis en mettant l'étiquette prénom ou la photo de l'élève.

Différenciation et évolution de l'activité

Comme en période 2, on pourra :
– varier les puzzles, les modèles. Les variables didactiques sont la taille de chaque pièce, le nombre de pièces, leur forme pour les assembler, l'illustration, etc. ;
– utiliser des puzzles grand format pour les faire à plusieurs.

Vigilance pour l'enseignant·e

Vocabulaire : *puzzle, pièces, coins…*
Explicitation/formulation : l'enseignant·e étaye et explique pour que l'élève soit en capacité :
– de différencier les pièces : motif, distinction d'un coin par rapport à une pièce centrale, etc. ;
– d'orienter la pièce ;
– d'assembler deux pièces sans forcer.

ACTIVITÉ SEMI-AUTONOME 5 Un jeu de construction

Objectifs :

– organiser et agencer des pièces ;
– situer des objets entre eux, par rapport à des objets repères ;
– travailler la logique et le raisonnement.

Ce qu'il faut savoir

Les jeux de construction permettent de développer les capacités motrices des élèves, leur créativité, tout en développant les capacités de repérage topologique et le raisonnement logique. Les élèves de Petite Section doivent y avoir accès fréquemment.
Il existe plusieurs sortes de jeux de construction, variant selon le type et la variété des pièces (planchettes de bois, blocs à clipser/assembler, etc.) ou selon le mode de construction (pièces qui se posent ou s'emboitent, se clipsent, etc.).
Le choix du jeu sera fait selon plusieurs critères : disponibilité des jeux, capacités de chaque élève, etc. Certains jeux sont uniquement en construction libre, d'autres proposent des fiches modèles progressives.
Nous recommandons vivement la lecture du document ressources Eduscol concernant ce type d'activités en maternelle. Ses tenants et aboutissants y sont très clairement exposés.

Ressources Éduscol
« Jouer et apprendre : les jeux de construction »
https://eduscol.education.fr/120/jouer-et-apprendre

Matériel : un jeu de construction par élève.

Organisation de classe : en individuel (à une table, sur un banc, dans un coin sur un tapis…).

Déroulement

L'adulte (l'enseignant·e ou l'ATSEM) présente le jeu (ou les jeux) aux élèves sur un temps d'accueil du matin ou lors d'un regroupement : montrer le jeu et le nommer, expliciter comment poser les pièces.

1. Lors de leur première rencontre avec le jeu, laisser les élèves jouer librement. Ils ont besoin d'un temps d'appropriation, de découverte sans contrainte.

2. Les fois suivantes, l'enseignant·e pourra :
– imposer un modèle issu du jeu ;
– proposer un modèle (déjà réalisé en trois dimensions ou sur photo).

Chaque élève essaiera de reproduire le modèle demandé. L'enseignant·e pourra construire une fiche de suivi liée au jeu en indiquant les différents modèles.

Traces et retours

- Faire une photo des productions.
- Établir pour chaque élève une fiche de suivi indiquant la progression. Celle-ci peut lui être présentée pour qu'il/elle constate sa progression.

Différenciation et évolution de l'activité

L'évolution de l'activité est propre à chaque jeu : augmenter le nombre de pièces, proposer des modèles demandant plus de dextérité (équilibre des pièces, hauteur de la production…).

Certains jeux comportent une progression qu'il suffit de suivre, permettant ainsi de confronter l'élève à des situations de plus en plus résistantes.

Vigilance pour l'enseignant·e

- Bien accompagner l'élève sur la description du modèle, la réalisation.
- Lui faire percevoir les questions d'équilibre, de poids qui se posent au fur et à mesure.

Période 3 Boites d'activités autonomes

Les boites proposées ont vocation à être utilisées en totale autonomie.
Le fonctionnement est précisé en introduction ▸ p. 14.

BOITE « COMPTER 1 »

Objectif : reconnaitre et utiliser le nombre 1
Matériel :
• des gommettes et une copie du minimonstre
ou
• la boite de magnets MHM « Découvrir les nombres » ▸ p. 18.
Consigne
Reconstituer le minimonstre du 1 :
– avec le minimonstre à compter de la classe ;
– avec les silhouettes et des aimants.

p. 41 ou 132

BOITE « ASSEMBLER »

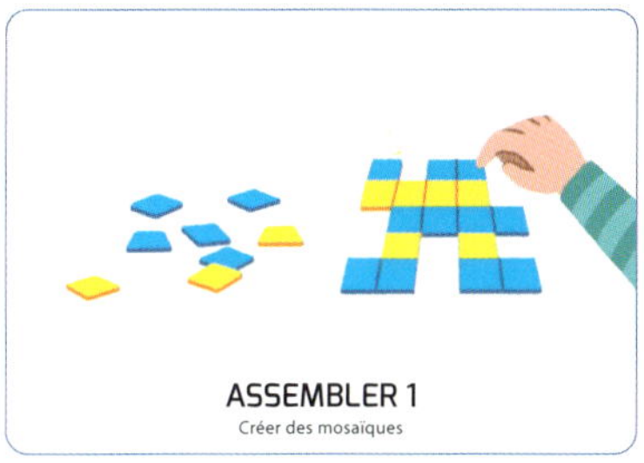

Objectif : créer des assemblages
Matériel :
• des ronds, des carrés (issus par exemple de la boite de magnets MHM « Explorer les formes » ▸ p. 18) ;
• ardoises aimantées ou quadrillage sur feuille A3.
Consignes
• Créer des mosaïques avec des ronds et des carrés (collés ou aimantés).
• Reprendre l'activité semi-autonome 5 de P2 « Les mosaïques » ▸ p. 83.

BOITE « ASSOCIER DES COLLECTIONS »

Objectif : associer des collections
Matériel :
• cartes flash des faces du dé 1, 2 et 3 ;
• objets, pions ou figurines.
Consigne
Associer des collections d'objets aux faces du dé.

p. 95

BOITE « PARTAGER 1 »

Objectif : partager une collection
Matériel :
• briques ou cubes empilables en tour de couleurs (autant que de figurines).
• figurines.
Consigne
Partager la tour de cubes entre toutes les figurines.

BOITE « ASSOCIER LES DOIGTS À UN NOMBRE »

Objectif : associer les doigts à un nombre
Matériel :
• tablettes avec l'application « 10 doigts » de @marbotic ▸ p. 22.
Consigne
Bloquer l'engrenage des réglages sur 1, 2 et 3.
Les élèves recherchent avec les doigts la collection demandée ou complètent des collections avec le nombre adéquat.

▸ Utilisation de l'application @marbotic.

Il est également possible d'utiliser sur ce temps *Mon Premier Cahier de maths PS/MS*, sur des pages qui n'ont pas été réalisées en activité et que les élèves sont susceptibles de réaliser seul·e·s.

MOSAÏQUE

Objectif : assembler des formes pour construire une mosaïque.

Œuvres de référence :

▶ *Détail d'une mosaïque au sol issue d'une villa romaine de Sentinum, vers 200-250, conservée à la Glyptothèque de Munich.*

▶ *Détail de la façade de l'établissement* L'Huîtrière *à Lille. Les mosaïques de ce bâtiment art déco ont été réalisées par la maison Gentil et Bourdet en 1928.*

Le travail sur les mosaïques est en continuité avec la proposition sur le pixel art en période 2 ▶ p. 87. Il s'agit d'agencer des formes géométriques – des carrés par exemple – pour réaliser une production artistique.

Matériel :

– une grande feuille et de la colle ;
– des carrés de mosaïque ou de petits carrés de carrelage, un support et de la colle spéciale.

Déroulement

1. L'œuvre choisie est présentée aux élèves qui s'expriment très librement.
L'enseignant·e peut :
– faire observer et verbaliser la présence de formes et de couleurs différentes ;
– faire remarquer que les formes se composent de petits carrés.

2. L'activité est ensuite présentée aux élèves : chaque élève doit réaliser sa propre mosaïque à partir de collage de carrés ou bien avec de la vraie mosaïque. Il s'agit d'une création entièrement libre. L'enseignant·e débute l'activité en explicitant bien comment procéder, quel matériel utiliser, etc.

La recette de la période

Activités mathématiques mobilisées :

- verser, transvaser ;
- mesurer des quantités.

Les sablés croustillants

Ces biscuits se rapprochent des *shortbreads*.
On remplace le beurre par l'huile pour exploiter pleinement les mesures.

INGRÉDIENTS

- 100 g d'huile
- 100 g de sucre
- 300 g de farine
- 2 cuillères à café de cannelle

USTENSILES

- un saladier
- un pot de yaourt
- un tamis
- une cuillère ou une maryse pour mélanger
- des emporte-pièces

Déroulement

On utilise un pot de yaourt comme outil de mesure. En effet, un pot de yaourt vide contient environ 100 g (de sucre, d'huile ou de farine) en s'arrêtant à un demi-centimètre du bord.

1. Verser la farine dans le saladier en la tamisant.
2. Ajouter la cuillère à café de cannelle, mélanger.
3. Ajouter la mesure d'huile et bien mélanger.
4. Ajouter le sucre et pétrir à la main jusqu'à obtention d'une pâte homogène.
5. Étaler la pâte sur une épaisseur d'un centimètre environ. Découper des formes avec des emporte-pièces. Les élèves peuvent tracer un graphisme à la surface (traits, spirales).
6. Cuire 30 minutes environ à 150 °C.

Évaluations

Fiches de suivi

p. 147

Cette troisième période est l'occasion de faire de premiers constats concrets sur les apprentissages mathématiques des élèves. Ils ont pu profiter des deux premières périodes pour rentrer dans le statut d'élève, commencer à comprendre ce que l'on attend d'eux, et construire de premières bases mathématiques. Les évaluations de cette période pourront être davantage sommatives pour faire un état des lieux à l'instant T.
Nous conseillons d'observer particulièrement les compétences suivantes en période 3.

1 Le vocabulaire mathématique

Que faut-il observer ?

- L'élève comprend-il le vocabulaire mathématique ?
- L'utilise-t-il à la demande ?
- L'utilise-t-il à bon escient et spontanément ?

Vocabulaire : *rond, carré, pointu, classer, compter, un, deux, un et encore un, grand, petit, taille.*

Au cours de quelles activités ?

- **Activité guidée 1** Le mémory des trois premiers nombres p. 103
- **Activité guidée 2** Le jeu des associations p. 104
- **Activité semi-autonome 2** Classer par taille p. 112
- **Activité semi-autonome 3** Classer des formes p. 113

2 Exploiter les collections

Que faut-il observer ?

- L'élève comprend-il « peu » et « beaucoup » lorsqu'on lui montre deux collections ?
- Peut-il constituer une collection de un, deux ou trois objets ?
- Reconnait-il une collection de un, deux ou trois objets et la nomme-t-il ?

Au cours de quelle activité ?

- **Activité guidée 1** Le mémory des trois premiers nombres p. 103
- **Activité guidée 2** Le jeu des associations p. 104
- **Activité guidée 3** Le jeu du magicien p. 105

3 Les formes géométriques

Que faut-il observer ?

- L'élève reconnait-il les formes rondes et carrées ?
- Parvient-il à les nommer ?
- Les différencie-t-il d'une autre forme géométrique ?

Au cours de quelles activités ?

- **Activité semi-autonome 3** Classer des formes p. 113
- **Activité ritualisée 5** Comptines « Mon visage » et « Le carré » p. 102

4 Les mesures de longueur

Que faut-il observer ?

- L'élève commence-t-il à comprendre la notion de mesure de longueur ?
- L'élève identifie-t-il un objet plus petit qu'un autre ? Compare-t-il deux objets selon leur mesure de longueur ?

Au cours de quelles activités ?

- **Activité ritualisée 4** Le rituel des longueurs p. 101
- **Activité semi-autonome 2** Classer par taille p. 112

BIBLIOGRAPHIE

Albums mobilisant les longueurs

***Grand*,**
Jez Alborough,
Kaléidoscope, 2005.
Petit singe va découvrir avec ses amis que tout n'est pas question de taille.

***On fait la taille*,**
Émile Jadoul,
L'École des loisirs,
Pastel, 2017.
Pour pouvoir jouer avec le lapin qui a de grandes oreilles, il faut être à sa hauteur.

Albums mobilisant les nombres

***1, 2, 3 petits chats qui savaient compter jusqu'à 3*,**
Michel Van Zeveren,
L'École des loisirs, 2007.
Cet album permet de travailler plusieurs compétences : le dénombrement de petites collections (jusqu'à 3), la comparaison de collections, le partage.

***Boucle d'or et les Trois Ours*,**
Marion Billet,
Nathan, 2021.
Ce classique de la littérature de jeunesse est ici proposé en version livre théâtre, pour donner vie à l'histoire et aux personnages. Un support incontournable pour travailler sur le nombre 3.

Albums mobilisant les figures géométriques de la période : le carré et le rond

***Un rond*,**
Néjib, « Giboulées »,
Gallimard, 2013.
Un album qui va à l'essentiel : chaque page présente un objet rond ou comportant un rond : un coucher de soleil, une montgolfière, une araignée, un vélo…

***Carré comme*,**
Agnese Baruzzi,
White Star Kids, 2018.
Un album coloré qui met le carré à l'honneur.
On retrouve le carré dans divers objets de la vie quotidienne.

***Le rond*,**
Iéla Mari,
L'École des loisirs,
2014.
Un album sans texte sur tout ce qui est rond dans notre environnement.

***La Vie des petits carrés*,**
Sandrine Andrews,
Palette, 2018.
À partir d'un tableau de Paul Klee, l'autrice a imaginé une histoire et un jeu pour développer la concentration, l'éveil aux couleurs, la représentation spatiale et l'imagination des tout-petits.

JEUX

Rafle de chaussettes
Éditions Haba
Jeu d'observation et de rapidité : le monstre aux chaussettes les a toutes sorties du tiroir.
Il faut reconstituer le maximum de paires pour gagner.

Crocs'Socks!
Éditions BS Toys
Ce jeu de société pour 4 joueurs consiste à attraper avec une ventouse la chaussette manquante. L'un des joueurs retourne une carte et tout le monde essaie d'attraper la chaussette le plus vite possible (attention chaussette gauche ou droite).

Matching Game Sock Memory
Éditions Jung Wie Alt
Un jeu tout simple avec 26 paires de chaussettes à reformer, aux couleurs et motifs variés.

Période 4

MARS
AVRIL

Objectifs majeurs de la période

Résoudre des situations problèmes	Découvrir les nombres et leurs utilisations	Explorer des formes, des grandeurs, des suites organisées	Se repérer dans le temps et l'espace
• Résoudre des situations de partage • Résoudre des situations d'associations	• Réaliser des collections de 3 objets • Compléter des collections • Réciter la comptine numérique • Utiliser le minimonstre à compter • Utiliser le nombre pour exprimer une position • Commencer à reconnaitre les écritures chiffrées	• Reconnaitre le triangle et l'associer à sa représentation • Reproduire, dessiner des formes planes • Réciter la comptine géométrique • Manipuler et utiliser le vocabulaire *petit, moyen, grand*	• Réaliser des puzzles • Réaliser des jeux de logique et de repérage en 3D

Cette quatrième période étant souvent plus longue que les autres, nous vous proposons davantage d'activités. À présent que le rituel du minimonstre à compter est bien installé et que les élèves sont familiers du matériel de classe, cette période va introduire l'écriture chiffrée des trois premiers nombres, mais aussi des objets mathématiques comme le dé, les cartes à jouer classiques.

Mini sommaire

LE COIN DE LA PÉRIODE

LE COIN « CORPS HUMAIN »

Au cours de cette période, on délimitera dans la classe un espace dédié au corps humain. Ce coin pourra contenir : des miroirs, des photos de personnes à différents âges, un squelette articulé, des photos des parties du corps, des puzzles du corps ou de silhouettes.
On pourra travailler :
– **la notion de croissance :** verbaliser les différences selon les âges, classer des photos par âge croissant ;
– **les détails :** qu'est-ce qui différencie deux photos de bébé ? deux enfants de la classe ? Les élèves sont encouragés à chercher, observer, comparer en utilisant les miroirs par exemple ;
– **la notion de paire** (en complément du travail mené en période 3 ▸ p. 110) : les parties du corps allant par paires sont nombreuses, sur le visage ou sur le corps.
Les élèves vont observer ou s'observer tout en exploitant le lexique du corps humain associé au lexique mathématique.

Variables didactiques

- **Les outils pour observer :** des miroirs individuels (grossissants ou non), un grand miroir sur pied, des appareils photo, des loupes…
- **Les objets à observer :** des photos (de bébés, d'enfants, d'adultes de différents âges et de différentes origines), des radios, des poupons du coin bébé, des figurines de tailles différentes…
- **Les consignes :** chercher un détail, dénombrer des éléments, comparer deux parties du corps, observer les éléments, faire des classements, prendre des photos…

MATHS DEHORS !

Cette période permet d'exploiter les extérieurs de l'école grâce à une météo généralement plus favorable avec l'arrivée du printemps. L'objectif sera ici de travailler :
– **la numération :** faire de la correspondance terme à terme, dénombrer jusqu'à 3 en exploitant le matériel de l'école ou des éléments naturels collectés en amont ;
– **l'espace et la géométrie :** reconnaitre, suivre et reproduire des lignes, des formes (carrés, triangles, autres formes), jouer avec les caractéristiques topologiques (*au-dessus, en-dessous, entre, à côté de*…) en utilisant des bâtons, des ficelles, des gabarits en carton, etc. On pourra utiliser de grosses craies de trottoir ou des cordeaux de maçon (cordeaux enduits de craie bleue) pour tracer de grandes lignes.

On pourra exploiter le coin de la période portant sur le corps humain pour « ***désigner et nommer les différentes parties du corps*** »[1] :
– nommer les parties du corps sur une poupée ou sur une photo à différents âges ;
– comparer les yeux sur différents supports ;
– observer sa main et ses doigts, faire des empreintes ;
– observer et comparer les tailles (utilisation de la toise, de bandes ou de ficelles taille) ;
– fabriquer un bonhomme en pâte à modeler ;
– comparer les parties du corps humain avec les parties du corps d'animaux connus des enfants (chat, chien, lapin…).

1. Programme d'enseignement de l'école maternelle, *Bulletin officiel* n° 25 du 24 juin 2021.

Fabrication d'un bonhomme en pâte à modeler.

Les élèves nomment les parties du corps sur la poupée.

Prolongements

Dans le domaine « Explorer le monde du vivant, des objets et de la matière » :
– mettre à proximité du bac une bassine, une petite baignoire pour faire la toilette des poupons de la classe ;
– comparer des textures : la peau d'un enfant, la peau du poupon, etc.

Dans le domaine « Se repérer dans le temps et l'espace » :
– ranger des photos par âge croissant ;
– ranger des photos par ordre croissant de taille.

Toise pour mesurer et comparer les tailles.

Exemples

- Se mettre en trio et se donner les mains en formant des triangles.
- Énumérer : reprendre le jeu de la chenille de la période 3 p. 95 avec le nombre 3.
- Marcher en file indienne et désigner le premier, le dernier.
- Ranger le matériel par paquets de trois objets.
- Mettre des objets sur une ligne au sol.
- Réaliser des tris avec les couleurs, les formes.
- Tracer des formes géométriques avec les craies ou avec le cordeau.

Réalisation de tris de couleurs.

Période 4

Programmation

La programmation ci-dessous est une proposition.
Nous rappelons que les boites d'activités autonomes ► p. 148 et le coin « corps humain » ► p. 124 ont vocation à être utilisés en fin d'activités ou aux moments de votre choix.

	SEMAINE 1	SEMAINE 2	SEMAINE 3	SEMAINE 4	SEMAINE 5	SEMAINE 6
JOUR 1	• Rituel de l'étiquette d'appel • Rituel du dénombrement • Activité guidée 1 • Activité semi-autonome 1	• Rituel de l'étiquette d'appel • Rituel des cartes flash • Activité guidée 1 • Activité semi-autonome 1	• Rituel de l'étiquette d'appel • Rituel du dénombrement • Activité guidée 2 • Activité semi-autonome 1	• Rituel de l'étiquette d'appel • Rituel des cartes flash • Activité guidée 2 • Activité semi-autonome 1	• Rituel de l'étiquette d'appel • Rituel du dénombrement • Activité guidée 1 • Activité semi-autonome 1	• Rituel de l'étiquette d'appel • Rituel des cartes flash • Activité guidée 1 • Activité semi-autonome 1
JOUR 2	• Rituel de l'étiquette d'appel • Rituel des personnages • Activité guidée 2 • Activité semi-autonome 2	• Rituel de l'étiquette d'appel • Rituel des personnages • Activité guidée 2 • Activité semi-autonome 2	• Rituel de l'étiquette d'appel • Rituel des personnages • Activité guidée 3 • Activité semi-autonome 4	• Rituel de l'étiquette d'appel • Rituel des personnages • Activité guidée 3 • Activité semi-autonome 4	• Rituel de l'étiquette d'appel • Rituel des personnages • Activité guidée 2 • Activité semi-autonome 4	• Rituel de l'étiquette d'appel • Rituel des personnages • Activité guidée 2 • Activité semi-autonome 4
JOUR 3	• Rituel de l'étiquette d'appel • Rituel de la comptine « Les beaux triangles » • Activité guidée 3 • Activité semi-autonome 3	• Rituel de l'étiquette d'appel • Rituel de la comptine « Les beaux triangles » • Activité guidée 3 • Activité semi-autonome 3	• Rituel de l'étiquette d'appel • Rituel du devine forme • Activité guidée 4 • Activité semi-autonome 3	• Rituel de l'étiquette d'appel • Rituel de la comptine « Les beaux triangles » • Activité guidée 4 • Activité semi-autonome 3	• Rituel de l'étiquette d'appel • Rituel du devine forme • Activité guidée 5 • Activité semi-autonome 3	• Rituel de l'étiquette d'appel • Rituel de la comptine « Les beaux triangles » • Activité guidée 5 • Activité semi-autonome 3
JOUR 4	• Rituel de l'étiquette d'appel • Rituel de la comptine « Minimonstre gourmand » • Activité guidée 4 • Activité semi-autonome 4	• Rituel de l'étiquette d'appel • Rituel de la comptine « Minimonstre gourmand » • Activité guidée 4 • Activité semi-autonome 4	• Rituel de l'étiquette d'appel • Rituel de la comptine « Minimonstre gourmand » • Activité guidée 5 • Activité semi-autonome 5	• Rituel de l'étiquette d'appel • Rituel de la comptine « Minimonstre gourmand » • Activité guidée 6 • Activité semi-autonome 5	• Rituel de l'étiquette d'appel • Rituel de la comptine « Minimonstre gourmand » • Activité guidée 6 • Activité semi-autonome 5	• Rituel de l'étiquette d'appel • Rituel de la comptine « Minimonstre gourmand » • Activité guidée 6 • Activité semi-autonome 5

MATÉRIEL

Ressources

- Les cartes Vocabulaire ▸ bloc p. 9
- Les cartes flash ▸ bloc p. 81
- Les cartes Nombre ▸ bloc p. 105
- Les cartes Collection ▸ bloc p. 113
- Le minimonstre à compter ▸ bloc p. 41
- Les comptines « Les beaux triangles » et « Minimonstre gourmand » ▸ bloc p. 123
- La recette « La compote » ▸ p. 151

Matériel de classe

- Figurines, personnages
- Pions, bouchons, jetons
- Formes géométriques (carrés, ronds, triangles, rectangles) en nombre
- Gommettes
- Briques, cubes empilables colorés
- Paniers, plateaux, barquettes, paniers, bacs
- Pots, boites avec couvercles qui se vissent/dévissent
- Scotch de différentes couleurs
- Objets lourds et légers
- Dés (grand format)
- Sac à toucher
- Cartons
- Papier épais, grandes feuilles de papier de couleur
- Feuilles, crayons, feutres, peinture, matériel pour empreintes
- Bandes d'argiles, carrés de mosaïque
- Bac à observations avec photos du corps humain, outils pour observer (miroirs, loupes, microscopes…), objets pour observer (photos, figurines, poupons…)
- Coin marchande organisé avec matériel varié (fruits, légumes…) et de quoi ranger et trier (paniers, barquettes…)
- Photos des élèves

Jeux

- Jeux de logique ▸ p. 15
- Puzzles variés, puzzles de grande dimension
- Jeu de 54 cartes classique

Matériel MHM optionnel

- Ma boite de magnets « Explorer les formes » ▸ p. 18
- Ma boite de magnets « Découvrir les nombres » ▸ p. 18
- Ma boite à décomposer Cycle 1 ▸ p. 17
- *Mon Premier Cahier de maths PS/MS* ▸ p. 19

Période 4

Activités ritualisées

ACTIVITÉ RITUALISÉE 1

Le rituel de l'étiquette d'appel « Le train des copains »

Objectif : utiliser les nombres pour exprimer une position.

Ce qu'il faut savoir

Depuis leur arrivée à l'école, les élèves ont rencontré le nombre dans son aspect cardinal et l'utilisent pour exprimer des quantités. Ils doivent aussi apprendre à utiliser le nombre pour exprimer une position ou pour comparer des positions. Il pourra s'agir de la position d'une personne ou d'un objet familier au sein d'un jeu, ou dans une situation pédagogique telle que ce rituel.

L'enseignant·e doit avoir à l'esprit que la notion d'ordinal est intrinsèquement liée à la notion d'orientation, ce qui nécessite une situation pédagogique bien pensée (un support avec un sens, un début/une fin).

Matériel :

p. 105

– une photo de l'élève (avec ou sans prénom) ;
– un support identifié pour déposer les photos sur une file horizontale indiquant un sens de lecture (dessin d'un train avec locomotive, d'une chenille avec une tête, etc.) ;
– les **cartes Nombre** (doigts et écriture chiffrée).

Déroulement

Le jour de la première occurrence du rituel, en regroupement (classe entière ou par groupes d'élèves), l'enseignant·e présente le support et son orientation :
« Voici le nouvel endroit où vous poserez votre photo le matin. Le début est ici. La fin est là. Le premier arrivé met sa photo ici. »

1. Chaque jour, à l'arrivée en classe, les élèves placent leur photo dans leur ordre d'arrivée sur le support choisi par l'enseignant·e.
En regroupement, l'enseignant·e exploite le support pour vérifier que chacun·e s'est positionné·e au bon endroit, puis interroge les élèves :
« Qui est arrivé le premier en classe ? Qui est arrivé le dernier ? »
L'enseignant·e reformule les réponses en pointant le support et en insistant sur le vocabulaire de positionnement : *« Qui est avant/après ? »*

2. On dénombre ensuite les étiquettes restantes et le nombre d'absents est affiché avec une carte Nombre. L'enseignant·e pose d'abord la carte avec la représentation des doigts, puis pose ensuite à côté la carte représentant l'écriture chiffrée. Si le nombre d'absents est modéré (trois maximum), il peut être illustré par le minimonstre à compter : l'enseignant·e demande à quelques élèves de venir le compléter tour à tour pour atteindre la valeur voulue. Le minimonstre peut illustrer le nombre total d'absents ou uniquement celui d'un sexe donné, comme en période 3.

▶ *« Le train des copains » réalisé lors des arrivées en classe.*

Différenciation

- Utiliser toutes les représentations sur les cartes Nombre : chiffrée, doigts, faces du dé.
- Illustrer le nombre d'absents avec des pions ou des objets.
- Un·e élève (celui ou celle de service, par exemple) peut montrer le premier, puis le dernier arrivé sur la file des photos déposées.
- Réaliser deux supports – un pour les filles, un pour les garçons – pour doubler le nombre de questions possibles.

ACTIVITÉ RITUALISÉE 2 Le rituel des personnages

Objectifs :

– utiliser des formes triangles ;
– réaliser une collection de 3 objets.

Ce qu'il faut savoir

Comme en période 2 ▸ p. 68, ce rituel peut être réalisé en même temps que celui de l'étiquette d'appel ▸ p. 128. Il s'agit de travailler sur le nombre trois en constituant des trios.

Matériel :

– autant de personnages (figurines) que d'élèves dans la classe, placés dans un panier ou une barquette ;
– des supports triangulaires (papier ou carton découpé, plastifié si besoin) ;
– un support identifié pour accueillir les triangles et les personnages, visible de tous et situé près de la zone de regroupement.

Déroulement

1. Les élèves prennent un personnage dans le panier et viennent le poser sur le support dédié, sur lequel sont posés des triangles. L'élève a plusieurs possibilités :
– soit commencer à occuper un triangle (si tous les autres triangles sont vides ou complets) ;
– soit compléter un triangle (s'il existe un triangle incomplet).
Cette première étape peut se faire pendant le temps d'accueil en autonomie.

2. Dans un second temps, lors d'un regroupement, on observe les trios et les personnages qui sont restés seuls. L'enseignant·e verbalise avec les élèves ce que l'on peut observer :
« Voici un triangle avec plusieurs personnages. Il y en a un, encore un, ce qui fait deux. Et encore un, ce qui fait trois au total. »
Après plusieurs démonstrations, l'enseignant·e demande aux élèves de verbaliser à leur tour.

3. Dans un troisième temps, l'enseignant·e peut mettre l'accent sur le fait que les personnages sont situés aux trois coins du triangle.

▸ *Les personnages sont rassemblés par trios.*

Différenciation

- Mettre une gommette sur chaque coin des triangles pour aider les élèves à utiliser le support.
- Demander aux élèves de verbaliser leurs actions :
« Je pose un personnage. Il y en a déjà un, ça fait deux. »
- Imposer de finir un triangle commencé avant de passer à un autre.
- Demander aux élèves de se mettre par trois, puis regarder s'ils sont tous par trois et si certains sont par deux ou tout seuls.

Éval.
p. 152

ACTIVITÉ RITUALISÉE 3 Le rituel du dénombrement

Objectif : identifier le nombre d'éléments d'une collection.

Ce qu'il faut savoir

La compréhension du concept de nombre est longue et nécessite des situations d'apprentissage nombreuses et variées. Dans ce rituel, les élèves dénombrent des quantités inférieures à trois à partir de matériel déplaçable. Ce rituel sera repris et évoluera en période 5.

Matériel :

– des fruits et légumes factices du coin marchande ;
– des paniers ou barquettes.

Déroulement

Au préalable, l'enseignant·e prépare un panier comprenant un nombre de chaque élément que les élèves sont capables de dénombrer (3, voire plus pour certains élèves).

1. L'enseignant·e explique le but de l'activité : *« J'ai commencé à préparer un panier de fruits et de légumes. Nous allons compter des fruits et des légumes qu'il y a dedans. »*
L'enseignant·e propose ensuite plusieurs consignes : *« Pouvez-vous me dire combien il y a de citrons ? de poivrons ? Montrez-moi combien il y en a avec vos doigts. »*

2. Les élèves observent et dénombrent. Un·e élève ou l'enseignant·e peut déplacer les objets pour aider à énumérer. La validation des réponses se fait collectivement :
« J'ai une tomate, encore une, ça fait bien deux tomates, bravo ! »

Différenciation

Le nombre d'élèves au regroupement pouvant être important, on peut distribuer plusieurs paniers au regroupement, soit identiques, soit différents, pour optimiser l'activité de chaque élève. Les élèves les plus à l'aise peuvent ainsi chercher seuls tandis que l'enseignant·e gère collectivement avec le reste de la classe.
On pourra aussi :
– varier le matériel : utiliser des figurines, des animaux, des fleurs… en fonction des projets de classe du moment ;
– demander ce que les élèves voient en un seul exemplaire, ou quel objet (quel légume, quel fruit…) est présent *« beaucoup de fois »* ou *« peu de fois »*.

ACTIVITÉ RITUALISÉE 4 Les cartes flash

Éval. p. 152

Objectif : identifier et reconnaitre rapidement l'écriture chiffrée des 3 premiers nombres.

Ce qu'il faut savoir

Comprendre le concept de nombre demande à l'élève d'appréhender les différents aspects du nombre et les façons de les représenter. Il s'agit ici de travailler sur la reconnaissance de l'écriture chiffrée associée à la désignation verbale du nombre : le nom du nombre. Il faut aider les élèves à mémoriser la forme des chiffres : le « 1 » est droit avec une pointe, le « 2 » a une tête arrondie et descend sur un zigzag, etc. L'enseignant·e verbalisera en passant son doigt sur le chiffre dans son sens d'écriture.

Matériel :

p. 81

– les cartes flash 1 à 3 (représentation chiffrée) ;
– des copies des cartes flash (autant de cartes que d'élèves, avec les trois chiffres représentés de manière égale) ;
– des jetons.

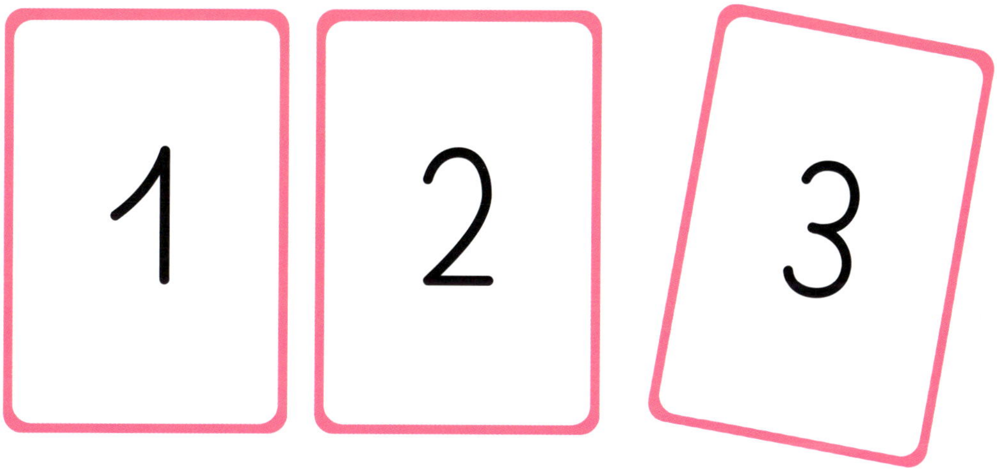

Déroulement

Au préalable, au début du temps de regroupement, l'enseignant·e montre les cartes, les nomme puis les distribue. Chaque élève reçoit une carte flash 1, 2 ou 3. L'activité peut se dérouler en trois temps.

1. L'enseignant·e présente l'activité aux élèves :
« Je vais dire un nombre. Montrez-moi votre carte si elle représente le nombre demandé. »
L'enseignant·e vérifie la proposition de chaque élève et verbalise en passant son doigt sur le chiffre dans son sens d'écriture. ▸ « Ce qu'il faut savoir »

2. Un·e élève montre sa carte. Celles et ceux qui ont le même nombre lèvent alors aussi leur carte : la validation est collective.

3. L'enseignant·e montre une collection de jetons et demande :
« Montrez-moi votre carte si elle fait la même quantité. »

Différenciation

• Mettre une carte au tableau et y associer les autres représentations (doigts, faces du dé, collections).
• Demander à quelques élèves de faire les collections en simultané avec les doigts ou des objets de la classe.

Éval.
p. 152

ACTIVITÉ RITUALISÉE 5 Le rituel du devine forme

Objectif : identifier une forme géométrique à partir d'informations.

Ce qu'il faut savoir

Les élèves ont travaillé sur deux formes géométriques depuis le début de l'année : le rond et le carré. Au cours de cette période, ils vont découvrir le triangle. Ce seront les trois formes qu'ils travailleront en Petite Section. Pour apprendre aux élèves à reconnaitre et nommer les formes géométriques, il est nécessaire de varier les activités proposées et d'offrir des temps de réactivation réguliers, objet de ce rituel.

Matériel :

p. 19

– des formes géométriques (carrés, ronds, triangles) ;
– les **cartes Vocabulaire** « Rond », « Carré », « Triangle ».

Déroulement

L'activité se déroule en regroupement.

1. L'enseignant·e peut proposer plusieurs consignes :
– présenter une forme et demander aux élèves comment elle se nomme, puis présenter la même forme mais différente par sa taille, sa couleur, et poser à nouveau la question ;
– énoncer une devinette :
« Je suis une forme qui roule, comment est-ce que je m'appelle ? »
« Je suis une forme avec des coins pointus, comment est-ce que je m'appelle ? »
Les élèves répondent collectivement et l'enseignant·e valide en reformulant si besoin :
« Vous avez raison, la forme est bien un carré. Regardez bien le carré. »

2. Distribuer aux élèves deux formes (à tous les élèves, si possible). L'enseignant·e énonce le nom d'une forme et demande aux élèves de montrer la forme nommée.

Différenciation
• Varier le matériel : utiliser des formes de différentes tailles, couleurs…
• Présenter les formes dans une disposition non standard : carré sur la pointe, par exemple.
• Demander aux élèves de formuler eux-mêmes les devinettes.

ACTIVITÉ RITUALISÉE 6 Le rituel de la comptine

Objectif : mémoriser des comptines (numérique et géométrique).

Ce qu'il faut savoir

Le thème de la première comptine est le triangle, en lien avec le travail mené en période 4 ▸ p. 138. Le triangle est une forme géométrique régulière, identifiable facilement mais plus difficile à trouver dans l'environnement, d'où le texte et l'illustration de la comptine pour aiguiller le regard.
La seconde comptine utilise le minimonstre à compter pour travailler la comptine numérique jusqu'à 3.

Matériel :

p. 127 - 128
p. 41

– le texte des comptines pour l'enseignant·e, puis pour affichage ;
– pour la comptine « Minimonstre gourmand » :
  – des objets représentant des grains de raisin ;
  – le minimonstre à compter.

Déroulement

Ce rituel est systématiquement un temps collectif.
L'enseignant·e récite la comptine après avoir capté l'attention d'une majorité d'élèves.
Il/elle explicite ensuite qu'ils vont la refaire tous ensemble, chacun·e faisant les gestes avec les mains et essayant de répéter les paroles.

• Comptine « Les beaux triangles »

Utiliser l'illustration de la comptine pour accompagner le texte : montrer les trois côtés, toucher les sommets du triangle et montrer la forme triangulaire sur les objets cités en la suivant du doigt.

• Comptine « Minimonstre gourmand »

Utiliser le minimonstre à compter de la classe et les objets représentant les grains de raisin pour mimer le texte de la comptine en la récitant.

Différenciation
• Faire les deux comptines en parallèle sur toute la période, ou apprendre l'une puis l'autre.
• Varier la vitesse d'exécution.
• Ne faire que la première moitié de la comptine « Les beaux triangles » dans un premier temps.
• Reprendre individuellement la comptine avec un·e ou deux élèves sur un temps d'accueil.
• Chercher une suite à chaque comptine :
– pour « Les beaux triangles », de nouveaux objets ayant la forme d'un triangle (la truelle d'un maçon, les sandwichs en triangle…) ;
– pour « Minimonstre gourmand », créer la suite avec 4, voire 5 grains de raisin. Ces suites pourront être apprises collectivement.

Éval. p. 152

ACTIVITÉ GUIDÉE 1 Le vocabulaire topologique

Objectif : situer des objets par rapport à soi et par rapport aux autres en utilisant le vocabulaire adéquat.

Ce qu'il faut savoir

Les élèves rencontrent dans l'année de nombreuses situations qui mettent en jeu des notions de repères dans l'espace ou dans le temps, ce qui nécessite de maitriser le vocabulaire adapté :
- les marqueurs temporels : *puis, pendant, après, avant, ensuite* ;
- les repères spatiaux : *sur, devant, derrière, à côté…*

Dans cette activité, nous travaillerons plus spécifiquement le vocabulaire topologique. Selon le contexte, le vocabulaire choisi n'est pas toujours transparent et cela doit être explicité aux élèves : je peux être devant un objet selon un interlocuteur, mais derrière selon un autre interlocuteur… Il s'agit donc de travailler implicitement sur la notion de repère. Cela sera retravaillé tout au long de l'école maternelle.
Pour accompagner cet apprentissage, il est intéressant de faire vivre les positionnements avec le corps pour favoriser la mémorisation par les élèves.

p. 9
p. 41

Matériel :
- les cartes Vocabulaire du vocabulaire topologique ;
- des objets de la classe, des cartons ;
- le minimonstre à compter.

Organisation de classe : en individuel ou en petits groupes. Chaque groupe est installé à une table ou au sol au coin regroupement, avec un matériel partagé entre les élèves et attribué par l'enseignant·e selon les besoins identifiés.

Déroulement

1. L'enseignant·e présente les cartes Vocabulaire choisies pour constituer le dictionnaire topologique de la classe, comprenant le vocabulaire sur lequel les élèves vont travailler pour le reste de l'année. Ce travail peut être fait lors d'un regroupement collectif.
Il s'agit de remettre ce vocabulaire en contexte : l'enseignant·e peut prendre un objet de la classe (le minimonstre à compter, par exemple) et le positionner par rapport à un objet fixe (une boite, par exemple) :
« Regardez, le minimonstre est sur la boite, comme le singe est sur la boite verte. »
Après une verbalisation par l'enseignant·e, les élèves reproduisent les saynètes et l'enseignant·e leur demande de verbaliser.

2. L'enseignant·e demande aux élèves de construire des petites saynètes avec des objets de la classe (personnage, figurine, objet, chaise, table miniature…) pour illustrer chaque carte Vocabulaire. Il/elle valide avec les élèves en leur demandant de verbaliser.

Traces et retours

- Faire une photo associant une saynète à la carte Vocabulaire représentée.

Différenciation et évolution de l'activité

Cette activité peut aussi se faire en classe, en salle de motricité ou dehors. On pourra :
– montrer une carte et demander aux élèves de se placer comme sur cette carte par rapport à un banc, un carton, etc. ;
– demander aux élèves de choisir une carte et d'aller se placer comme sur cette carte par rapport à un banc, un carton, etc.

▸ *Mises en scène par les élèves des cartes du vocabulaire topologique.*

Vigilance pour l'enseignant·e

Explicitation/formulation : bien verbaliser en cas de réussite (*« Tu es bien sous le banc, dans le carton »*…).

Éval.
p. 152

ACTIVITÉ GUIDÉE 2 Les collections à compléter

Objectifs :

– quantifier des collections jusqu'à 3 ;
– composer et décomposer des collections (de 1 à 3) par manipulations effectives.

Ce qu'il faut savoir

Parler des nombres à l'aide de leur décomposition est une compétence fondamentale qui doit être abordée dès la Petite Section : il s'agit de comprendre que trois, c'est un, encore un et encore un, mais aussi que c'est deux et un (ou un et deux !). Pour le mathématicien et chercheur Rémi Brissiaud, il y a deux manières d'aborder les nombres avec les jeunes enfants : le comptage et le travail sur les décompositions. Celles-ci permettent de conceptualiser le nombre et de disposer de plusieurs possibilités pour construire une collection. C'est un prérequis fondamental aux activités à venir dans la scolarité des élèves.
Pour travailler cet aspect, cette activité va exploiter les cartes Nombre et les cartes Collection que les élèves ont déjà utilisées en période 3 (le mémory des trois premiers nombres ▸ p. 103).

Matériel :

p. 105
p. 113

– des pions ou des figurines (avec éventuellement une couleur par élève) ;
– des plateaux ou des boites ;
– les cartes Nombre 1 à 3 (représentation chiffrée, doigts, faces du dé) ;
– les cartes Collection 1 à 3.
▸ *Cette activité guidée peut être réalisée avec* Ma boite à décomposer *Nathan* ▸ p. 17.

Organisation de classe : en petits groupes. Les élèves sont installés à une table avec les pions (ou les figurines) placés au centre, et une boite ou un plateau par élève.
Au centre de la table, on peut éventuellement mettre un set de couleur ou une feuille pour déposer la carte de la collection qu'il faut reconstituer.

Déroulement

1. L'enseignant·e présente les cartes aux élèves en leur expliquant :
« Vous vous souvenez du jeu avec ces cartes ? Nous allons les utiliser avec les pions. Je montre une carte et vous devez prendre les pions qu'il vous faut pour en avoir autant que sur la carte. »
L'enseignant·e montre une carte et la dépose éventuellement au centre de la table. Chaque élève pose les pions dans sa boite ou son plateau. Puis l'enseignant·e valide et corrige au besoin en explicitant.
2. L'enseignant·e présente une nouvelle carte, puis explique :
« Regardez bien la carte. Vous allez fermer les yeux. Pendant que vous fermez les yeux, je vais déposer un ou plusieurs pions et vous devrez ensuite compléter, ou pas, pour avoir autant que sur la carte. »
Les élèves ferment les yeux et l'enseignant·e dépose des pions sur les plateaux.
L'enseignant·e valide ensuite la proposition de chaque élève en comptant : *« Un puis encore un, ça fait deux »*…
Cette validation est importante car elle permet d'institutionnaliser les décompositions. Il faut encourager les élèves à répéter, reformuler.

▸ *Collections à compléter.*

Traces et retours

« Les collections à compléter » dans *Mon Premier Cahier de maths PS/MS.*

Différenciation et évolution de l'activité

On pourra :
– adapter la carte à chaque élève selon ses acquis (on peut ainsi aller plus loin avec certains élèves et donner une carte « quatre », par exemple) ;
– montrer puis cacher la carte pour obliger les élèves à mémoriser la quantité ;
– montrer des cartes avec des faces de dés non standard.

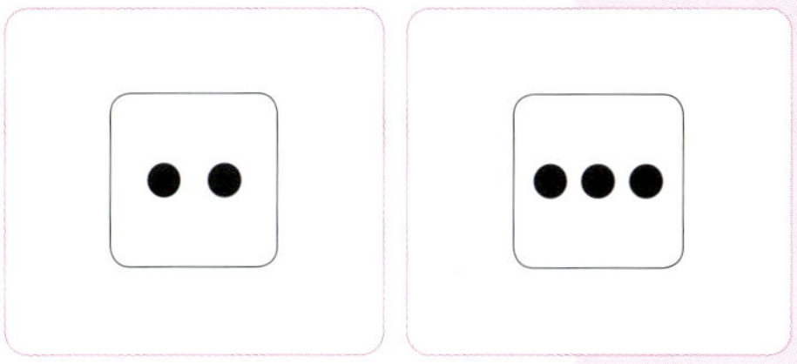

Vigilance pour l'enseignant·e

Vocabulaire : utiliser et faire utiliser les mots et expressions *autant que, même, un et encore un…*

ACTIVITÉ GUIDÉE 3 Les villages des nombres

Éval. p. 152

Objectifs :
– réaliser des collections dont le cardinal est compris entre 1 et 3 ;
– lire l'écriture chiffrée jusqu'à 3.

Ce qu'il faut savoir

Cette activité s'inscrit dans la continuité des activités consacrées à la création de collections de cardinal donné. Elle permet aussi de lier l'écriture chiffrée des trois premiers nombres à leurs représentations.

Matériel :
– de grandes feuilles A3 de couleur (plastifiées au besoin) ;
– des objets de la classe en quantité ;
– des boites ou des maisons ;
– des petits paniers.

Organisation de classe : en petits groupes, installés au sol au coin regroupement ou à une table.

Déroulement

1. L'enseignant·e présente le matériel aux élèves et pose les feuilles au sol ou sur la table, selon l'organisation choisie. L'enseignant·e annonce que chaque feuille représente le village d'un nombre, qui peut être identifié par l'écriture chiffrée.
L'enseignant·e demande aux élèves de regrouper dans chaque village des collections d'objets de la même quantité. Il/elle formule le critère de réussite : *« Dans le village, il faut qu'il y ait toujours le même nombre de chaque objet. »*

Traces et retours

Faire des photos des villages.

2. Recommencer le jeu plusieurs fois, pour que chaque élève fasse tous les villages.

p. 105

Différenciation et évolution de l'activité

On pourra :
– introduire des variables didactiques : village avec des objets de la même couleur ou non, nombre de collections à réaliser sur la feuille ;
– complexifier en éloignant le matériel : l'élève doit prendre un panier et aller chercher les objets plus loin (en utilisant éventuellement une carte Nombre pour s'aider).

▶ *L'élève doit aller chercher ses collections loin du village, ce qui l'oblige à mémoriser le nombre.*

Vigilance pour l'enseignant·e

Bien faire oraliser à l'élève ce qu'il vient chercher.

Éval. p. 152

ACTIVITÉ GUIDÉE 4 Les triangles

Objectifs :

– tracer des contours de triangles ;
– réaliser des empreintes de triangles.

Ce qu'il faut savoir

Le triangle est la troisième et dernière forme que les élèves étudieront en Petite Section, après le rond et le carré. Dans cette période, elle est également abordée dans les activités ritualisées 5 (le devine forme) et 6 (comptine). Elle est à la fois plus simple et plus complexe que le carré, car les triangles peuvent avoir des formes (silhouettes) très différentes. Il sera d'ailleurs important de ne pas travailler qu'avec des triangles équilatéraux, au risque de fausser l'image mentale que l'élève va construire.
Un triangle, c'est une figure géométrique à trois côtés. C'est la seule condition, par opposition au carré qui a des propriétés spécifiques en termes d'angles et de mesures de longueurs des côtés. Un triangle peut être très étendu/allongé, asymétrique, avoir un angle droit ou non…
En outre, l'apprentissage de cette forme est un peu plus difficile car le triangle n'est pas présent de façon aussi évidente dans l'environnement que le rond ou le carré. C'est la raison d'être de la comptine proposée en parallèle pour cette période ▶ p. 133.
Cette activité sera également proposée en activité semi-autonome 5 ▶ p. 147 pour que les élèves puissent en explorer toutes les possibilités : elle doit donc d'abord avoir été proposée en activité guidée aux élèves concernés.
L'activité étant menée de nombreuses fois, l'enseignant·e pourra montrer aux élèves l'évolution de leur tracé.

Matériel :

– des formes géométriques (carrés, ronds et triangles) ;
– des bacs ou supports (ardoises, feuilles…) pour classer les formes ;
– des gabarits de triangles (en papier épais, en carton ou en plastique) ;
– de quoi tracer les triangles : feuilles, crayons, peinture, matériel pour empreintes…

Organisation de classe : en petits groupes installés au sol au coin regroupement ou ailleurs dans la classe. Le matériel doit être en quantité suffisante pour que chaque élève puisse mener à bien l'activité.

Déroulement

1. L'enseignant·e présente les formes aux élèves et leur demande de les classer : les ronds, les carrés et les autres. Le classement est réalisé collectivement. Pour aider au classement, on peut utiliser des bacs, dédier une ardoise à chaque forme, etc.

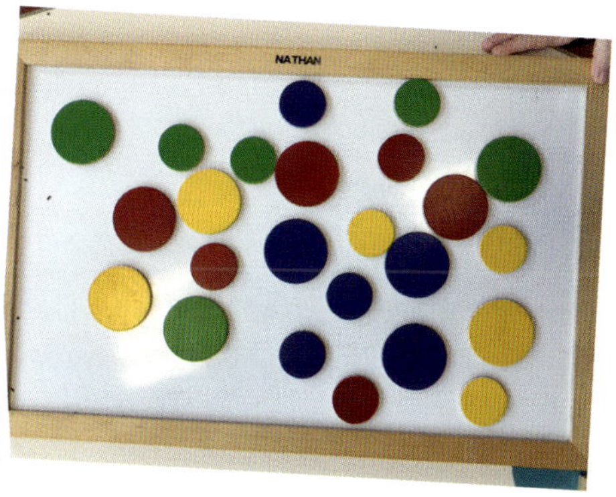

▶ *Tri de formes sur des ardoises.*

Une fois le classement terminé, l'enseignant·e réalise une synthèse avec les élèves – *« Comment s'appellent ces formes ? »* – et explicite les informations importantes pour chacune. Par exemple, pour le triangle :
« Ces formes s'appellent des triangles. Un triangle, c'est une forme qui a trois côtés droits. Regardez : un côté, encore un, et encore un. Il y a aussi trois coins pointus… »

2. Dans un second temps, l'enseignant·e demande aux élèves de dessiner des triangles :
– soit directement sur papier blanc avec un crayon épais ;
– soit avec des gabarits ;
– soit en faisant des empreintes avec du matériel de forme triangulaire (éponges) ;
– soit en réalisant le contour d'une pièce (c'est une activité difficile, il faut que la forme ne bouge pas).
L'enseignant·e étaye les productions des élèves pour aider à percevoir la forme triangle : *« Non, ça doit être bien droit… Il y a 3 coins pointus, ce sont les sommets… »*

Traces et retours

- Faire une photo des productions de l'élève.
- « La chasse aux triangles » dans *Mon Premier Cahier de maths PS/MS.*

Différenciation et évolution de l'activité

On pourra :
– varier les outils et supports : utiliser une règle pour faire des traits droits, travailler sur un support vertical pour le tracé, ou au sol dans la cour de l'école ;
– coller l'objet dont l'élève trace le contour pour limiter son déplacement, à l'aide de Patafix® ou autre pâte adhésive ;
– coller des gommettes triangles pour aider au dessin ;
– utiliser le sac à toucher ▶ p. 74 : y insérer des carrés et des triangles et demander aux élèves de ne sortir que ces derniers.

▶ *Le sac à toucher contient des carrés et des triangles.*

Vigilance pour l'enseignant·e

Cette activité est aussi un travail de motricité fine : bien accompagner les élèves sur le geste graphique, la tenue des objets.

Éval.
p. 152

ACTIVITÉ GUIDÉE 5 Les faces du dé 1 à 3

Objectifs :

– utiliser le dé ;
– construire une collection correspondant à une face du dé.

Ce qu'il faut savoir

Les élèves ont déjà travaillé sur les constellations des faces du dé, outil mathématique présenté dans « Ce qu'il faut savoir » de l'activité guidée 1 de la période 2 ▸ p. 71.
Il s'agit ici de réinvestir ce travail en l'étendant aux faces 1 à 3.

Matériel :

– un dé de grande taille ne comprenant que des faces 1, 2, 3 ;
– un couvercle de boite/un plateau pour limiter la surface du lancer ;
– des pions ou personnages ;
– les cartes Nombre faces du dé (1 à 3).

p. 109

Organisation de classe : en petits groupes, installés à une table avec un matériel partagé entre les élèves et attribué par l'enseignant·e selon les besoins identifiés.

Déroulement

Cette activité reproduit l'activité guidée 1 de la période 2 ▸ p. 71, en utilisant cette fois un véritable dé et en allant jusqu'à 3.
1. L'enseignant·e présente les cartes Nombre (faces du dé) et verbalise avec les élèves ce que chaque carte représente. Les cartes sont ensuite étalées sur la table, face visible.
Puis l'enseignant·e lance le dé et demande aux élèves de retrouver la carte face du dé identique présente sur la table.
Procéder à plusieurs lancers pour familiariser les élèves à l'utilisation du dé et bien montrer la face qu'il faut regarder.
2. L'enseignant·e demande aux élèves de lancer le dé chacun leur tour et de réaliser une collection de pions (ou de personnages) correspondante. L'enseignant·e formule le critère de réussite :
« Tu réussis si tu prends autant de pions que le nombre indiqué par le dé. »
La validation se fait au fur et à mesure des lancers avec tous les élèves du groupe.

▸ *Exemple de mise en œuvre avec un « dé parlant ».*

Traces et retours

Faire une photo de collection associée à une face de dé, assujettie d'un commentaire en dictée à l'adulte.

Différenciation et évolution de l'activité

On pourra :
– utiliser un gros dé pour pouvoir poser les pions sur les points des constellations ;
– utiliser un dé à 6 faces du commerce et masquer certaines faces ;
– varier le matériel : mettre des pions ou des figurines, pour travailler sur le fait que ce qui importe c'est bien la quantité ;
– utiliser un dé sonore qui donne la quantité à l'oral en plus de la quantité indiquée sur la face.

Les élèves posent les pions sur les points des constellations.

Vigilance pour l'enseignant·e

- Utiliser et faire utiliser les mots et expressions *dé*, *face du dé*, *le nombre X*…
- Utiliser « *1 et encore 1* » pour faire 2 et « *deux et encore un* » qui font 3.
- S'assurer que les élèves repèrent bien la face à « lire ».

ACTIVITÉ GUIDÉE 6 Peser

Éval. p. 153

Objectifs :
– réaliser une estimation perceptive d'une masse ;
– comparer des masses ;
– utiliser le vocabulaire lié aux masses.

Ce qu'il faut savoir

À l'école maternelle, on considérera que « masse » et « poids » sont synonymes. On utilisera plutôt « poids » en lien avec l'action « peser ». Le travail portera essentiellement sur la découverte du lexique lié, indispensable pour communiquer ce qu'on constate, et sur la comparaison des grandeurs (la masse, en l'occurrence, même si par abus on dira qu'on compare le poids des objets).
En Petite Section, la comparaison se fera dans un premier temps sans mesurer, par estimation perceptive ou par comparaison directe. Les élèves découvriront ultérieurement – en période 5 où ils travailleront à nouveau sur les masses – que parfois, soupeser des objets ne suffit pas et qu'un instrument de comparaison s'avère nécessaire. Ils vont également être amenés à comprendre que taille et poids ne sont pas liés comme ils l'imaginent.

p. 17

Matériel :

– des objets « lourds » transportables par des élèves (≤ 1 kg/1,5 kg comme une bouteille d'eau pleine) ;
– des objets « légers » ;
– la carte Vocabulaire « lourd/léger ».
▸ *Choisir parmi le matériel de classe, le matériel de la salle de motricité…*

Organisation de classe : en petits groupes installés à une table avec un matériel partagé entre les élèves et attribué par l'enseignant·e selon les besoins identifiés.

Déroulement

1. L'enseignant·e présente le matériel et invite les élèves à manipuler :
« Regardez tous ces objets. Essayez de porter celui-ci. Comment est-il ? »
Les élèves sont ensuite invités à s'exprimer sur la situation pour faire émerger le vocabulaire : « lourd » et « léger ». L'enseignant·e explicite ce vocabulaire à plusieurs reprises :
« Quelque chose qui est lourd, c'est quelque chose qui est difficile à porter, à déplacer. »
L'enseignant·e encourage les élèves à faire une estimation :
« À ton avis, cet objet, il va être lourd ou léger ? »
L'enseignant·e ne donne pas la réponse mais demande à l'élève d'expliquer sa réponse.
2. L'enseignant·e demande ensuite aux élèves d'effectuer un tri entre les objets : d'un côté, les objets lourds, et de l'autre côté, les objets légers. Ce travail est réalisé collectivement. Les élèves peuvent soupeser : prendre chaque objet consécutivement dans une main ou les deux, ou bien prendre deux objets en même temps pour comparer.
Le tri est corrigé collectivement en reformulant systématiquement.

Traces et retours

Faire une photo de l'élève en train de soupeser un ou deux objets, accompagnée d'un commentaire en dictée à l'adulte.

Différenciation et évolution de l'activité

On pourra :
– varier le nombre et la qualité des objets : d'une dizaine à une trentaine, en incluant des objets dont la masse varie sur une échelle large (du trombone au dictionnaire, par exemple) ;
– réaliser une comparaison au sein d'un des groupes d'objets (parmi les objets lourds ou parmi les objets légers) : chercher les objets les plus lourds du groupe, trier.

Vigilance pour l'enseignant·e

Utiliser et faire utiliser les mots et expressions : *le poids, lourd, léger, plus lourd que, plus léger que…* en lien avec les actions *peser, soupeser, porter, déplacer…*

ACTIVITÉ SEMI-AUTONOME 1 Le mémory des nombres

Éval. p. 152

Objectifs :

– associer les représentations des nombres ;
– utiliser les cartes à jouer ;
– reconnaitre l'écriture chiffrée des premiers nombres.

Ce qu'il faut savoir

Les élèves ont déjà réalisé cette activité en période 3 ▸ activité guidée 1 p. 103. Il s'agit donc de réactiver le travail mené en introduisant les cartes à jouer classiques comme nouvel objet.

p. 105

p. 113

Matériel :

– les cartes Nombre 1 à 3 (doigts, faces du dé) ;
– les cartes Collection 1 à 3 ;
– les cartes 1, 2 et 3 d'un jeu de 54 cartes classique.

Organisation de classe : en petits groupes composés d'un nombre pair ou en individuel. Les élèves sont installés à une table, sur un banc ou dans un coin sur un tapis.

Déroulement

Au préalable, l'adulte (l'enseignant·e ou l'ATSEM) invite les élèves à se remémorer l'activité qu'ils ont déjà réalisée en période 3. L'enseignant·e :
– montre les douze cartes et les nomme. Chaque nombre y est représenté de quatre façons différentes ;
– mélange les cartes, explicite comment les poser face cachée puis montre aux élèves comment on joue :
« Vous allez retourner chacun votre tour deux cartes. Si les deux cartes représentent le même nombre, vous les gagnez.
Celui ou celle qui aura le plus de cartes à la fin de la partie aura gagné.
Si les cartes ne représentent pas le même nombre, il faut bien les remettre en place et les mémoriser. »
Les élèves jouent ensuite en autonomie par deux.

▸ *Matériel nécessaire pour l'activité.*

Différenciation et évolution de l'activité

On pourra :
– restreindre le nombre de cartes et jouer dans un premier temps avec deux représentations de chaque nombre de 1 à 3 ;
– remplacer l'une des représentations par les cartes Nombre 1 à 3 « écriture chiffrée ».

Vigilance pour l'enseignant·e

Inciter les élèves à verbaliser en cas de réussite : *« Les deux cartes représentent le même nombre, le trois. »*

Traces et retours

Faire une photo de la partie de mémory en cours.

ACTIVITÉ SEMI-AUTONOME 2 Ranger en lignes

Objectif : aligner des objets sur une ligne.

Ce qu'il faut savoir

Les élèves travaillent depuis le début de l'année sur la notion de trait, de ligne, que ce soit dans les activités mathématiques (en intérieur ou en extérieur) ou en graphisme. Cet atelier a vocation à renforcer cet apprentissage.

Matériel :

– des pions, des bouchons ou des jetons de couleurs ;
– du scotch de différentes couleurs.

▸ *Mise en place possible.*

Organisation de classe : en individuel, sur une table ou au sol, une fois que l'activité a déjà été menée en présence de l'enseignant·e et que les consignes sont bien comprises.

Déroulement

1. L'adulte (l'enseignant·e ou l'ATSEM) présente l'activité aux élèves. Il/elle :
– montre le matériel et le nomme ;
– met une bande de scotch ou trace un trait de couleur devant chaque élève ;
– explicite verbalement ce qu'il faut faire :
« Tu dois poser tes pions de la même couleur tout le long de la ligne devant de toi. »
À ce stade, laisser les élèves libres de faire l'alignement.

2. L'adulte montre comment commencer en verbalisant ses actions :
« Tu commences de ce côté et tu continues », dans le sens de la lecture et l'écriture, pour s'organiser et bien « coller » les pions.
On peut mettre une gommette de couleur pour initier le début.
Chaque élève fait l'activité à son rythme.
L'enseignant·e ou l'ATSEM passe auprès de chaque élève pour ajuster, commenter et vérifier les réalisations.

Traces et retours

Faire une photo de l'alignement obtenu.

Différenciation et évolution de l'activité

On pourra :
– commencer par aider l'élève à comprendre ce qu'est la ligne, en lui proposant de repasser son doigt dessus, de faire rouler une voiture dessus, etc. ;
– varier les objets à aligner, leur nombre, les couleurs ;
– demander aux élèves, une fois les pions alignés, de les mettre devant/derrière la ligne ;
– poser sur un même plateau tous les objets de même taille en travaillant en collectif ;
– alterner deux couleurs (premiers algorithmes).

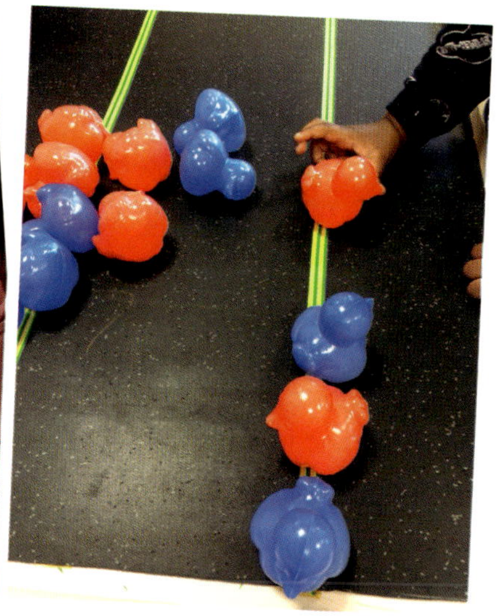

▶ *Alignements avec algorithmes.*

Vigilance pour l'enseignant·e

- Vérifier que l'élève procède en étant bien dans le sens de la lecture.
- Vérifier que l'élève s'organise pour ne pas faire tomber les éléments déjà en place.

ACTIVITÉ SEMI-AUTONOME 3 Les puzzles

Éval. p. 153

Objectif : reproduire un assemblage de formes simples en vue de reconstituer un puzzle.

Ce qu'il faut savoir

L'activité, commencée en période 2 et 3 ▶ p. 80 et 114, se poursuit naturellement sur cette période. On peut continuer à prêter des puzzles pour la maison avec un accompagnement des familles.
On peut aussi proposer des puzzles grand format pour les réaliser à plusieurs : penser à ne pas toujours faire ranger les puzzles mais au contraire les poser sur des cartons (grands calendriers) pour disposer de temps et de différentes plages horaires pour les terminer.
Il est important d'accompagner les élèves et de leur montrer leur progression.

Matériel :
- puzzles variés ;
- puzzles de plus grande taille à faire à plusieurs.

Organisation de classe : en petits groupes, installés à une table, sur un banc, dans un coin avec un tapis…

Déroulement

L'adulte (enseignant·e ou ATSEM) a deux possibilités :
- proposer l'activité comme en période 3 ▶ p. 114 ;
- proposer à des groupes de 2 ou 3 élèves de faire un puzzle ensemble :

« Vous allez essayer de faire le puzzle ensemble en vous rappelant les stratégies que l'on a déjà vues. »

L'enseignant·e peut accompagner et montrer comment commencer en verbalisant ses actions :
« Vous pouvez commencer par regarder le modèle puis rechercher les pièces avec des bords droits, ou les coins. »
Chaque groupe réalise le puzzle qui lui a été confié. L'enseignant·e valide la réalisation et le note sur la fiche de suivi.

Traces et retours

Faire une photo des puzzles réussis en y associant les étiquettes prénoms ou les photos des élèves.

Différenciation et évolution de l'activité

Comme en période 2, on pourra :
– varier les puzzles, les modèles. Les variables didactiques sont la taille de chaque pièce, le nombre de pièces, leur forme pour les assembler, l'illustration à recomposer, etc. ;
– utiliser des puzzles grand format pour les faire à plusieurs.
On pourra aussi :
– imposer un temps limité pour réaliser les puzzles ;
– permettre aux élèves de regarder le modèle un temps donné puis le cacher (à faire d'abord sur des puzzles bien connus des élèves).

Vigilance pour l'enseignant·e

Vocabulaire : *puzzle, pièces, coins…*
Explicitation/formulation : l'enseignant·e étaye et explique pour que l'élève soit en capacité :
– de différencier les pièces : différence de motif, distinction d'un coin par rapport à une pièce centrale, etc. ;
– d'orienter la pièce ;
– d'assembler deux pièces sans forcer.

Éval. p. 153

ACTIVITÉ SEMI-AUTONOME 4 Un jeu de logique

Objectifs :
– organiser et agencer le matériel du jeu selon la contrainte imposée ;
– situer des objets entre eux, ou par rapport à des objets repères ;
– travailler la logique et le raisonnement.

Ce qu'il faut savoir

L'intérêt des jeux de logique est explicité en page 15. L'enseignant·e pourra choisir le jeu proposé en fonction des compétences de chaque élève. Certains jeux sont intéressants car ils associent la mise en œuvre d'une certaine maitrise sensori-motrice et de capacités de repérage dans l'espace nécessaires pour raisonner logiquement.
Cette activité semi-autonome se prête particulièrement à offrir une différenciation fine, certains élèves pouvant être en attente de défis cognitifs plus avancés que d'autres.

Matériel : un jeu de logique de la classe ou de l'école ▸ p. 15.

Organisation de classe : en individuel à une table, sur un banc, dans un coin avec un tapis…, une fois que l'activité a déjà été menée en présence de l'enseignant·e et que les consignes sont bien comprises.

Déroulement

1. L'adulte (l'enseignant·e ou l'ATSEM) présente l'activité aux élèves sur un temps d'accueil du matin ou lors d'un regroupement :
– montrer le matériel et le nommer ;
– expliciter verbalement ce qu'il faut faire, en précisant le critère de réussite. Par exemple, pour le jeu *Organicubes* (Nathan) : *« Tu dois refaire la même construction que sur le modèle »* ;
– montrer comment commencer en verbalisant ses actions.
Par exemple : *« Tu poses une première pièce, puis tu ajoutes au fur et à mesure les autres... »*

2. Chaque élève essaie de faire la réalisation demandée dans le jeu (par exemple, faire sa construction), à son rythme, et montre sa réalisation à l'adulte quand elle est terminée.

Traces et retours

Faire une photo d'une réalisation de l'élève.

Différenciation et évolution de l'activité

La différenciation est à construire selon le jeu choisi. Certains proposent des fiches progressives qui permettent à l'élève d'avancer à son rythme. Pour d'autres jeux, il faudra les construire ou l'enseignant·e devra trouver des moyens d'accompagner l'élève dans son autonomie.

Vigilance pour l'enseignant·e

Explicitation/formulation : l'enseignant·e doit avoir une connaissance fine des mécanismes en jeu pour pouvoir étayer en proposant une aide, une étape intermédiaire. Parfois, l'enjeu est une logique sur un enchainement d'actions, parfois il s'agit de comprendre une logique temporelle, de faire une hypothèse parmi deux choix, etc.

ACTIVITÉ SEMI-AUTONOME 5 Les triangles

Éval. p. 152

Ce qu'il faut savoir

Cette activité doit être proposée aux élèves qui ont déjà réalisé l'activité guidée sur les triangles ► p. 138. Il s'agit de la reprendre en semi-autonomie en explorant toutes les possibilités proposées. En la menant de nombreuses fois, l'enseignant·e pourra montrer aux élèves l'évolution de leur tracé.
On pourra personnaliser les productions des élèves pour en faire des marionnettes que les élèves utiliseront pour mimer la comptine « Les beaux triangles » ► p. 133.

► *Une marionnette triangle.*

Boites d'activités autonomes

Les boites proposées ont vocation à être utilisées en totale autonomie.
Le fonctionnement est précisé en introduction ▸ p. 14.

BOITE « COMPTER 2 »

p. 41
p. 132

Objectif : reconnaitre et utiliser le nombre 2.

Matériel :

- des gommettes ;
- une photocopie du **minimonstre à compter** ;

ou

- la boite de magnets MHM « Découvrir les nombres » ▸ p. 18.

Consigne

Reconstituer le minimonstre du 2.

BOITE « CLASSER 3 »

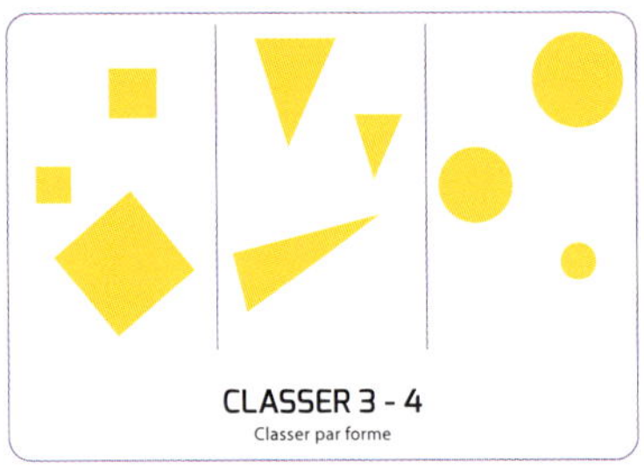

Objectif : classer des formes.

Matériel :

- des ronds, des carrés ;
- une feuille A3 séparée en trois par deux traits, ou 3 ardoises ;

ou

- la boite de magnets MHM « Explorer les formes » et ses ardoises aimantées ▸ p. 18.

Consigne

Classer les formes en ronds, carrés et triangles (en collant les formes ou en les déplaçant sur les supports aimantés, selon les supports choisis).
Photocopier les productions si les élèves ont utilisé les magnets.

BOITE « ASSOCIER DES COLLECTIONS 2 »

p. 109

Objectif : associer des collections.

Matériel :

- les **cartes Nombre** 1 à 3 « faces du dé » ;
- des objets, pions ou figurines.

Consigne

Associer des collections d'objets aux faces du dé.

BOITE « PARTAGER 2 »

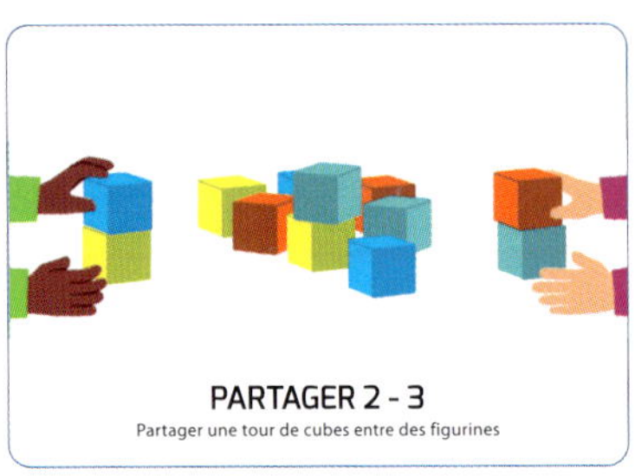

Objectif : partager une collection.

Matériel :

- des briques ou cubes empilables en tours de couleurs ;
- des figurines.

▸ *Mettre deux fois plus de cubes que de figurines.*

Consigne

Partager la tour de cubes entre toutes les figurines pour que deux cubes soient associés à chaque figurine.

BOITE « SAC À TOUCHER »

Objectif : associer le nom et sa forme.

Matériel :
- le sac à toucher ;
- les **cartes Vocabulaire** des formes (rond, carré, triangle) ;
- des formes : ronds, carrés, triangles.

p. 19

Consigne

Toucher une forme, dire son nom avant de la sortir, puis la poser à côté de la carte Vocabulaire correspondante.

BOITE « ALGORITHMES 1 »

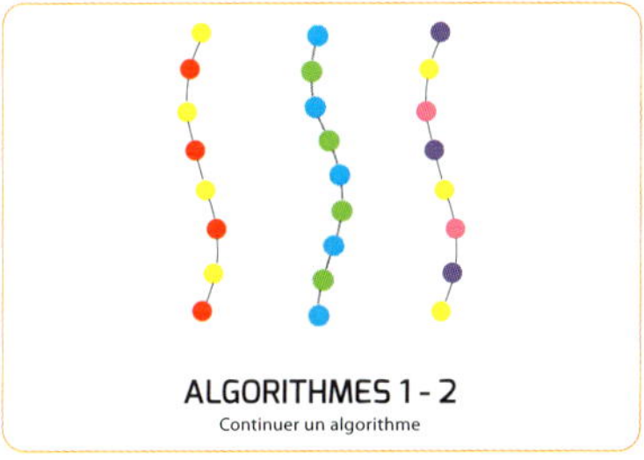

Objectif : partager une collection.

Matériel :
- **modèles d'algorithmes chenille** ;
- pions de 2 couleurs différentes.

p. 134

Consigne

Continuer un algorithme simple à deux couleurs.

Il est également possible de consacrer ce temps à l'utilisation de *Mon Premier Cahier de maths PS/MS* si les élèves sont suffisamment autonomes, par exemple sur la reconstitution du minimonstre du 2.

Maths et arts

FRISES GÉOMÉTRIQUES

Objectif : réaliser des frises géométriques sur des objets en relief dans le cadre d'un projet (aménager le jardin de l'école, réaliser un cadeau…).

Œuvres de référence :

Amphore minoenne, vers 1450-1400 avant notre ère, palais de Knossos, Crète.

Coffret issu d'une tombe de femme, 900 avant notre ère, musée de l'Ancienne Agora, Athènes.

L'objectif est de reproduire des motifs ou des frises géométriques sur un objet en volume. Ce travail sera prolongé par l'activité « Maths et arts » de la période 5 ▸ p. 185. Il s'agit d'agencer les formes géométriques découvertes pour réaliser une production artistique en relief.

Matériel :

L'activité est prévue sur des pots de terre cuite de tailles variées.
On pourra remplacer ces supports par :
– des lattes de bois (bordures de jardin de l'école) ;
– des dalles pour coller les formes (pas japonais).

Déroulement

1. L'enseignant·e présente les œuvres aux élèves qui s'expriment très librement. Il s'agit juste de leur faire observer et verbaliser la présence de tracés géométriques, leur régularité, les similitudes par rapport aux travaux éventuellement menés en graphisme en classe.
2. L'activité est ensuite présentée aux élèves : il s'agit de réaliser sa propre frise géométrique sur le support proposé par l'enseignant·e.
Plusieurs techniques sont possibles :
– coller des carrés (type mosaïque) ;
– réaliser des tracés à la peinture acrylique (avec pinceau, rouleau d'empreintes, etc.) ;
– coller des bandes d'argile préparées en amont pour produire un travail en relief.

Exemple de production d'élève.

L'enseignant·e débute l'activité en explicitant bien comment procéder, quel matériel utiliser, etc. Dans un premier temps, l'élève peut commencer à construire sa réalisation par-dessus une photo de l'œuvre choisie.

La recette de la période

Activités mathématiques mobilisées :

- faire des moitiés et les reconstituer ;
- réaliser une correspondance : 3 cuillères par morceau.

La compote

INGRÉDIENTS

- des pommes
- des poires
- du sucre

USTENSILES

- des couteaux
- une marmite ou une casserole
- une cuillère en bois
- un presse-purée
- des petits pots
- des étiquettes

Déroulement

1. Montrer les fruits en les nommant puis les couper en deux (l'enseignant·e procède seul·e au découpage ou aide les élèves à le faire).
2. Dans un bol, faire verser par les élèves 3 cuillères à café de sucre par moitié de pomme coupée.
3. Demander à un·e ou deux élèves de reconstituer les fruits avec les deux moitiés.
4. Donner un quartier à chaque élève et leur demander de le couper en petits morceaux.
5. Mettre tous les morceaux dans une casserole. Ajouter le sucre.
6. Faire cuire à feu doux en remuant de temps en temps à l'aide de la cuillère en bois.
7. Lorsque les morceaux de fruits sont fondants, retirer du feu, écraser avec le presse-purée puis mettre à refroidir dans un saladier.
8. Chaque élève remplit son petit pot de compote et y colle son étiquette.

Période 4

Évaluations

Fiches de suivi

p. 148

Cette quatrième période va permettre de faire un point d'étape par rapport aux évaluations des périodes précédentes : les élèves ont-ils progressé ? Rentrent-ils dans les apprentissages mathématiques ? Transfèrent-ils ce qu'ils comprennent aux différentes situations ?
Nous conseillons particulièrement d'observer les compétences suivantes, avec un accent particulier sur le nombre dans ses différentes représentations et usages.

1 Le vocabulaire mathématique

Que faut-il observer ?

- L'élève comprend-il le vocabulaire mathématique ?
- L'utilise-t-il à la demande ?
- L'utilise-t-il à bon escient et spontanément ?

Vocabulaire : ajouter *triangle, plus que/moins que* et le vocabulaire topologique au vocabulaire vu pendant les périodes précédentes.

Au cours de quelles activités ?

- **Activité guidée 1** Le vocabulaire topologique p. 134
- **Activité guidée 4** Les triangles p. 138

2 Utiliser le nombre

Que faut-il observer ?

- L'élève peut-il constituer une collection de un, deux ou trois objets ?
- Reconnait-il une collection de un, deux ou trois objets et la nomme-t-il ?
- Peut-il compléter une collection existante ?
- Associe-t-il les représentations d'un même nombre ?
- Reconnait-il l'écriture chiffrée ?

Au cours de quelle activité ?

- **Activité ritualisée 3** Le rituel du dénombrement p. 130
- **Activité ritualisée 4** Les cartes flash p. 131
- **Activité guidée 2** Les collections à compléter p. 136
- **Activité guidée 3** Les villages des nombres p. 137
- **Activité guidée 5** Les faces du dé 1 à 3 p. 140
- **Activité semi-autonome 1** Le mémory des nombres p. 143

3 Les formes géométriques

Que faut-il observer ?

- L'élève reconnait-il les formes suivantes : le rond, le carré, le triangle ?
- Parvient-il à les nommer ? les classer ? les représenter ?

Au cours de quelles activités ?

- **Activité ritualisée 5** Le rituel du devine forme p. 132
- **Activité guidée 4** Les triangles p. 138
- **Activité semi-autonome 5** Les triangles p. 147

4 Les mesures de masse

Que faut-il observer ?

- L'élève comprend-il la notion de mesure de masse ?
- Comprend-il et utilise-t-il le vocabulaire *lourd, léger* ?
- L'élève identifie-t-il un objet plus lourd qu'un autre ?
- Compare-t-il deux objets selon leur mesure de masse ?

Au cours de quelles activités ?

▸ **Activité guidée 6** Peser p. 141

5 Le repérage dans l'espace et le temps, la logique

Que faut-il observer ?

- L'élève réalise-t-il des puzzles simples (4-6 pièces) ?
- Se repère-t-il dans les activités de la classe ? Par exemple, suit-il l'ordre indiqué, perçoit-il l'espace lié à une activité (taille d'un puzzle une fois fini, taille du bonhomme à dessiner sur une feuille…) ?
- Comprend-il la logique d'un jeu, d'une situation ?

Au cours de quelles activités ?

▸ **Activité guidée 6** Peser p. 141
▸ **Activité semi-autonome 3** Les puzzles p. 145
▸ **Activité semi-autonome 4** Un jeu de logique p. 146

BIBLIOGRAPHIE

Albums liés aux apprentissages mathématiques de la période

Deux pour moi. Un pour toi,
Jörg Mühlr,
Pastel, 2019.
L'ours a ramené trois champignons pour partager un bon repas avec la belette mais au moment de se les partager, le ton monte…

Triangle comme…,
Agnese Baruzzi,
White Star Kids, 2018.
Un album coloré qui met à l'honneur le triangle, qu'on retrouve au fil du livre dans divers objets de la vie quotidienne.

Carré à la mer,
Silvia Borando,
Little Urban, 2017.
Ce livre sans texte raconte l'histoire d'un petit carré bleu qui vit une folle journée à la mer.

Je compte jusqu'à trois,
Émile Jadoul,
Pastel, 2005 (1re éd.).
Papa Bouc fait plusieurs choses à la fois et est toujours pressé tandis que Petit Bouc prend son temps. Papa menace de compter jusqu'à 3…

Les P'tits Triangles,
Yusuke Yonesu,
Minedition, 2015.
Un album coloré dans lequel on retrouve le triangle dans de multiples formes et objets (les animaux, une maison, un bateau…).

Période 5

MAI
JUIN

Objectifs majeurs de la période

Résoudre des situations problèmes	Découvrir les nombres et leurs utilisations	Explorer des formes, des grandeurs, des suites organisées	Se repérer dans le temps et l'espace
• Résoudre des situations problèmes variées • Résoudre un problème numérique simple • Résoudre des problèmes géométriques	• Réaliser des collections de 3, 4 ou 5 objets • Dénombrer, compléter des collections • Réciter la comptine numérique • Utiliser le minimonstre à compter • Utiliser le nombre pour exprimer une position • Reconnaitre les écritures chiffrées	• Reconnaitre, nommer, agencer les formes géométriques • Reproduire un modèle • Réciter la comptine géométrique • Manipuler et utiliser le vocabulaire *peser, lourd, léger*	• Réaliser des puzzles • Réaliser des jeux de logique

La durée de cette cinquième et dernière période de l'année est très variable selon la zone de vacances. Il vous est donc proposé un nombre d'activités supérieur à celui des autres périodes, avec des critères d'évolution variés, afin que vous puissiez adapter la programmation au temps dont vous disposez.
Cette dernière période doit permettre à tous les élèves d'atteindre les bases mathématiques nécessaires pour envisager la Moyenne Section sereinement.

Mini sommaire

LE COIN DE LA PÉRIODE

LE COIN « CRÉATIF »

▶ *Exemple de matériel pour le coin créatif.*

Le dernier coin de l'année est consacré au graphisme et aux créations artistiques personnelles des élèves. L'objectif est d'utiliser des concepts mathématiques (lignes, formes géométriques, proportions…) dans un objectif de création artistique.
Ce coin peut contenir : des photos d'œuvres diverses servant de lanceurs créatifs, des formes géométriques (matériel de classe ou papier prédécoupé), de la colle, du scotch, des gommettes, des emporte-pièces, des papiers divers et colorés…
On pourra travailler :
– **les formes et les couleurs** (verbalisation du matériel, description des productions) ;
– **le vocabulaire topologique :** *dessus, par-dessus, derrière, à côté…* ;
– **les quantités :** *« J'ai collé un peu de triangles, beaucoup de carrés… »*
Les élèves pourront s'inspirer des créations de l'année ou exploiter les œuvres proposées, « à la manière de » ou de façon très libre.

Variables didactiques :

- **Les outils pour créer :** crayons, pastels, peinture, scotch…
- **Les œuvres « lanceurs » :** reproductions d'artistes proposant des œuvres géométriques (Piet Mondrian, Victor Vasarely, Vassily Kandinsky, Anny Robin Deshayes, Paul Klee, Alexander Rodtchenko, Maurice Miot…), mais aussi photos de mosaïques, de rosaces, de dessins celtiques…
- **Les supports :** cartons, feuilles de différentes tailles, galets, rondelles de bois, boites de fromage, yeux mobiles, feuilles de découpes évidées…
- **Les consignes :** utiliser les formes prédécoupées pour créer des personnages, découper/coller/superposer en s'inspirant d'un tableau, tracer des courbes en noir et colorier les zones définies ou les remplir avec des formes géométriques, etc.

MATHS DEHORS !

Cette période permet d'exploiter les extérieurs de l'école avec l'arrivée des beaux jours. L'objectif sera de travailler :
– **la numération :** faire de la correspondance terme à terme, dénombrer jusqu'à 3 ou 4 en exploitant le matériel de l'école ou des éléments naturels (collectés en amont) ;
– **l'espace et la géométrie :** refaire des activités proposées en période 4 ▸ p. 123 ;
– **les masses, les volumes :** on pourra installer les bacs à eau ou des bassines pour mettre en place des jeux d'eau et de sable avec des transvasements, utiliser les contenants plus grands comme les arrosoirs ou les brouettes, utiliser les balançoires…

MATHS ET SCIENCES

En cette dernière période, un travail de sciences peut être proposé à l'extérieur de l'école dans les espaces verts disponibles ou dans un jardin. À défaut, une sortie dans un parc ou une forêt offrira matière à travailler autour des plantes. Par exemple :

– **observer des plantes**, construire des herbiers collectifs ou individuels ;
– **observer et comparer** les tailles des plantes, des arbres, différentes fleurs ou fruits ;
– **semer/planter** et observer la croissance de plantes ;
– **planter en ligne**, en carré ou en suivant un dessin géométrique ;
– **fabriquer un « jardin portatif »**.

▸ *Un « jardin portatif ».*

Prolongements

↳ **Dans le domaine « Explorer le monde du vivant, des objets et de la matière » :**
– mettre à proximité du bac une bassine, une petite baignoire pour faire la toilette des poupons de la classe ;
– comparer des textures : la peau d'un enfant, la peau du poupon, etc.

↳ **Dans le domaine « Se repérer dans le temps et l'espace » :** ranger les photos de la croissance des plantes dans l'ordre chronologique.

▸ *Comparaison de textures de terre.*

Exemples

- **Faire des courses d'orientation** simples à la recherche d'éléments cachés (formes géométriques, étiquettes numérotées…).
- **Énumérer :** reprendre le jeu de la chenille de la période 3 avec le nombre 4 ▸ p. 95.
- **Suivre des parcours** avec du matériel roulant.
- **Transporter** des quantités diverses, en utilisant des contenants roulants lorsque c'est pertinent.
- **Ranger** le matériel en paquets de 4 objets.
- **Faire des carrés** en se regroupant par 4 ou en utilisant du matériel.
- **Tracer des formes** géométriques avec les craies/un cordeau.
- **Réaliser des tris** avec les couleurs, les formes.

▸ *Utilisation de contenants roulants.*

Période 5

Programmation

Cette programmation est une proposition d'organisation sur **8 semaines**. Elle contient des paires de semaines identiques pour simplifier la gestion et pouvoir enchainer la même activité suffisamment de temps pour que celle-ci soit proposée plusieurs fois à chaque élève (en exploitant la différenciation proposée).

Nous rappelons que les **boites d'activités autonomes** ▸ p. 183 et le coin créatif ▸ p. 156 ont vocation à être utilisés en fin d'activités ou aux moments de votre choix.

	SEMAINES 1 ET 2	SEMAINES 3 ET 4	SEMAINES 5 ET 6	SEMAINES 7 ET 8
JOUR 1	• Rituel de l'appel • Rituel des cartes flash • Activité guidée 1 • Activité semi-autonome 1	• Rituel de l'appel • Rituel des cartes flash • Activité guidée 1 • Activité semi-autonome 1	• Rituel de l'appel • Rituel des cartes flash • Activité guidée 1 • Activité semi-autonome 1	• Rituel de l'appel • Rituel des cartes flash • Activité guidée 1 • Activité semi-autonome 1
JOUR 2	• Rituel de l'appel • Rituel des personnages • Activité guidée 2 • Activité semi-autonome 2	• Rituel de l'appel • Rituel des personnages • Activité guidée 2 • Activité semi-autonome 2	• Rituel de l'appel • Rituel des personnages • Activité guidée 7 • Activité semi-autonome 5	• Rituel de l'appel • Rituel des personnages • Activité guidée 7 • Activité semi-autonome 5
JOUR 3	• Rituel de l'appel • Rituel de la comptine • Activité guidée 3 • Activité semi-autonome 3	• Rituel de l'appel • Rituel de la comptine • Activité guidée 3 • Activité semi-autonome 3	• Rituel de l'appel • Rituel de la comptine • Activité guidée 5 • Activité semi-autonome 4	• Rituel de l'appel • Rituel de la comptine • Activité guidée 5 • Activité semi-autonome 4
JOUR 4	• Rituel de l'appel • Rituel du dénombrement • Activité guidée 6 • Activité semi-autonome 6	• Rituel de l'appel • Rituel des formes cachées • Activité guidée 6 • Activité semi-autonome 6	• Rituel de l'appel • Rituel du dénombrement • Activité guidée 4 • Activité semi-autonome 7	• Rituel de l'appel • Rituel des formes cachées • Activité guidée 4 • Activité semi-autonome 7

MATÉRIEL

Ressources

- Cartes Nombre (représentation chiffrée, doigts, faces du dé) ▸ bloc p. 105 à 112
- Cartes flash (représentation chiffrée, doigts, faces du dé) ▸ bloc p. 81 à 104
- Cartes Collection ▸ bloc p. 113 à 116
- Cartes Consigne ▸ bloc p. 3 à 8
- Cartes Vocabulaire ▸ bloc p. 9 à 24
- Comptines « Minimonstre deviendra grand », « Ils sont tous fous », « Le petit train » ▸ bloc p. 129 à 131
- Cartes Énigme ▸ bloc p. 119-120
- Le tangram Totem (pièces et fiches modèles) ▸ bloc p. 135 à 137
- Le minimonstre à compter ▸ bloc p. 41 à 50
- Les recettes de la période : « La dégustation géométrique » et « La pâte à modeler » ▸ p. 186-187
- Photos de situations propres aux activités (activité ritualisée 1 « Le dénombrement », activité guidée 1 « Les photos des villages des nombres », activité semi-autonome 2 « Le décor »)

Matériel de classe

- Figurines, personnages
- Pions, bouchons, jetons
- Formes géométriques
- Plateaux
- Paniers, barquettes
- Supports permettant l'énumération (gros Lego® retournés, boites d'œufs…)
- Pots, boites avec couvercles qui se vissent/dévissent
- Bac avec matériel de loisirs créatifs (feuilles, colle, ciseaux, feutres, rubans, yeux mobiles, bâtonnets de glace…)
- Gommettes
- Papier épais ou carton léger
- Cubes empilables
- Coin marchande organisé (présentoir, étals…) avec matériel varié (fruits, légumes, boites d'œufs, boites diverses…)
- Cintres, ficelle, pinces à linge
- Objets à peser de masses et volumes divers
- Dictaphone, pinces enregistreuses

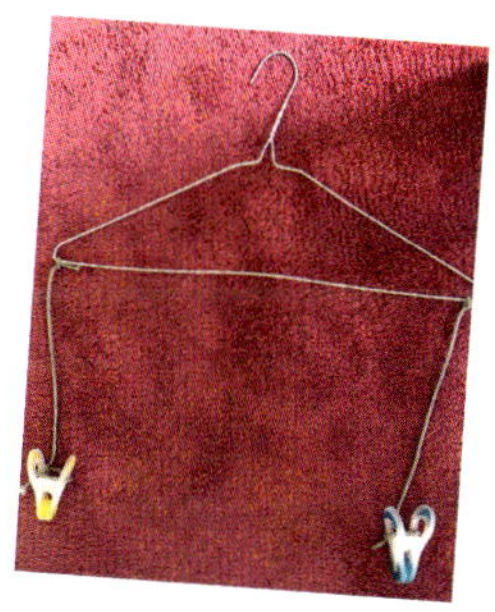

Jeux

- Jeux de logique
- Jeux de 54 cartes traditionnelles
- Puzzles variés

Matériel MHM optionnel

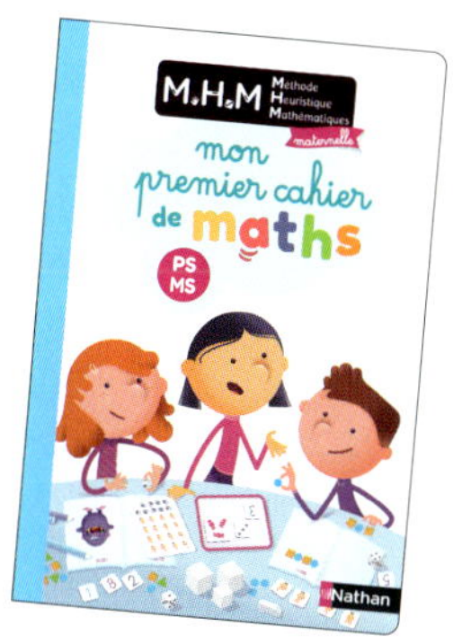

- Ma boite de magnets MHM « Découvrir les nombres » ▸ p. 18
- Ma boite de magnets MHM « Explorer les formes » ▸ p. 18
- La boite à décomposer MHM Cycle 1 ▸ p. 17
- *Mon Premier Cahier de maths PS/MS* ▸ p. 19

Période 5

Activités ritualisées

ACTIVITÉ RITUALISÉE 1 Le rituel de l'appel

Objectifs :

– utiliser les nombres pour exprimer une position ;
– utiliser le vocabulaire spatial lié à l'expression d'un ordre, d'une position.

Ce qu'il faut savoir

Cette activité est une évolution du « train des copains », l'activité ritualisée 1 de la période 4 ▸ p. 128. L'objectif est de travailler le nombre comme expression d'une position. L'activité va s'accompagner d'un travail langagier autour des mots *le début, la fin, après, avant, le suivant...*

Matériel :

– une figurine par élève ;
– un support identifié pour déposer les figurines (gros Lego® retournés, alvéoles de boites d'œufs…) et permettant d'identifier un sens, par exemple à l'aide d'une locomotive au début du train ;
– les cartes Nombre (doigts, faces du dé et écriture chiffrée).

p. 105

Déroulement

Le jour de la première occurrence, en regroupement (classe entière ou par groupes d'élèves), l'enseignant·e présente le support et son orientation : *« Voici le train de la classe. Le début est ici…La fin est là. »*

1. Chaque jour, à l'arrivée en classe, les élèves placent leur figurine dans leur ordre d'arrivée sur le support choisi par l'enseignant·e. L'enseignant·e exploite le support pour vérifier que chacun positionne les personnages au bon endroit, puis interroge les élèves :
« Où est le premier ? Montrez-moi le personnage qui est après le premier. Où est le dernier ? »

▸ *À chaque wagon est associée une carte Nombre.*

2. L'enseignant·e demande ensuite de compter le nombre de voyageurs par wagon :
« Combien y a-t-il de personnages dans le wagon bleu ? Puis dans le wagon suivant ? »
On peut aussi demander aux élèves de venir poser les cartes Nombre en dessous de l'écriture chiffrée de la bande numérique.

3. Dénombrer ensuite les figurines restantes et afficher le nombre d'absents avec une carte Nombre. Si ce nombre est modéré, il peut être illustré par le minimonstre à compter : l'enseignant·e demande à quelques élèves de venir le compléter tour à tour pour atteindre la valeur voulue.
Le minimonstre peut illustrer le nombre total d'absent·es ou uniquement celui d'un sexe donné, comme en périodes 3 et 4.

Différenciation
• Utiliser toutes les représentations des nombres sur les cartes Nombre (les deux façons de représenter le 2 avec les doigts, par exemple).
• Illustrer le nombre d'absent·e·s avec des pions ou des objets si la représentation chiffrée est inaccessible pour certains élèves.
• Un·e élève (celui ou celle de service, par exemple) peut montrer le premier, le deuxième, le troisième, le dernier.

ACTIVITÉ RITUALISÉE 2 Le rituel des personnages

Objectifs :
– utiliser des formes carrées ;
– réaliser une collection de 4 objets.

Ce qu'il faut savoir

Comme en périodes 2 et 4 ▸ p. 99 et 129, ce rituel peut être réalisé en même temps que le rituel d'appel. Il s'agit de travailler sur le nombre quatre en constituant des collections de 4 personnages, chacun étant positionné sur un sommet d'un carré.
On pourra montrer aux élèves la similitude entre le carré, les quatre coins et la représentation du dé du nombre 4.

Matériel :
– autant de personnages (figurines) que d'élèves dans la classe, placés dans un panier ou une barquette ;
– des supports carrés (papier ou carton découpé, plastifié si besoin) ;
– un support identifié pour accueillir les carrés et les personnages, visible de tous et situé près de la zone de regroupement.

Déroulement

1. Les élèves prennent un personnage dans le panier et viennent le poser sur le support dédié, sur lequel sont posés des carrés. L'élève a plusieurs possibilités :
– soit commencer à occuper un carré (si tous les autres carrés sont vides ou complets) ;
– soit compléter un carré (s'il existe un carré incomplet).
Cette première étape peut se faire pendant le temps d'accueil en autonomie.

2. Dans un second temps, lors d'un regroupement, on observe les personnages bien regroupés par 4 et les personnages qui sont restés seuls.
L'enseignant·e verbalise avec les élèves ce que l'on peut observer :
« Voici un carré avec plusieurs personnages. Il y en a un, encore un, ce qui fait deux. Et encore un, ce qui fait trois et encore un ce qui fait quatre au total. »
Après plusieurs démonstrations, ce sera au tour des élèves de verbaliser.
3. Dans un troisième temps, l'enseignant·e peut mettre l'accent sur le fait que les personnages sont situés aux quatre coins du carré.

Différenciation
• Mettre une gommette sur chacun des quatre coins des carrés pour aider à utiliser le support.
• Demander aux élèves de verbaliser leurs actions : *« Je pose un personnage. Il y en a déjà un, ça fait deux. »*
• Imposer de finir un carré commencé avant de passer à un autre.
• Demander à tous les élèves de se mettre par quatre (dehors ou en salle de motricité), puis regarder s'ils sont tous par quatre et si certains sont par deux, trois ou tout seuls.

ACTIVITÉ RITUALISÉE 3 Le rituel du dénombrement

Objectif : identifier le nombre d'éléments d'une collection à partir d'images.

Ce qu'il faut savoir

Ce rituel est l'évolution de celui qui a été proposé en période 4, dans lequel les élèves dénombraient des collections comportant jusqu'à trois éléments à partir de matériel déplaçable ▸ p. 130. Il s'agit ici d'enlever la possibilité de déplacer les objets, ce qui change la stratégie des élèves et complique l'énumération. Le cardinal des collections sera adapté aux élèves (on pourra aller jusqu'à 5).

Matériel :

p. 105

- photos en situation (des exemples sont disponibles sur le site de la méthode) ;
- les cartes Nombre (doigts et écriture chiffrée).

Déroulement

Commencer par un temps d'explicitation du vocabulaire pour s'assurer que les élèves connaissent bien les fruits et légumes qui sont sur la photo choisie.

1. L'enseignant·e explique le but de l'activité en montrant bien les éléments de la photo support : *« J'ai préparé les aliments dont j'ai besoin pour cuisiner. Mais il faut vérifier que je ne me suis pas trompé. Il me faut 3 tomates pour ma recette. Est-ce qu'il y a bien 3 tomates ? »*

L'enseignant·e illustre le nombre annoncé en montrant la carte Nombre correspondante, en choisissant la représentation qui lui semble adaptée (doigts ou écriture chiffrée). Plusieurs élèves viennent dénombrer sur la photo pour vérifier s'il y a bien le nombre de fruits et de légumes voulu. L'enseignant·e valide ensuite.

2. L'enseignant·e propose d'autres questionnements similaires en validant systématiquement.

Différenciation

On pourra :
- demander aux élèves quel fruit ou légume ils voient en un seul exemplaire, quel fruit ou légume est présent *« beaucoup de fois »* ou *« peu de fois »* ;
- utiliser différentes photos pour dénombrer jusqu'à 5 avec les élèves en capacité de le faire ;
- varier le questionnement en travaillant par exemple sur la compréhension du principe d'abstraction : si on demande les poivrons, ce sont les jaunes et aussi les rouges.

ACTIVITÉ RITUALISÉE 4 Le rituel des cartes flash

Objectif : identifier et reconnaitre rapidement les différentes représentations des 5 premiers nombres.

Ce qu'il faut savoir

Il s'agit ici de refaire le rituel de la période 4 ▸ p. 131 en ajoutant cette fois les cartes 4, voire 5. Comme en période 4, ce rituel permet de travailler sur la reconnaissance de l'écriture chiffrée associée à la désignation verbale du nombre : le nom du nombre. L'enseignant·e aide les élèves à mémoriser la forme des chiffres, en passant son doigt sur le chiffre dans son sens d'écriture et en verbalisant ce qu'il/elle fait.

Matériel :

– les cartes flash 1 à 5 (représentation chiffrée) ;
– des copies des cartes flash (autant de cartes que d'élèves) ;
– des jetons.

p. 81

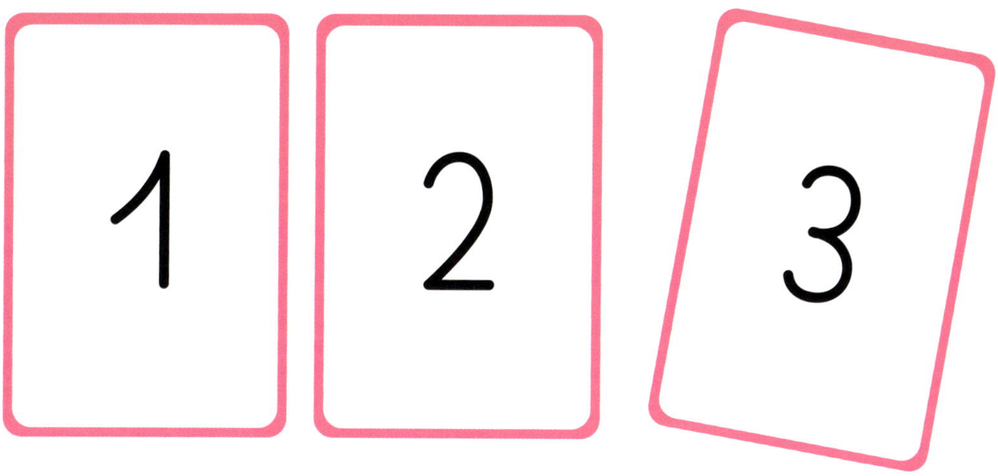

Déroulement

Au préalable, au début du temps de regroupement, l'enseignant·e montre les cartes, les nomme puis les distribue. Chaque élève reçoit une carte flash. L'activité peut être réalisée en trois temps :

1. L'enseignant·e présente l'activité aux élèves :
« Je vais dire un nombre. Montrez-moi votre carte si et seulement si elle représente le nombre demandé. »
L'enseignant·e vérifie la proposition de chaque élève et verbalise en passant son doigt sur le chiffre dans son sens d'écriture.
2. Un·e élève montre sa carte. Celles et ceux qui ont le même nombre lèvent alors aussi leur carte : la validation est collective.
3. L'enseignant·e montre une collection de jetons et demande :
« Montrez-moi votre carte si elle représente la même quantité. »

Différenciation

• Mettre au tableau une carte Nombre avec l'écriture chiffrée et y associer les autres représentations (doigts, faces du dé, carte Collection correspondante).
• Demander à quelques élèves de faire les collections en simultané avec les doigts ou des objets de la classe.
• Faire évoluer la consigne : demander de montrer la carte représentant le nombre qui vient après.

p. 105

ACTIVITÉ RITUALISÉE 5 Le rituel des formes cachées

Objectif : identifier une forme géométrique à partir d'informations.

Ce qu'il faut savoir

Ce rituel est une évolution du rituel du devine forme de la période 4 ▸ p. 132. Les élèves vont travailler sur les trois formes géométriques vues depuis le début de l'année : le rond, le carré et le triangle. L'objectif est de travailler la reconnaissance, la comparaison et la désignation des formes géométriques.

Matériel : des formes géométriques (carré, rond, triangle).

Déroulement

L'activité se déroule en regroupement.

1. L'enseignant·e pose la forme sur un support (ardoise, tableau) mais utilise un cache pour ne présenter qu'une partie de la forme. Il/elle dévoile progressivement la forme, étape par étape, en invitant les élèves à la nommer au fur et à mesure qu'elle se découvre.
Lorsqu'elle est dévoilée entièrement, l'enseignant·e fait nommer la forme à nouveau.
Les élèves sont invités à s'exprimer et confronter leurs avis. L'enseignant·e valide en reformulant si besoin : *« Vous avez raison, la forme est bien un carré. »*

2. L'enseignant·e superpose deux formes géométriques sans que les élèves puissent voir comment il/elle procède, puis montre ensuite les deux formes superposées. Les élèves doivent identifier et nommer les deux formes : celle au-dessus et celle en-dessous.

Différenciation

- Varier le matériel : utiliser des formes de différentes tailles, couleurs…
- Présenter les formes dans une disposition non standard : carré sur la pointe, par exemple.
- Superposer trois formes au lieu de deux.
- Demander aux élèves de reproduire les formes superposées.

ACTIVITÉ RITUALISÉE 6 Le rituel des comptines

Objectif : mémoriser des comptines (géométrique et numériques).

Ce qu'il faut savoir

Trois comptines sont proposées pour cette dernière période : une sur le thème de la mesure, une en numération (la décomposition de deux et trois) et une sur le nombre exprimant une position.

Minimonstre deviendra grand

Il est plus grand que l'araignée
Mais ne veut pas l'écrabouiller
Il est plus grand que le scarabée
Qu'il voit souvent sous le tabouret
Minimonstre est déjà assez grand
Mais il est plus petit qu'un enfant !

Ils sont tous fous !

Tout à coup deux mains se posent sur le nez
Avec des doigts comme des pattes d'araignée
Tout excités et agités
En voilà deux qui vont se promener
Et trois autres sur le front pour tapoter
Heureusement j'ai appris à compter
Un doigt et encore un, ça fait deux doigts
Un doigt et encore deux, ça fait trois doigts !

Le petit train

Voici qu'arrive le petit train
Avec en premier le lapin
En deuxième son ami cochon
En troisième un drôle de mouton
Et qui va descendre du train ?

Matériel :

– le texte des comptines, pour l'enseignant·e puis pour affichage ;
– si possible, du matériel pour la comptine « Le petit train ».

p. 129

Déroulement

Ce rituel est systématiquement un temps collectif.
L'enseignant·e récite la comptine choisie après avoir capté l'attention d'une majorité d'élèves.
Il/elle explicite ensuite qu'ils vont la refaire tous ensemble, chacun faisant les gestes avec les mains et essayant de répéter les paroles.

Comptine « Minimonstre deviendra grand »

Utiliser l'illustration de la comptine pour accompagner le texte : montrer les tailles, l'écart entre chaque personnage, etc.

Comptine « Ils sont tous fous »

Les élèves vont utiliser leurs mains et leurs doigts pour reproduire les différentes étapes de la comptine.

Comptine « Le petit train »

Utiliser le matériel ou l'image pour montrer les animaux au fur et à mesure de leur énonciation.

Différenciation

• Faire apprendre les trois comptines l'une après l'autre, par moitié ou d'une traite.
• Varier la vitesse d'exécution.
• Ne pas aider les élèves mais les faire réciter en ne faisant que les gestes.
• Chercher une suite à chaque comptine ou les reformuler en changeant les personnages de l'histoire pour transférer les notions. Par exemple, la comptine « Minimonstre deviendra grand » peut être ainsi transformée en « Aïssa deviendra grande » (personnaliser par enfant)…

Éval. p. 188

ACTIVITÉ GUIDÉE 1 Les photos des villages des nombres

Objectifs :

– réaliser des collections dont le cardinal est compris entre 3 et 5 ;
– lire l'écriture chiffrée jusqu'à 5.

Ce qu'il faut savoir

Cette activité s'inscrit dans la continuité de l'activité « Les villages des nombres » en période 4, qui invitait les élèves à construire des collections de cardinal donné ▸ p. 137.
Il s'agit ici de passer de la conception d'un village à partir d'un nombre et d'objets à une version en deux dimensions, comme si on avait pris une photo du village.
Cette activité permet aussi de lier l'écriture chiffrée des cinq premiers nombres à leurs représentations.

Matériel :

– une grande feuille A3 par élève avec les silhouettes des maisons des nombres ;
– une photo d'un village réalisé en période 4 ▸ p. 137 ;
– des gommettes ;
– des photos ou images représentant des objets.

Organisation de classe : en individuel, sur une table.

Déroulement

Au préalable, l'enseignant·e rappelle le principe des villages des nombres, vu en période 4. Chaque feuille représente le village d'un nombre, représenté par l'écriture chiffrée. Dans ce village sont rassemblées des collections d'objets de la même quantité.

▸ *Exemple de photo de départ (village du 1).*

1. L'enseignant·e présente la photo aux élèves et les laisse s'exprimer. Il/elle explique : *« C'est une photo du village d'un nombre. Tout est plat, on ne peut plus toucher les objets mais on peut toujours les compter. »*
L'enseignant·e présente ensuite le matériel aux élèves et pose les feuilles sur la table. Il/elle annonce que sur chaque feuille, la maison est déjà dessinée, et qu'il faut refaire un village comme si c'était la photo de ce village, en collant des photos d'objets et des gommettes selon le nombre demandé. L'enseignant·e définit avec le matériel le nombre de collections qu'il souhaite.

2. Les élèves travaillent individuellement avec l'étayage de l'enseignant·e.
Une fois son village fini, l'élève le présente à l'enseignant·e et verbalise ce qu'il ou elle a réalisé. L'enseignant·e valide ou non les éléments de la production.

▸ *Exemples de réalisations.*

Traces et retours

- Le village réalisé par l'élève.
- Une photo d'autres productions d'élèves.

Différenciation et évolution de l'activité

On pourra :
– introduire des variables didactiques : imposer une couleur de gommettes, varier le nombre de collections à réaliser sur la feuille, utiliser des tampons pour créer les collections ;
– complexifier en éloignant le matériel : l'élève doit venir chercher en une seule fois le nombre de gommettes dont il a besoin pour réaliser son village (en utilisant si besoin une carte Nombre pour s'aider).

Vigilance pour l'enseignant·e

Faire oraliser à l'élève ce qu'il/elle vient chercher.

ACTIVITÉ GUIDÉE 2 Le jeu « Croque le 3, 4, 5 »

Éval. p. 188

Objectif : réaliser une collection de 3, 4 ou 5 objets.

Ce qu'il faut savoir

Les élèves ont déjà joué à ce jeu au cours des deux premières périodes ▸ p. 44 et 77. Depuis, ils ont développé des compétences, été confrontés à de nombreuses situations de numération. Ils vont pouvoir pratiquer cette activité sur des nombres plus grands, jusqu'à 5 selon les possibilités des élèves.

Matériel :
– pots ou boites avec si possible un couvercle qui se visse (1 pot par élève) ;
– pions, bouchons, jetons... ;
– les cartes flash (écriture chiffrée, faces du dé, doigts).

p. 81

Organisation de classe :
– en individuel, sur une table, à un banc, dans un coin avec un tapis…, l'activité ayant déjà été menée en présence de l'enseignant·e en périodes 1 et 2 ;
– en petits groupes, chaque groupe étant installé à une table avec un matériel partagé entres les élèves.

Déroulement

1. Présenter le matériel et décrire la règle du jeu :
« Il faut mettre le plus rapidement possible des pions/des objets dans les pots qui sont sur la table en regardant la carte que je vais déposer devant vous. Chacun a son pot. »
L'enseignant·e montre comment procéder en insistant sur le vocabulaire :
« Je regarde la carte. Je reconnais que c'est le nombre 3. Je mets un jeton, encore un et encore un, ça fait trois jetons, dans le pot. »

2. Les élèves s'exécutent ensuite à leur rythme.
L'enseignant·e demande aux élèves d'énoncer clairement *« un jeton et encore un jeton (etc.) »* à chaque fois qu'ils les mettent dans le pot.

3. Procéder ensuite à une vérification collective. Reformuler chaque action et féliciter les élèves pour leurs réussites.

Différenciation et évolution de l'activité

On pourra :

– enrichir la consigne : *« Dévisser le couvercle, y mettre X objets et revisser le tout »* ;

– limiter le temps en utilisant un sablier (la contrainte temps va confronter l'élève à une nouvelle situation) ;

– mettre au préalable un ou deux jetons dans les pots, ce qui impose à l'élève d'en tenir compte et de compléter à la valeur demandée ;

– varier les représentations des cartes flash ;

– utiliser un dé et demander à tous les élèves de remplir leur pot le plus rapidement possible selon la face du dé obtenue.

Vigilance pour l'enseignant·e

Explicitation/formulation : *« Un jeton et deux jetons, ça fait trois jetons. »*

Traces et retours

- Prendre une photo de l'activité terminée. Y associer une dictée à l'adulte : l'élève explicite la tâche à réaliser.
- Proposer d'emporter le matériel à la maison, avec la consigne de l'activité et un dé, pour que l'enfant joue en famille.

Éval. p. 189

ACTIVITÉ GUIDÉE 3 Le tangram Totem

Objectifs :

– confronter les élèves à une résolution de problème géométrique ;

– manipuler, désigner les formes géométriques de base : carré, triangle.

Ce qu'il faut savoir

Le tangram Totem est le puzzle géométrique de référence dans la méthode MHM en Petite et Moyenne Sections, avant que les élèves ne travaillent sur le tangram « classique » au cours de l'année de Grande Section.

Bien qu'il ne comporte que quatre pièces, ce tangram permet une première approche de la géométrie, en proposant de nombreuses possibilités : des modèles à deux pièces, trois pièces ou plus, car en combinant plusieurs totems, de nouvelles formes sont accessibles. Il faut le fabriquer (un modèle photocopiable est disponible dans le bloc Ressources) : en papier bristol et plastifié, balsa, impression 3D, carton plume… De préférence, utiliser des couleurs différentes pour diversifier les usages.

p. 136

Matériel :

– plusieurs tangrams Totem ;

– les fiches modèles à l'échelle.

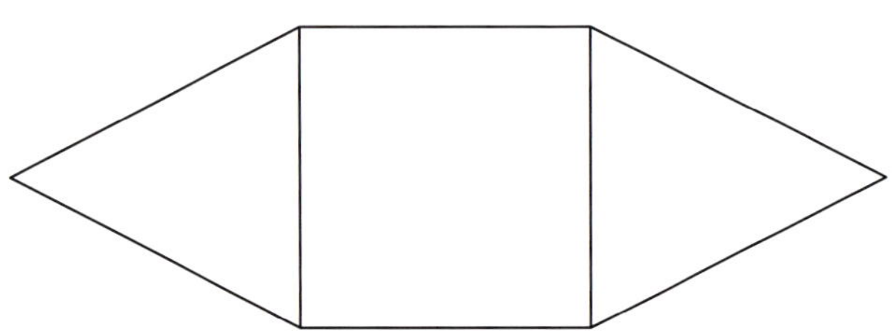

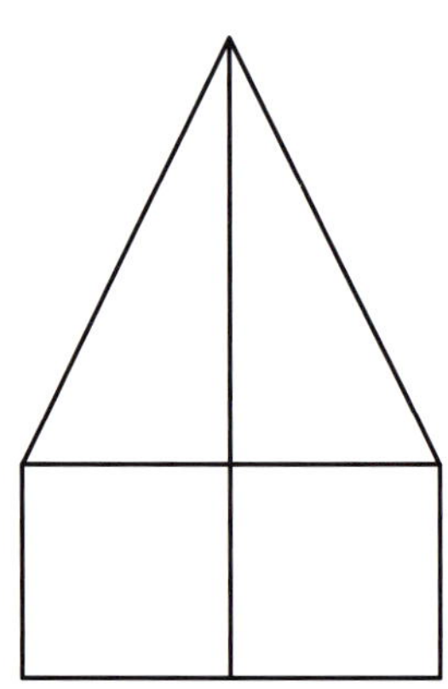

Organisation de classe : en petits groupes installés au sol au coin regroupement ou à une table.

Déroulement

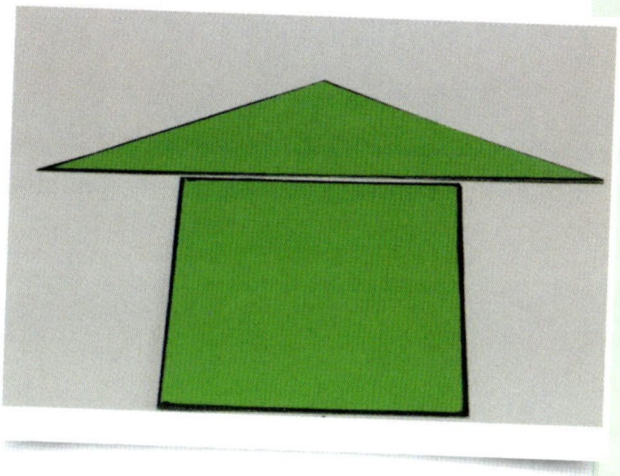

▶ *Première réalisation avec les pièces du tangram.*

1. Dans un premier temps, l'enseignant·e présente le matériel, le fait nommer par les élèves et pose les formes du tangram sur la table.
Les élèves disposent d'un temps de jeu libre pendant lequel ils fabriquent les formes qu'ils veulent.
On compare ensuite les productions en faisant oraliser à chacun la sienne.

2. Dans un second temps, l'enseignant·e impose aux élèves de reproduire un modèle posé devant eux.

3. L'enseignant·e observe les productions finies des élèves et les commente avec eux.

Différenciation et évolution de l'activité

On pourra :
– choisir le modèle proposé en fonction des compétences des élèves ;
– accompagner les élèves en difficulté en les autorisant dans un premier temps à poser les pièces sur le modèle ;
– laisser les élèves créer en binôme de nouvelles formes ;
– éloigner le modèle ou le cacher pour imposer la mémorisation des éléments.

Traces et retours

- Faire une photo des productions obtenues.
- Activité « Le tangram Totem » dans *Mon Premier Cahier de maths PS/MS*.

Vigilance pour l'enseignant·e

Utiliser le vocabulaire des formes et le vocabulaire topologique : *au-dessus, en dessous, à côté…*

ACTIVITÉ GUIDÉE 4 Résolution de problèmes numériques

Éval. p. 188

Objectifs :
– utiliser ses connaissances sur le nombre en situation ;
– travailler la résolution de problèmes numériques simples.

Ce qu'il faut savoir

En fin d'année de Petite Section, nous proposons de confronter les élèves à des problèmes numériques simples à partir de *La boite à énigmes MHM* ▶ p. 17.
L'enseignant·e présente la carte Énigme, la situation, pose la question, puis laisse les élèves chercher, tâtonner et proposer des réponses. L'enseignant·e observe alors les procédures des élèves, que ce soit dans leurs actes (manipulation) ou dans leurs mots (langage en action).
Les élèves ont déjà été confrontés à de nombreuses situations problèmes, mais le format proposé ici se rapproche de ce qu'ils vont rencontrer dans les années à venir. Il s'agit de résoudre un problème numérique avec une situation de départ et une transformation, puis de chercher la solution finale.

p. 119

p. 3

Matériel :

– les cartes Énigme 1 et 2 de *La boite à énigmes MHM* niveau PS ;
– des objets permettant de mimer la situation problème ;
– les cartes Consigne « Compter » et « Observer ».

Organisation de classe : en petits groupes, installés au sol au coin regroupement ou ailleurs dans la classe.
Le matériel doit être en quantité suffisante pour que chaque élève puisse mener à bien l'activité.

Déroulement

1. Présenter la situation en montrant ou en vidéoprojetant la carte Énigme choisie.
L'enseignant·e verbalise la situation (montrer la carte « Observer » pour accompagner), pose la question (montrer la carte « Compter) et s'assure de la bonne compréhension par les élèves en reformulant la question.
2. Exploiter le dessin de la carte ou demander aux élèves de mimer la situation avec le matériel à disposition.
3. La réponse est cherchée collectivement, en prenant appui sur la démarche décrite page 80 du *Guide de la méthode MHM*.

Traces et retours

Photographier la production de l'élève.

▶ *Exemple de mise en situation de l'énigme « Le parking ».*

Différenciation et évolution de l'activité

On pourra :
– simplifier la situation de départ si besoin en ajustant les valeurs numériques ;
– exploiter les autres questions proposées au dos de la carte pour les élèves performants ;
– travailler des situations problèmes à partir des sites « M@ths en-vie » ou « Problemater » ▸ *Guide de la méthode MHM, p. 175-176*.

M@ths en-vie
www.mathsenvie.fr/

Problemater
https://problemater.com/

Vigilance pour l'enseignant·e

Utiliser le vocabulaire des couleurs et de la topologie pendant la description de l'image.

ACTIVITÉ GUIDÉE 5 Les mascottes des formes

Objectifs :
– reproduire et dessiner des formes planes ;
– fabriquer des personnages répondant à des contraintes géométriques.

Ce qu'il faut savoir

Le principe de cette activité est de construire des mascottes pour chaque élève, représentant des personnages formes associés aux albums sur les formes qui leur auront été proposés (M. ou Mme Rond, Carré, Triangle…). Ces personnages pourront se superposer pour réexploiter l'une des activités du rituel des formes cachées ▸ p. 164.

Matériel :
– des bâtonnets en bois (bâtonnets de glace, par exemple) ;
– un gabarit pour fabriquer des formes ;
– des gommettes et des feutres ;
– les albums correspondants ▸ Bibliographie p. 190.

Éval. p. 189

Organisation de classe : en petits groupes ou en individuel, installés à une table.

Déroulement

1. Dans un premier temps, l'enseignant·e lit les albums avec les élèves, au cours de regroupements, au retour de la sieste, etc.
2. Dans un second temps, l'enseignant·e propose aux élèves de fabriquer des mascottes, en présentant un modèle. Il/elle va alors :
– montrer les personnages, les nommer et expliciter comment ils ont été fabriqués ;
– mettre à disposition des ronds, carrés et triangles prédécoupés et demander aux élèves de fabriquer à leur tour leurs propres mascottes.

Différenciation et évolution de l'activité

On pourra :
– aider plus ou moins les élèves pour la fabrication des mascottes ;
– faire verbaliser les élèves, jouer des saynètes en exploitant les mascottes.

Traces et retours

- Faire une photo des productions des élèves.
- Constituer des familles de formes que l'on pourra piquer dans une grosse boule de pâte à modeler ou dans un pot.

Vigilance pour l'enseignant·e

Faire verbaliser les productions des élèves et modéliser la situation : *« Bonjour, je suis M. Carré… »*

Éval. p. 189

ACTIVITÉ GUIDÉE 6 La balance

Objectifs :
– réaliser une estimation perceptive d'une masse ;
– comparer des masses ;
– utiliser le vocabulaire lié aux masses.

Ce qu'il faut savoir

Les élèves ont déjà travaillé les notions « lourd/léger » en période 4, dans l'activité guidée 6 « Peser » ▶ p. 141. Ils ont manipulé des objets différents (taille, masse, densité) et réalisé des comparaisons directes.
Les élèves vont renouveler ces activités de pesée en utilisant une balance rudimentaire permettant de faire de la comparaison indirecte. Utiliser une balance est complexe et il n'est proposé ici qu'une simple initiation. Les élèves vont en effet devoir comprendre le fonctionnement de la balance : cela descend du côté le plus lourd. Il est même possible de mettre en évidence que plus vite ça descend, plus c'est lourd…

Matériel :

p. 17 et 23

– un matériel de pesée : matériel commercial ou réalisation « maison » à partir d'un cintre fin, de ficelles et de pinces ;
– deux objets de poids très proche ;
– des objets à peser variés : un ballon de baudruche gonflé, une balle de tennis, etc. ;
– les cartes Vocabulaire « Balance » et « Lourd/léger ».

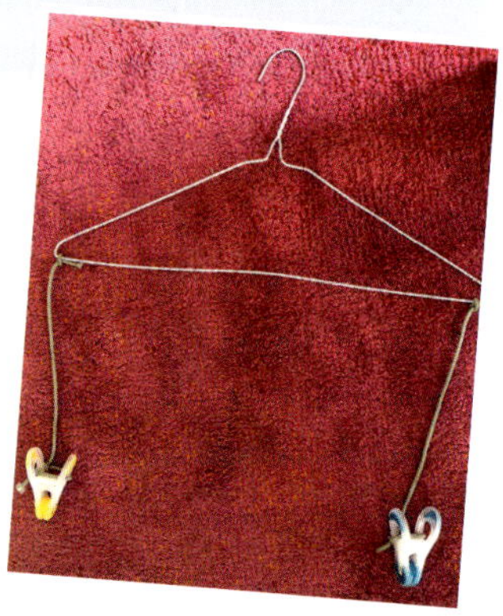

▶ *Exemple de matériel de pesée « maison » à partir d'un cintre.*

Organisation de classe : en petits groupes, installés à une table avec un matériel partagé entre élèves et attribué par l'enseignant·e selon les besoins identifiés.

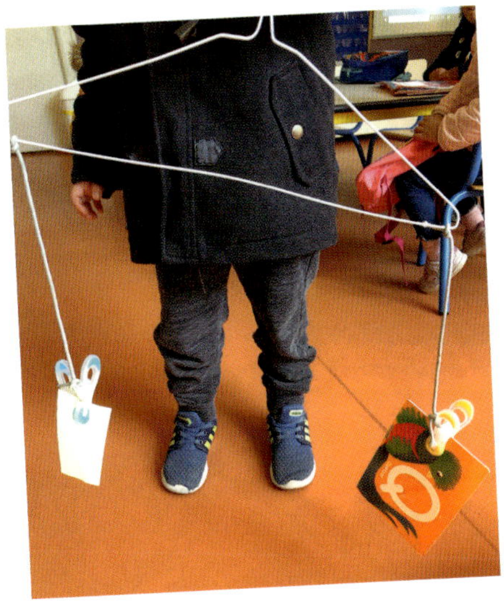

Déroulement

1. L'enseignant·e présente le matériel et invite les élèves à manipuler :
« Regardez tous ces objets. Vous vous souvenez que nous avons déjà pesé des objets, cherché les objets lourds et les objets légers. »
L'enseignant·e rappelle le vocabulaire :
« Quelque chose qui est lourd, c'est quelque chose qui est difficile à porter, à déplacer. »
2. L'enseignant·e invite les élèves à soupeser deux objets dont le poids est proche, et étaye pour amener les élèves à se rendre compte que la comparaison directe ne suffit pas. Il/elle propose alors aux élèves d'utiliser une balance, et effectue une démonstration avec les deux objets :
« Nous allons vérifier avec notre balance. L'objet le plus lourd est celui qui va faire pencher la balance, qui va descendre plus bas. »
L'enseignant·e refait une démonstration avec d'autres objets en illustrant avec la carte « Lourd/léger » .
3. L'enseignant·e demande ensuite aux élèves de reproduire la procédure avec d'autres objets. Le travail pourra être organisé en trois temps :
- choisir deux objets et estimer lequel est le plus lourd ;
- essayer par comparaison directe avec les mains ;
- vérifier et valider avec la balance et l'enseignant·e.

Il sera intéressant de confronter les élèves au fait que le volume n'induit pas nécessairement une masse supérieure (comparaison ballon de baudruche/balle de tennis, par exemple).

▸ *Astuce : mettre deux pinces de couleurs différentes pour verbaliser plus facilement les pesées, les élèves de Petite Section n'identifiant pas la gauche et la droite.*

▸ *La masse ne dépend pas forcément du volume.*

© Balance poule, Nature & Découvertes.

© Jeu d'équilibre, Janod.

▸ *Autres exemples de balances.*

Traces et retours

Faire une photo de l'activité en cours de réalisation.

Différenciation et évolution de l'activité

On pourra :
- utiliser la balançoire de l'école ou la bascule de la salle de motricité ;
- varier le matériel : mettre des pions ou des figurines, pour comprendre que lorsqu'on ne compare que des objets identiques, ce qui importe est bien la quantité.

Éval.
p. 188

ACTIVITÉ GUIDÉE 7 La décomposition des premiers nombres

Objectif : décomposer un nombre.

Ce qu'il faut savoir

Pour travailler la décomposition des nombres, il est nécessaire d'accompagner les élèves dans la conceptualisation et de proposer du matériel différent. En fin de Petite Section, on peut viser l'acquisition des décompositions de 2 et 3. Cette activité sera réexploitée à de nombreuses reprises en Moyenne Section.

Matériel :

– matériel approprié pour décomposer, par exemple *Ma Boite à décomposer MHM*, l'*Atelier Nombres à composer 1* ou les *Blocs pour compter* (Nathan) ;
– les cartes flash des 5 premiers nombres (toutes les représentations).

p. 81

Organisation de classe : en petits groupes composés de binômes, installés à une table avec un matériel partagé entre les élèves et attribué par l'enseignant·e selon les besoins identifiés.

Déroulement

Le déroulement proposé ci-après s'appuie sur le matériel de la boite *Atelier Nombres à composer 1*.

1. L'enseignant·e présente le matériel et invite les élèves à manipuler :
« Regardez toutes les bandes. Sont-elles toutes pareilles ? de la même couleur ? »
« Y a-t-il la même quantité de carrés ? de cases ?… »
L'enseignant·e demande alors à chaque binôme d'élèves de trouver par exemple une composition du 3, en montrant la carte flash « trois » (écriture chiffrée).
Procéder à une vérification collective et comparer les combinaisons trouvées.
2. L'enseignant·e demande ensuite aux élèves de composer les premiers nombres en mettant bout à bout les bandes, mais en individuel.

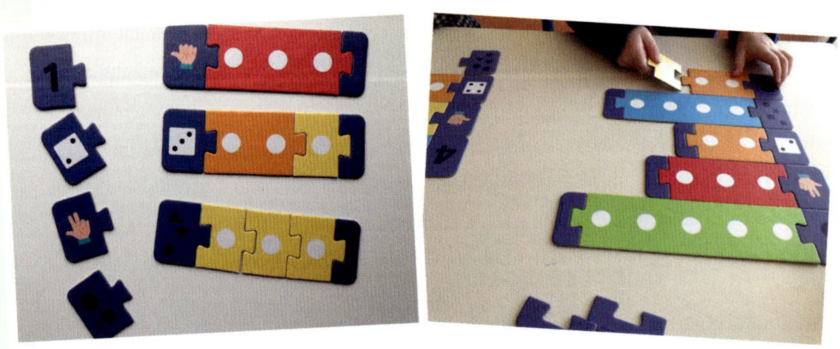

▶ *Exemples de décompositions avec l'*Atelier Nombres à composer 1.

▶ *Décomposition de 3 à partir d'un modèle (brique rouge).*

Différenciation et évolution de l'activité

On pourra :
– reproduire l'activité en variant le matériel ;
– varier les cartes flash : écriture chiffrée, faces du dé…

Traces et retours

- Faire une photo des différentes façons de composer les premiers nombres.
- Réaliser un panneau collectif avec les bandes collées des 4 ou 5 premiers nombres.

ACTIVITÉ SEMI-AUTONOME 1 Les cartes à jouer

Éval. p. 188

Objectifs :

– utiliser les cartes à jouer pour constituer des collections ;
– se familiariser avec des jeux traditionnels.

Ce qu'il faut savoir

Les cartes à jouer représentent un matériel très utile pour travailler les mathématiques tout au long de la scolarité des élèves. Elles sont donc exploitées ici comme matériel qui associe écriture chiffrée et collection organisée.

Matériel :

– les cartes « 1 », « 2 » et « 3 » d'un jeu de 54 cartes classique ;
– des cubes.

Organisation de classe : en petits groupes, installés à une table avec un matériel partagé entre les élèves et attribué par l'enseignant·e selon les besoins identifiés.

Déroulement

1. Les élèves regardent les cartes et explicitent ensemble ce qu'elles représentent :
« C'est la carte du 1. Le chiffre est écrit ici. Il y a un seul dessin au milieu. »
Les cartes sont mélangées sur la table et les élèves doivent les ranger collectivement : toutes les cartes 1, puis les cartes 2 et enfin les cartes 3.

2. L'adulte (l'enseignant·e ou l'ATSEM) distribue à chaque élève un lot de cubes puis mélange les cartes et en distribue une par élève : pour gagner, l'élève doit être le premier ou la première à construire une tour comportant le nombre de cubes indiqué sur sa carte.

3. Chaque élève prend devant lui 3 cartes (différentes ou non) et doit construire les trois tours correspondantes, avec ou sans critères de temps.

Différenciation et évolution de l'activité

On pourra :

– proposer le jeu de cartes complet (sans les figures) et faire trier les cartes au début de l'activité pour ne garder que les cartes 1, 2 et 3 ;

– utiliser également les cartes 4, voire 5 ;

– varier le matériel utilisé pour construire les tours ;

– utiliser des cubes de plusieurs couleurs et imposer une contrainte : faire des tours avec des cubes de la même couleur, alterner les couleurs ;

p. 105

– proposer des tours déjà construites et demander à l'élève de choisir celle qui correspond à une carte donnée ;

p. 113

– piocher une carte et celui ou celle qui fait le plus rapidement la tour a gagné ;

– ranger les cartes avec les cartes Nombre et les cartes Collection correspondantes.

▶ *Différenciation possible.*

Vigilance pour l'enseignant·e

- Utiliser et faire utiliser les mots et expressions : *carte à jouer, partager, avoir le même nombre, chacun…*
- **Verbalisation/formulation :** utiliser *« 1 et encore 1 »* pour faire 2.

Traces et retours

- Faire une photo d'une réalisation de l'élève.
- Activité « Les tours » dans *Mon Premier Cahier de maths PS/MS*.

Éval. p. 189

ACTIVITÉ SEMI-AUTONOME 2 Le décor

Objectif : situer des objets par rapport à soi et par rapport aux autres en utilisant le vocabulaire adéquat.

Ce qu'il faut savoir

Les élèves ont déjà réalisé cette activité en période 4 : activité guidée 1 « Le vocabulaire topologique » ▶ p. 134. Il s'agit ici de réactiver le travail mené, en introduisant cette fois des objets et un décor et en suivant des consignes de positionnement préenregistrées.

p. 9 à 13

Matériel :

– les cartes Vocabulaire « à côté », « sur », « sous », « dans » ;

– un outil numérique : dictaphone, pinces enregistreuses… ;

– les photos des situations décrites dans les enregistrements audio ;

– du matériel pour le décor décrit dans les enregistrements, par exemple : un personnage, un animal et un objet, une chaise et une table miniatures (maison de poupée).

Organisation de classe : en petits groupes, installés à une table ou au sol au coin regroupement, avec un matériel partagé entre les élèves et attribué par l'enseignant·e selon les besoins identifiés.

Déroulement

Au préalable, l'enseignant·e photographie et imprime plusieurs mises en scène du matériel choisi pour le décor. Il/elle enregistre la description de chaque mise en scène.

1. L'enseignant·e présente les cartes Vocabulaire choisies (les mêmes que celles utilisées en période 4 ▸ p. 134 et d'autres au besoin) et le matériel qu'il/elle fait nommer, puis mime plusieurs situations en les verbalisant :
« L'ours est sur la table, le chat est sous la chaise… »
2. L'enseignant·e explicite ensuite la tâche : les élèves écoutent l'enregistrement et doivent reconstituer le décor entendu dans la description.
3. Une fois que l'élève a terminé, lui demander de verbaliser sa production après réécoute de l'enregistrement. La validation est faite par l'adulte. Les élèves peuvent également s'autocorriger en comparant leur production avec la photo de la mise en scène enregistrée.

▸ *Exemples de mises en scène.*

Différenciation et évolution de l'activité

On pourra :
– varier le vocabulaire topologique : *à côté, derrière…* ;
– restreindre ou augmenter le nombre d'éléments à poser, voire introduire une variable numérique : *« Poser deux chats sur la table… »* ;
– enregistrer des compositions de décor de plus en plus difficiles, en annonçant les étapes clairement : *« En premier, tu poses un chat sur la table. En deuxième, tu poses un ballon sous la table… »*

Traces et retours

- Faire une photo d'un décor réalisé par l'élève à côté de la photo « correction » correspondante.
- Activité « La table » dans *Mon Premier Cahier de maths PS/MS.*

Vigilance pour l'enseignant·e

Inciter les élèves à être rigoureux et à bien écouter et réaliser tout ce qui est cité dans la description.

Éval.
p. 189

ACTIVITÉ SEMI-AUTONOME 3 Les puzzles

Objectif : reproduire un assemblage de formes simples en vue de reconstituer un puzzle.

Ce qu'il faut savoir

L'activité commencée en période 2 ▸ p. 80 se poursuit naturellement jusqu'à la fin de l'année. Il est important d'accompagner les élèves et de leur montrer leur progression, par exemple à l'aide de fiches de suivi personnalisées incluant des photos de leurs productions.
Pour cette dernière période, il est important d'exploiter pleinement les variables didactiques selon les besoins de chaque élève.

Matériel : des puzzles variés répondant aux besoins identifiés des élèves.

Organisation de classe : en petits groupes installés à une table, sur un banc, dans un coin sur un tapis…

Déroulement

L'activité est proposée de la même manière qu'au cours des périodes précédentes. ▸ p. 80, 114, 145
Chaque élève ou chaque groupe réalise le puzzle qui lui a été confié. L'enseignant·e valide la réalisation et la note sur la fiche de suivi de l'élève.

Traces et retours

Faire une photo des puzzles réussis en y associant les étiquettes prénoms ou les photos des élèves.

Différenciation et évolution de l'activité

Pour permettre la progression des élèves, il faut exploiter pleinement les variables didactiques de cette activité. Ainsi, on pourra :
- utiliser des puzzles en 3 dimensions ;
- donner le modèle à réaliser en noir et blanc, ou n'en donner qu'une partie ;
- augmenter le nombre de pièces ;
- exploiter des puzzles aux formes non conventionnelles ;
- imposer un temps limité pour réaliser les puzzles ;
- permettre de regarder le modèle un temps donné puis le cacher (à faire d'abord sur des puzzles bien connus).

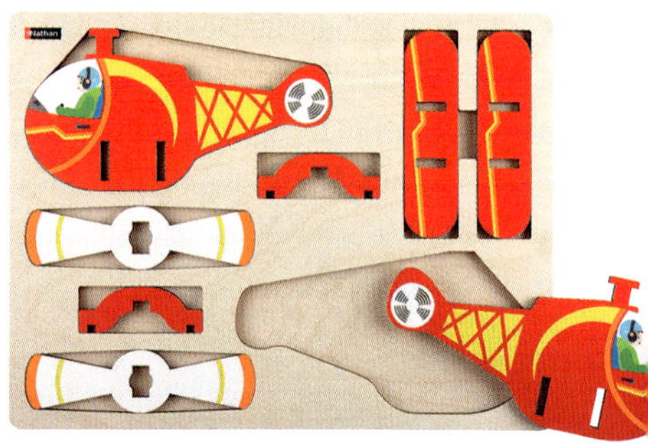

▸ *Exemple de puzzle 3D (Première maquette - L'hélicoptère,* Nathan*).*

Vigilance pour l'enseignant·e

Vocabulaire : *puzzle, pièces, coins…*
Explicitation/formulation : l'enseignant·e étaye et explique pour que l'élève soit en capacité :
- de différencier les pièces : différence de motif, distinction d'un coin par rapport à une pièce centrale, etc. ;
- d'orienter la pièce ;
- d'assembler deux pièces sans forcer.

ACTIVITÉ SEMI-AUTONOME 4 Un jeu de logique

Éval. p. 189

Objectifs :

- organiser et agencer le matériel du jeu selon la contrainte imposée ;
- situer des objets entre eux, par rapport à des objets repères ;
- travailler la logique et le raisonnement.

Ce qu'il faut savoir

Cette dernière période est l'occasion d'explorer d'autres jeux et de faire des propositions différentes aux élèves. La multitude et la grande diversité des jeux travaillant la logique permettent de différencier aisément.

Matériel : un jeu de logique ▸ p. 15.

Organisation de classe : en individuel (à une table, sur un banc, dans un coin sur un tapis…), une fois que l'activité a déjà été menée en présence de l'enseignant·e et que les consignes sont bien comprises.

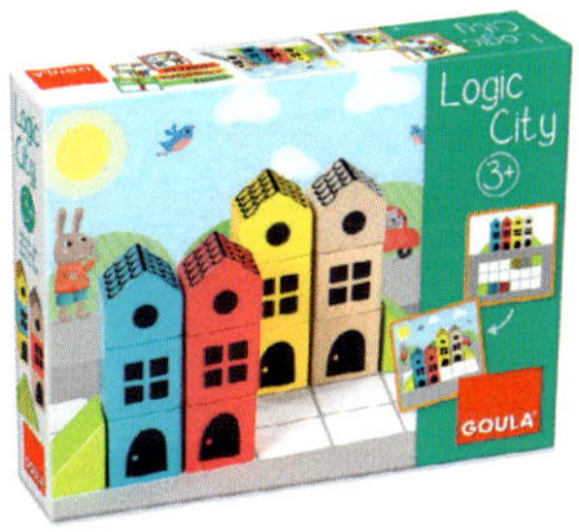

▸ *Exemples de jeux de logique.*

Déroulement

Le déroulement est le même qu'en période 4 ▸ p. 146.
L'adulte (l'enseignant·e ou l'ATSEM) présente l'activité aux élèves sur un temps d'accueil du matin ou lors d'un regroupement. Il/elle :

- montre le matériel et le nomme ;
- explicite verbalement ce qu'il faut faire, en précisant le critère de réussite ;
- montre comment commencer en verbalisant ses actions.

Chaque élève essaie alors de faire la réalisation demandée dans le jeu à son rythme, et la montre à l'adulte quand elle est terminée.

Différenciation et évolution de l'activité

La différenciation est à construire selon le jeu choisi. Certains jeux contiennent des fiches progressives qui permettent à l'élève d'avancer à son rythme. Pour d'autres jeux, il faudra les construire ou l'enseignant·e devra trouver des moyens d'accompagner l'élève dans son autonomie.

Traces et retours

Faire une photo de la réalisation des élèves.

Vigilance pour l'enseignant·e

Explicitation/formulation : l'enseignant·e doit avoir une connaissance fine des mécanismes mobilisés par chaque jeu pour pouvoir étayer en proposant une aide, une étape intermédiaire. Parfois l'enjeu est une logique sur un enchainement d'actions, parfois il s'agit de comprendre une logique temporelle, de faire une hypothèse parmi deux choix, etc.

Éval.
p. 188

ACTIVITÉ SEMI-AUTONOME 5 Les collections à compléter

Objectifs :

– quantifier des collections jusqu'à 3, 4 ou 5 ;
– composer et décomposer des collections (de 1 à 3) par manipulations effectives.

Ce qu'il faut savoir

Cette activité a été proposée en tant qu'activité guidée en période 4 ▸ p. 136. Il s'agit cette fois de la proposer dans une version autonome pour travailler spécifiquement sur les nombres 3, 4 ou 5 selon les capacités de chaque élève.

Matériel :

p. 105

– des jetons ;
– des plateaux ou des boites ;
– les **cartes Nombre** (représentation chiffrée, doigts). Les cartes identiques sont associées et tenues ensemble par un trombone : d'un côté l'écriture chiffrée, de l'autre sa représentation avec les doigts.

Organisation de classe : en individuel (à une table, sur un banc, dans un coin sur un tapis…), une fois que l'activité a déjà été menée en présence de l'enseignant·e et que les consignes sont bien comprises.
Les boites sont disposées sur la table : elles contiennent déjà un ou deux jetons et sont associées à une carte Nombre avec l'écriture chiffrée visible.

Déroulement

1. L'adulte (l'enseignant·e ou l'ATSEM) présente le matériel aux élèves : les boites sont déjà prêtes. Les élèves verbalisent ce qu'ils voient. L'enseignant·e explicite la consigne à partir d'un exemple :
« Regardez la boite : il y a déjà un jeton dedans. La carte indique le nombre 3. Il manque donc des jetons. Pour réussir, je dois mettre la quantité de jetons qui manque pour en avoir trois au total comme sur la carte ».
L'enseignant·e explicite aux élèves que s'ils ne reconnaissent pas l'écriture chiffrée, ils peuvent retourner la carte pour voir sa correspondance avec les doigts.
2. Les élèves réalisent d'abord des boites « 3 » qui contiennent déjà un ou deux jetons. En cas de réussite, l'adulte propose de travailler sur le nombre 4, voire 5.

Différenciation et évolution de l'activité

p. 113

On pourra :
– montrer puis cacher la carte pour obliger les élèves à mémoriser la quantité ;
– remplacer l'écriture chiffrée par une **carte Collection** pour les élèves en difficulté. Ils pourront ainsi procéder par correspondance terme à terme.

Vigilance pour l'enseignant·e

Explicitation/formulation : bien expliciter aux élèves qu'on complète une collection et qu'il faut donc dénombrer au préalable les jetons déjà présents dans la boite.

Traces et retours

- Faire une photo de la réalisation des élèves, associant la boite complétée et la carte Nombre.
- Activité « Les collections à compléter » (2) dans *Mon Premier Cahier de maths PS/MS.*

ACTIVITÉ SEMI-AUTONOME 6 Le coin marchande

Éval. p. 188

Objectifs :
- dénombrer de petites collections ;
- utiliser le vocabulaire mathématique en situation.

Ce qu'il faut savoir

Le coin marchande a été exploité au cours de la première période ▸ p. 47 puis en période 2 sous la forme du magasin de vêtements ▸ p. 84. Il avait alors surtout pour objectif de déclencher des situations simples, de verbaliser, trier, classer… Dans cette période, il s'agit de le réinvestir dans un cadre plus mathématique.

Matériel :
- le coin marchande organisé (présentoir, étals) avec matériel varié (fruits, légumes, boites d'œufs, boites diverses…) et de quoi ranger/trier (caissettes, paniers ou chariots) ;
- les cartes Nombre (faces du dé) de 1 à 3.

p. 105

Organisation de classe : en petits groupes, au coin marchande.

Déroulement

L'adulte (l'enseignant·e ou l'ATSEM) présente le matériel aux élèves.
L'enseignant·e explicite la tâche : chaque élève doit remplir son panier avec la quantité d'aliments indiquée par une carte Nombre (faces du dé).
La consigne est donnée à l'élève par l'adulte ou un·e autre élève :
« Va chercher ça (en montrant la carte Nombre) de bananes. »

Traces et retours

- Faire une photo du panier de l'élève avec la carte Nombre correspondante.
- Activité « La marchande et le marchand » dans *Mon Premier Cahier de maths PS/MS.*

Différenciation et évolution de l'activité

On pourra :
- introduire un vendeur/une vendeuse qui réalise la commande pour l'élève qui achète. L'élève qui achète doit verbaliser sa commande correctement :
« Bonjour, je voudrais deux tomates, s'il vous plait » ;
- fabriquer à l'avance des cartes commande avec deux, voire trois aliments, chacun associé à une carte Nombre face du dé (ou écriture chiffrée). La commande sera à compléter dans le panier avant validation par l'adulte ;
- proposer un panier déjà constitué et demander aux élèves de le valider/l'invalider en verbalisant :
« Ce n'est pas correct car il y a trop de tomates. Il en faut deux, pas trois. »

Vigilance pour l'enseignant·e

Explicitation/formulation : exiger une formulation rigoureuse indiquant la quantité et l'élément à récupérer.

Éval. p. 188

ACTIVITÉ SEMI-AUTONOME 7 Le minimonstre à compter

Objectifs :

– reconnaitre les nombres jusqu'à 3 dans leurs différentes représentations ;
– dénombrer des collections ;
– compléter une collection ;
– utiliser le vocabulaire mathématique.

Ce qu'il faut savoir

Le minimonstre à compter a servi régulièrement comme mascotte, élément de transition, illustration du travail mathématique mené collectivement.
Il s'agit ici pour les élèves d'utiliser seuls ce matériel pour fabriquer le minimonstre d'un nombre donné. C'est le réinvestissement, en autonomie, d'un travail déjà mené collectivement.
Cette activité est proche de celle qui est proposée en boite d'activité autonome ▸ p. 183, la différence étant que l'élève doit d'abord identifier le nombre qu'il doit fabriquer. Cette activité doit aussi permettre à l'adulte d'observer la démarche et la verbalisation de l'élève.

p. 41 ou 132
p. 105
p. 113

Matériel :

– un minimonstre à compter et son matériel (yeux, cheveux, mains, pieds) par élève ;
– les cartes Nombre (toutes les représentations) et les cartes Collection.

Organisation de classe : en individuel ou en petits groupes installés à une table avec un matériel partagé entre les élèves et attribué par l'enseignant·e selon les besoins identifiés.

Déroulement

1. L'enseignant·e donne la consigne : les élèves doivent reproduire le minimonstre d'un nombre donné : le minimonstre du 1, du 2 ou du 3.

Pour indiquer à l'élève quel minimonstre il doit fabriquer, l'adulte (l'enseignant·e ou l'ATSEM) lui donne une carte Nombre sans la nommer.

▸ *Le minimonstre du 3.*

L'élève associe les éléments du minimonstre correspondant (yeux, cheveux, mains, pieds) puis fait valider par l'adulte.

2. Les élèves fabriquent les minimonstres des nombres 1, 2 et 3 sur le temps de l'activité. À chaque minimonstre réalisé, l'élève fait correspondre d'autres représentations du nombre (doigts, face du dé, écriture chiffrée, cartes Nombre, cartes Collection).

Différenciation et évolution de l'activité

p. 51

On pourra :
– proposer de fabriquer le monstre du 4, voire du 5 (utiliser les cartes Nombre correspondantes) ;
– utiliser le monstre à compter de Moyenne Section en le présentant. Il offre plus de possibilités : les doigts de la main, les cartes que l'on peut insérer dans sa poche ventrale, etc. ;
– comparer deux minimonstres et voir comment on passe par exemple du minimonstre du 1 au minimonstre du 3 ;
– utiliser les monstres à compter de la boite de magnets MHM « Découvrir les nombres » ▸ p. 18.

Traces et retours

- Faire une photo du minimonstre complété, assorti de la carte Nombre correspondante.
- Activité « Le minimonstre du… » dans *Mon Premier Cahier de maths PS/MS*.

Vigilance pour l'enseignant·e

Veiller à ce que les élèves réalisent bien la correspondance entre les différentes représentations du nombre.

Boites d'activités autonomes

Les boites proposées ont vocation à être utilisées en totale autonomie. Le fonctionnement est précisé en introduction ▸ p. 14.

BOITE « COMPTER 3 »

Objectif : reconnaitre et utiliser le nombre 3.

Matériel

• Un **minimonstre à compter** et ses accessoires ou matériel équivalent.

p. 41

Consigne

Reconstituer le minimonstre du 3.

BOITE « CLASSER 4 »

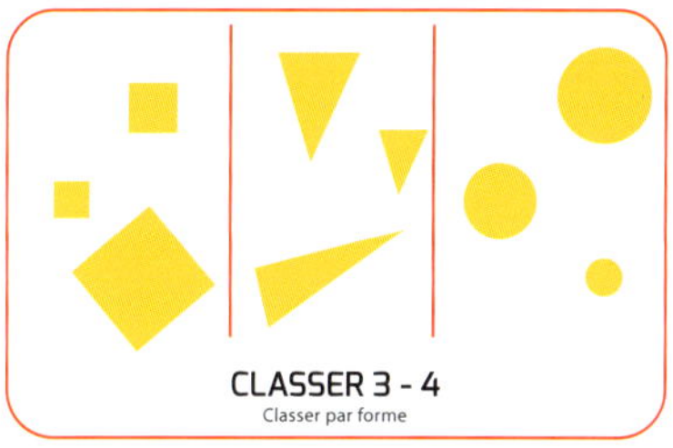

Objectif : classer des formes.

Matériel

• Des ronds, des carrés, des triangles (papier, gommettes, aimants…).

• Une feuille A3 séparée en trois par deux traits, ou 3 ardoises différentes.

ou

• La boite de magnets MHM « Explorer les formes » et ses ardoises aimantées ▸ p. 18.

Consigne

Classer les formes en ronds, carrés et triangles, en les collant sur une feuille ou en les déplaçant sur un support aimanté.

Dans un deuxième temps, les élèves peuvent ranger chaque forme par taille.

Photocopier les productions si les élèves ont utilisé les magnets.

BOITE « ASSOCIER DES COLLECTIONS 3 »

Objectif : associer des collections.

Matériel

• Les **cartes Nombre** « faces du dé » 3, 4 et 5.

• Des objets, pions ou figurines.

p. 111

Consigne

Associer à chaque face du dé des collections d'objets.

BOITE « PARTAGER 3 »

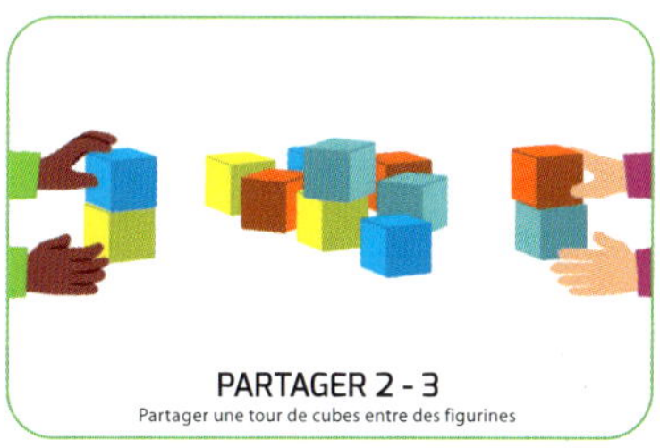

Objectif : partager une collection.

Matériel

• Des briques ou cubes empilables en tours de couleurs.

• Des figurines.

▸ *Mettre deux fois plus de cubes que de figurines dans le tiroir.*

Consigne

Partager la tour de cubes entre toutes les figurines (il y aura au final deux cubes par figurine).

BOITE « TANGRAM »

p. 135

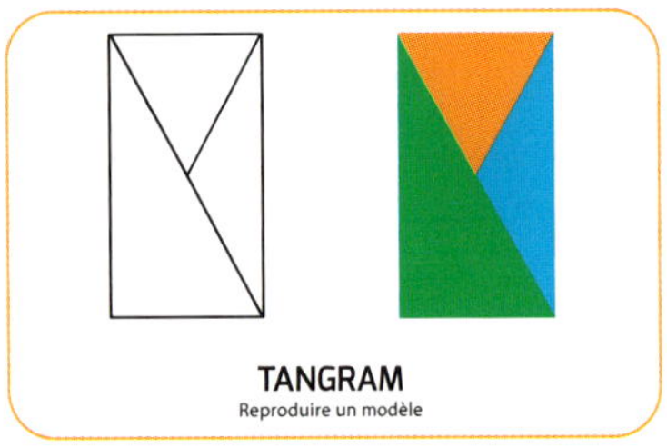

Objectif : associer des formes.

Matériel

- Les pièces du **tangram Totem**.
- Des **modèles** de tangram à l'échelle.

Consigne

Reproduire un modèle à l'échelle, directement sur le modèle ou bien à côté.

BOITE « ALGORITHMES 2 »

p. 134

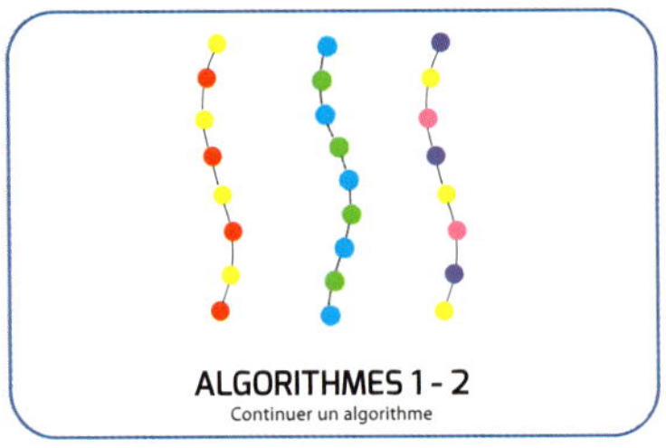

Objectif : continuer un algorithme.

Matériel

- **Matrices d'algorithme chenille**.
- Des pions de deux ou trois couleurs.
- Des formes.

Consigne

Continuer un algorithme simple à deux ou trois couleurs. On peut aussi ajouter une contrainte sur les formes.

MOBILES GÉOMÉTRIQUES

Objectif : réaliser un mobile par élève qui pourra faire l'objet d'une exposition en classe ou dans un couloir de l'école.

Œuvres de référence :

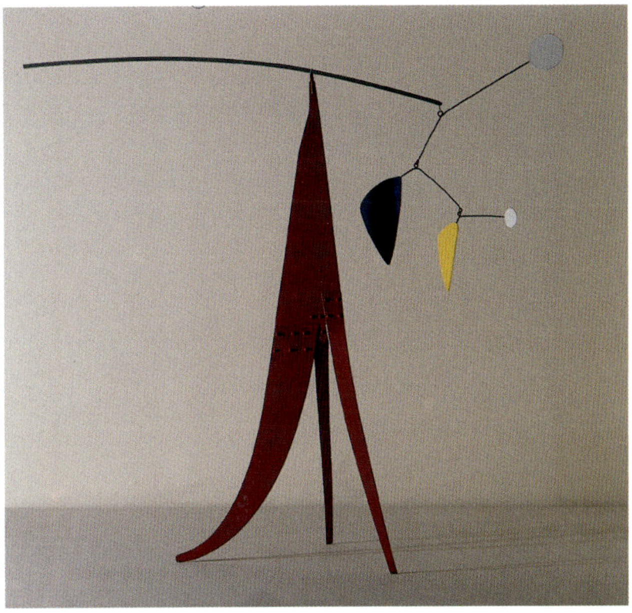

▶ *Alexander Calder (1898-1976),* Janey Waney, *1969, Menil Collection, Houston (États-Unis).*

▶ *Alexander Calder,* Fishbones, *1939, MNAM - Centre Georges-Pompidou, Paris.*

L'objectif est de fabriquer un mobile collectif à la manière de Calder avec des formes géométriques. Il s'agit d'agencer esthétiquement les formes géométriques découvertes durant l'année de Petite Section pour réaliser une production artistique en volume. L'équilibre du mobile impose aussi une réflexion sur le poids de chaque partie et fera le lien avec les activités menées sur la pesée.

Matériel :

– cintres fins ou une autre armature suffisamment rigide ;
– matériel choisi pour fabriquer les formes ▶ Déroulement.

Déroulement

L'activité est à mener en plusieurs temps.

1. L'enseignant·e présente d'abord un mobile de Calder aux élèves, qui s'expriment très librement sur l'œuvre. Il s'agit juste de les faire observer et verbaliser la présence de formes et de couleurs différentes.

2. L'activité est ensuite présentée aux élèves : il s'agit de réaliser ensemble un mobile. L'enseignant·e présente le matériel support et propose aux élèves de fabriquer les formes :
– soit en découpant du papier Canson® de couleur après avoir dessiné la forme avec un gabarit ;
– soit en peignant des formes déjà prédécoupées (Canson®, carton plume…) ;
– soit à partir d'une forme en tissu qu'il faudra rigidifier (avec une colle blanche PVA, par exemple).

3. L'élève choisit ensuite deux ou trois formes par type de forme (rond, carré, triangle) et les assemble au support avec un lien, une pince à linge…

L'adulte (l'enseignant·e ou l'ATSEM) accompagne l'enfant pour choisir où et comment accrocher son mobile en cherchant l'équilibre ou, au contraire, le déséquilibre.

Période 5

La recette de la période (1)

Activités mathématiques mobilisées :

- faire des carrés, des ronds et des triangles ;
- assembler les formes géométriques ;
- dénombrer.

La dégustation géométrique

INGRÉDIENTS

- du pain de mie tranché
- du beurre ou du fromage frais
- des tranches fines de fromage
- du jambon
- un concombre
- des radis
- des tomates cerise

USTENSILES

- un emporte-pièces
- un couteau à beurre
- un support pour découper
- des assiettes
- des plateaux

Déroulement

Montrer tous les ingrédients aux élèves en les nommant.

1. Faire couper le pain de mie, les tranches de fromage et le jambon par les élèves avec un emporte-pièce ou un couteau en plastique.
Découper les autres ingrédients devant les élèves.
2. Mettre tous les ingrédients dans une assiette pour que chaque élève réalise son montage lui-même, sous la dictée de l'adulte ou d'un·e autre élève. L'élève tartine le pain, puis un·e autre élève lui indique quoi mettre, en quelle quantité et à quel endroit.
3. Dresser un joli buffet pour présenter l'ensemble des créations culinaires, puis déguster !

Période 5

La recette de la période (2)

Activités mathématiques mobilisées :

- mesurer des quantités ;
- dénombrer jusqu'à 3.

La pâte à modeler

Cette recette est adaptée de la recette « traditionnelle » de MHM pour exploiter au maximum les aspects mathématiques.

INGRÉDIENTS

- 100 g de farine (1 pot de yaourt)
- 3 cuillères à café de sel
- 2 cuillères à café de bicarbonate de sodium
- 2 cuillères à café d'huile (colza ou tournesol)
- 50 mL d'eau froide (½ pot de yaourt)
- colorants alimentaires, en gel de préférence (la couleur est plus intense)

USTENSILES

- 1 saladier
- 1 cuillère à café
- 1 verre doseur ou 1 pot de yaourt pour les mesures

Déroulement

1. Mélanger toutes les poudres : farine, sel, bicarbonate.
2. Ajouter l'huile, puis l'eau et mélanger jusqu'à obtenir un mélange homogène.
Si la pâte est collante, ajouter de la farine et mélanger rapidement.
Si la pâte est sèche, ajouter un peu d'eau et mélanger rapidement.

▸ *Cette pâte à modeler peut se conserver dans un récipient hermétique bien fermé pendant plusieurs mois.*

Période 5

Évaluations

Fiches de suivi

p. 149

Cette dernière période permet de réaliser une évaluation fine des apprentissages de l'année et des progrès réalisés dans les différentes compétences.
Il n'est évidemment pas question, en Petite Section, de réaliser des évaluations « papier » pour vérifier les acquisitions des élèves. *Mon Premier Cahier de maths PS/MS* peut être utile mais ne peut pas servir comme objet d'évaluation unique. Il faut comparer à d'autres observations.

Deux options sont possibles :
– créer spécifiquement, pour chaque compétence, une évaluation à réaliser individuellement ;
– observer et faire verbaliser le travail des élèves lors des activités de la période.
Ces deux options peuvent évidemment être combinées, en particulier pour les élèves le plus en difficulté pour lesquels il est parfois difficile d'évaluer dans le cadre d'un travail à plusieurs.
En période 5, nous conseillons d'observer particulièrement les compétences suivantes.

1 Le vocabulaire mathématique

Que faut-il observer ?

- L'élève comprend-il le vocabulaire mathématique ?
- L'utilise-t-il à la demande ?
- L'utilise-t-il à bon escient et spontanément ?
- L'utilise-t-il dans d'autres contextes : coins jeux, motricités, activités autonomes… ?

Au cours de quelles activités ?

L'ensemble des activités permet de vérifier la maitrise du vocabulaire mathématique. Il est important de faire preuve de rigueur, de lister le vocabulaire qu'on souhaite évaluer et d'en vérifier le bon usage par l'élève sur plusieurs situations.

2 Utiliser le nombre

Que faut-il observer ?

- L'élève peut-il constituer une collection de un, deux ou trois objets ?
- Dénombre-t-il une collection de un, deux ou trois objets et la nomme-t-il ?
- Peut-il compléter une collection existante ?
- Peut-il décomposer le nombre 3 ? le nombre 2 ?
- Associe-t-il différentes représentations d'un même nombre ?
- Reconnait-il l'écriture chiffrée des nombres 1 à 3 ?

Au cours de quelles activités ?

- **Activité guidée 1** Les photos des villages des nombres p. 166
- **Activité guidée 2** Le jeu « Croque le 3, 4, 5 » p. 167
- **Activité guidée 7** La décomposition des premiers nombres p. 174
- **Activité semi-autonome 1** Les cartes à jouer p. 175
- **Activité semi-autonome 5** Les collections à compléter p. 180
- **Activité semi-autonome 6** Le coin marchande p. 181

3 La résolution de problèmes

Que faut-il observer ?

- L'élève comprend-il la situation ?
- Ébauche-t-il une démarche, une manipulation cohérente avec la situation ?
- Comprend-il une explication ?
- Transfère-t-il la résolution à une situation analogue (simple changement de valeurs numériques ou variation du contexte) ?

Au cours de quelles activités ?

- **Activité guidée 4** La résolution de problèmes numériques p. 169

4 Les formes géométriques

Que faut-il observer ?

- L'élève reconnait-il les formes suivantes : le rond, le carré, le triangle ?
- Parvient-il à les nommer ? les classer ? les représenter ?
- Parvient-il à les agencer selon un modèle (tangram) ?

Au cours de quelles activités ?

- **Activité guidée 3** Le tangram Totem p. 168
- **Activité guidée 5** Les mascottes des formes p. 171

5 Les mesures de masse

Que faut-il observer ?

- L'élève comprend-il la notion de mesure de masse ?
- Comprend-il et utilise-t-il le vocabulaire *lourd, léger* ?
- Identifie-t-il un objet plus lourd qu'un autre ?
- Compare-t-il deux objets selon leur mesure de masse ?
- Parvient-il à comprendre l'usage d'un matériel de pesée ?
- Parvient-il à utiliser une balance (ou une pseudo-balance) ?

Au cours de quelles activités ?

- **Activité guidée 6** La balance p. 172

6 Le repérage dans l'espace et le temps, la logique

Que faut-il observer ?

- L'élève réalise-t-il des puzzles simples (4-6 pièces) ?
- Se repère-t-il dans les activités de la classe ?
- Comprend-il la logique d'un jeu, d'une situation ?
- Utilise-t-il à bon escient le vocabulaire topologique ?

Au cours de quelles activités ?

- **Activité semi-autonome 2** Le décor p. 176
- **Activité semi-autonome 3** Les puzzles p. 178
- **Activité semi-autonome 4** Un jeu de logique p. 179

BIBLIOGRAPHIE

Albums liés aux apprentissages mathématiques de la période

Un repas monstrueux,
Tobias Krejtschi,
Minedition, 2017.
Dans ce livre à rabats, les monstres ont faim mais ne mangent pas la même chose.

Et si les formes…,
Guido van Genechten,
Mijade, 2019.
Cet album est parfait pour revoir toutes les formes et composer des jolies mosaïques avec les élèves de Petite Section.

Mais quelle est cette forme ?,
Lise Dhayan,
Matéo Duval,
Ebla jeunesse, 2021.
Un album interactif à partir de devinettes pour découvrir les formes.

La Vie des petits carrés,
Sandrine Andreux,
Palette, 2018.
L'autrice a imaginé une histoire à partir d'un tableau de Paul Klee.

Triangle au cirque,
Silvia Borando,
Little Urban, 2017.
Ce livre sans texte raconte l'histoire d'un petit triangle rouge qui passe sa journée au cirque.

Plus grand que toi,
Orit Bergman,
Le Rouergue, 2013.
Une petite histoire entre un éléphant et un oiseau.

Crédits photographiques

Toutes les photographies ont été prises par l'autrice, Laurence Le Corf, en dehors de celles citées ci-dessous.
p. 15-16 et **p. 179** jeux Jour & Nuit et Bahuts Malins : www.smartgames ; **p. 15** et **p. 179** jeux Logic City et Logic Farm : www.goula.es ; **p. 15** jeu Oudordodo et **p. 16** jeu Spacio : ©Djeco www.djeco.com/fr ; **p. 15** jeu Organicubes pour 2 enfants : materiel-educatif.nathan.fr ; **p. 16** jeux Le tri des couleurs et Jeu d'équilibre Flamant Rose : www.janod.com ; **p. 20** classedeflorent.fr ; **p. 21** barre et pinces enregistreuses TTS : ©TTS www.tts-group.co.uk/ ; **p. 22** conteuse Bookinou : www.mybookinou.com ; **p. 35 ht d** ©desdemona72 – shutterstock.com ; **p. 41** jeu Babycolor : materiel-educatif.nathan.fr ; **p. 56** Étude de couleurs carrés avec cercles concentriques, 1913, Vassily Kandinsky ©ARTOTHE – La Collection ; **p. 81 ht** puzzles à encastrements materiel-educatif.nathan.fr ; **p. 87** Invader ©Invader/ADAGP, Paris 2022 ; **p. 88** Untitled, 1987 Keith Haring © Keith Haring Foundation ; **p. 95 ht** Imagier Zoom materiel-educatif.nathan.fr ; **p. 118 g** © Carmen Hauser – stock.adobe.com ; **d** ©Brad Pict – stock.adobe.com ; **p. 122** jeu Rafle de chaussettes : www.haba-play.com; Crocs'socks! : www.bs-toys.com ; Matching Game Sock Memory : Jungwiealt jungwiealt.com @jungwiealt.com ; **p. 150 ht g** ©Alex – stock.adobe.com ; **p. 151 m** Anaïs Lukacs ; **p. 151 ht et b, 162** et **175 ht** Anne Balaguier ; **p. 178 b** Puzzle 3D Hélicoptère : materiel-educatif.nathan.fr ; **p. 185 ht g** Janey Waney, 1969 Alexander Calder BIS / ©Archives Larbor ©Adagp, Paris 2022 ; **ht d** Fishbones, 1939 Alexander Calder ©MNAM, Centre Georges-Pompidou, Paris ©Adagp, Paris 2022.

Remerciements

À **Nicolas Pinel** pour son accompagnement et nos échanges lors de l'écriture de ce guide.

À **Isabelle Dekerpezdron**, Atsem, qui m'accompagne au quotidien en classe depuis plusieurs années et qui n'est pas que la petite main qui aide à fabriquer tous mes projets, mais qui est surtout une grande professionnelle qui m'accompagne avec engagement et intelligence. Merci à elle de m'avoir suivie en PS cette année.

À **Emma Bousquet** et **Alexandra Delacour** avec qui j'ai partagé la classe et qui étaient au départ de cette aventure.

À **Camille Le Bohec**, **Carine Lacolombe**, **Ophélie Le Rat**, mes collègues bretonnes, pour les tests en classe et leurs retours réflexifs.

Aux autres collègues qui ont expérimenté cette méthode : **Nathalie Guey**, **Emmanuelle Ulles**, qui, malgré la distance, ont participé à la réflexion de ce beau projet.

À **Marion Noesser**, **Florence Guichard**, **Anne Balaguier** et **Alice Fragonard** de l'équipe Nathan pour leur accompagnement.

Laurence Le Corf

Édition : Anne Balaguier
Conception graphique : Anne-Danielle Naname
Mise en pages : CGI
Coordination artistique et conception couverture : Julie Lannes
Illustrations couverture et mascottes : Philippe Derrien
Illustrations intérieures : Coline Citron, Élodie Lauret, Mélisande Luthringer, Rémy Tornior

Achevé d'imprimer en France en septembre 2022 par la Nouvelle Imprimerie Laballery
N° éditeur : 125213 / Code projet : 10287529 - Dépôt légal : juillet 2022 - N° impression : 207297
La Nouvelle Imprimerie Laballery est titulaire de la marque Imprim'Vert®

M.H.M

Méthode Heuristique Mathématiques

maternelle

Ressources

PS

Nathan

SOMMAIRE

Le matériel et les jeux

à découper et plastifier

à photocopier

Les fiches d'activités élèves

Les fiches enseignant·e

Les cartes Consigne

DESSINER

COMPTER

PEINDRE

OBSERVER

TOUCHER

DÉCOMPOSER

COLLER

PESER

RANGER

COMPLÉTER

TRIER

FAIRE DES TRACES

Les cartes Vocabulaire

SUR

sur

SOUS

sous

DANS

dans

ENTRE

entre

DEVANT

devant

DERRIÈRE

derrière

EN HAUT

en haut

EN BAS

en bas

À CÔTÉ

à côté

AUTANT QUE

autant que

PLUS QUE

plus que

MOINS QUE

moins que

PETIT

petit

GRAND

grand

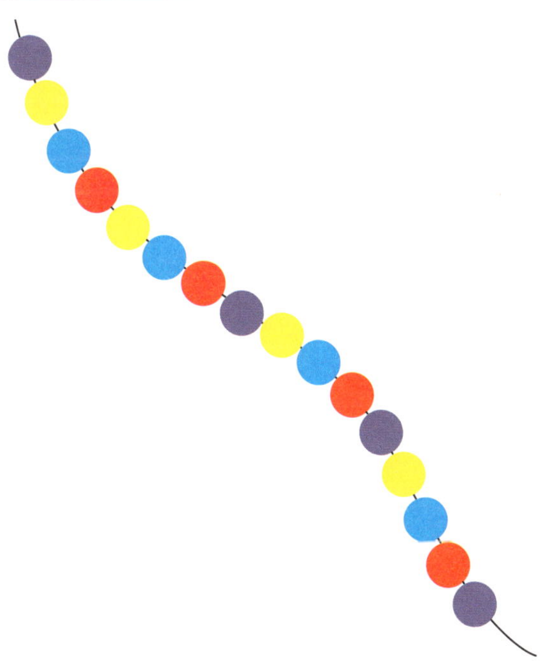

LONG

long

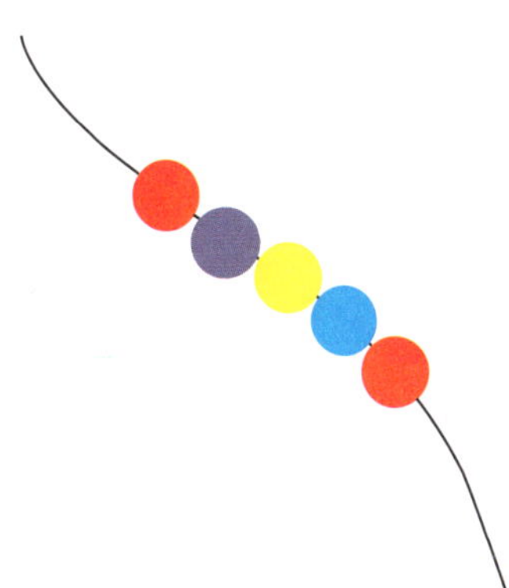

COURT

court

BEAUCOUP

beaucoup

PEU

peu

LOURD · LÉGER

lourd · léger

MATHÉMATIQUES

mathématiques

RONDE

rond

CARRÉ

carré

TRIANGLE

triangle

RECTANGLE

rectangle

DÉ

dé

DOMINO

domino

PIONS

pions

CARTES

cartes

TANGRAM

tangram

BRIQUES

briques

PUZZLE

puzzle

BALANCE

balance

Les cartes Atelier

MONSTRE À COMPTER

monstre à compter

MATHS ET ARTS

maths et arts

MATHS ET CUISINE

maths et cuisine

MATHS ET SCIENCES

maths et sciences

DOMINOS

dominos

LES FORMES

les formes

ALGORITHMES

algorithmes

JEU DE CONSTRUCTION

jeu de construction

CHASSE AUX FORMES

chasse aux formes

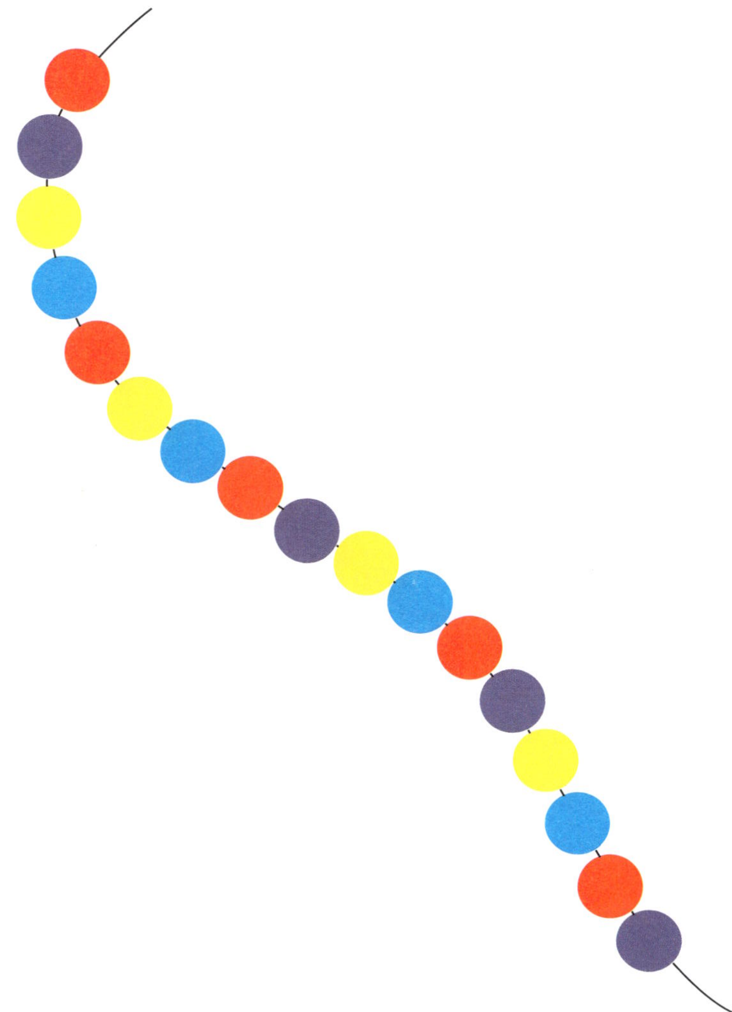

COLLIERS

colliers

ASSOCIER DES COLLECTIONS

associer des collections

PUZZLES

puzzles

JEU DE CARTES

jeu de cartes

SAC À TOUCHER

sac à toucher

LA MARCHANDE
ET LE MARCHAND

la marchande et le marchand

TANGRAM

tangram

Les minimonstres à compter

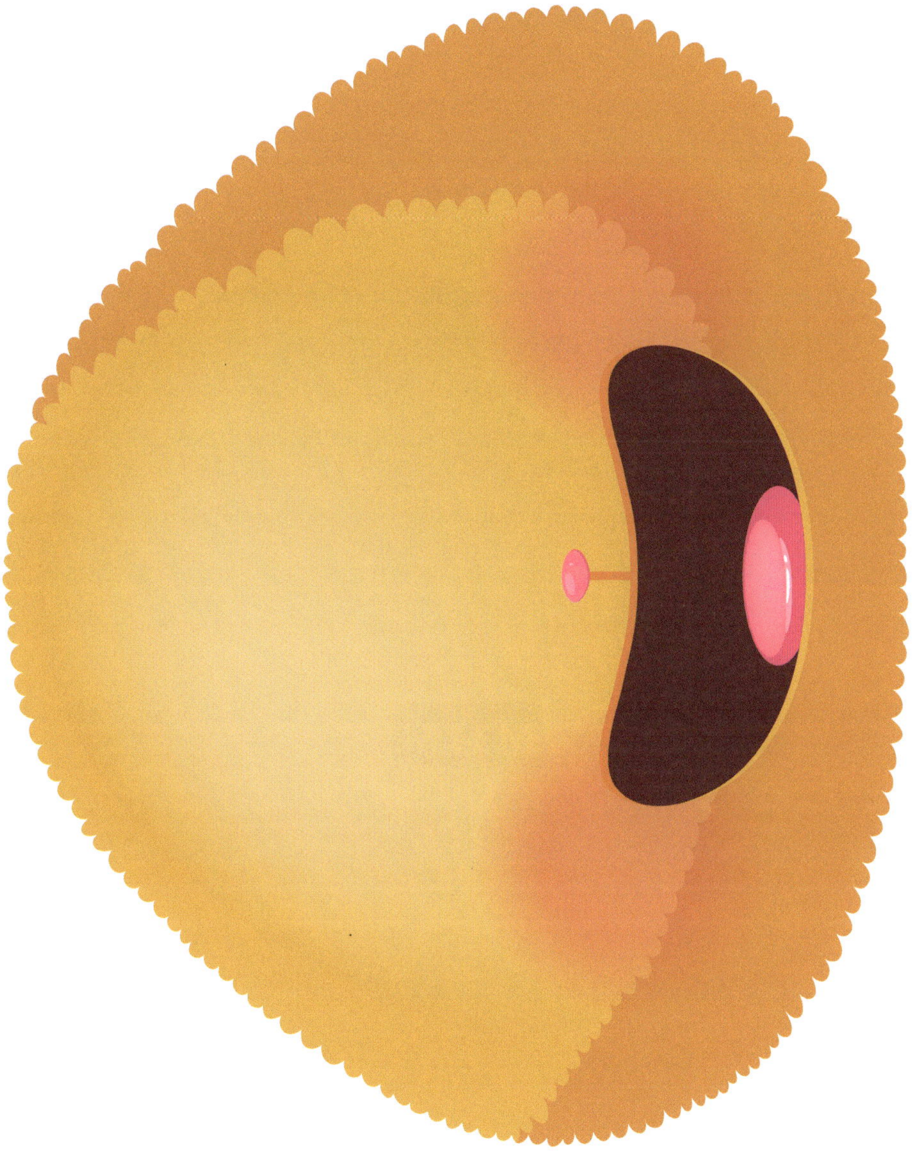

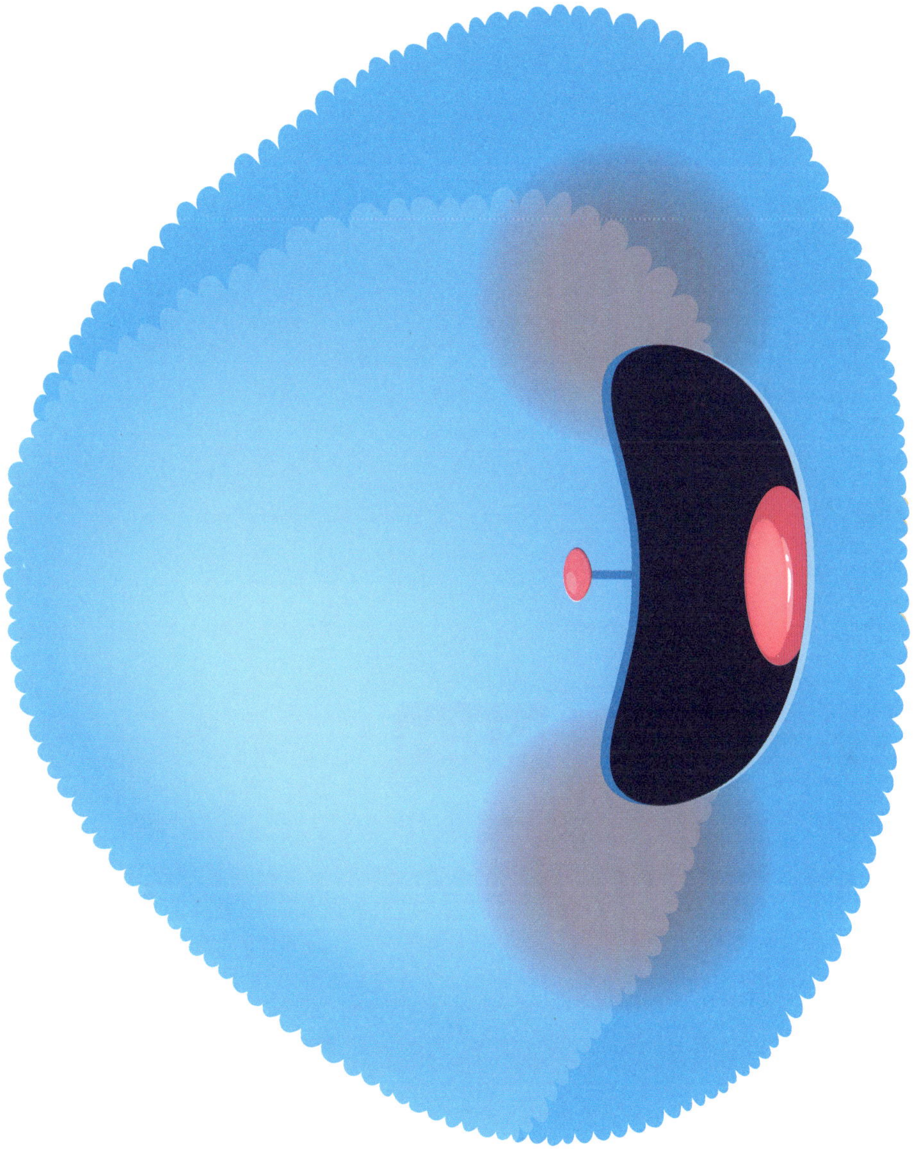

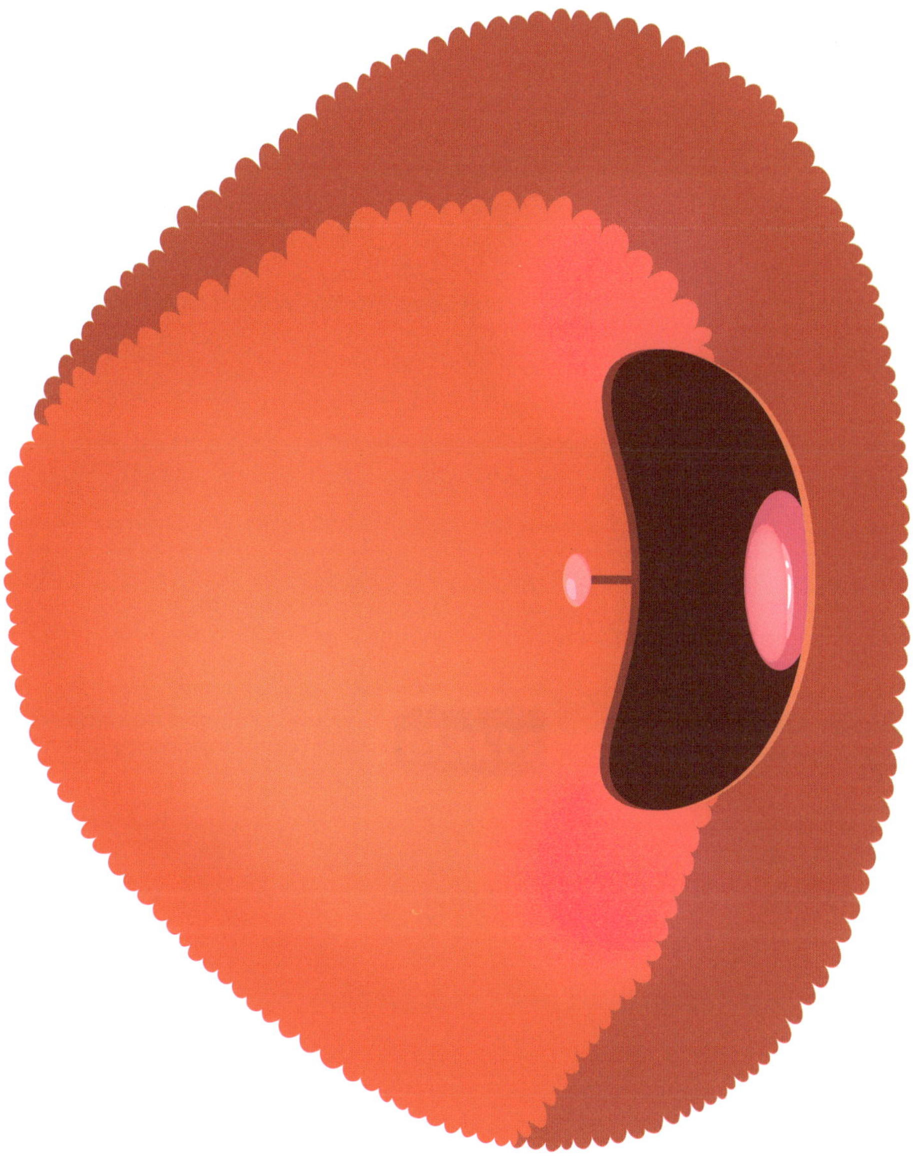

Le monstre à compter

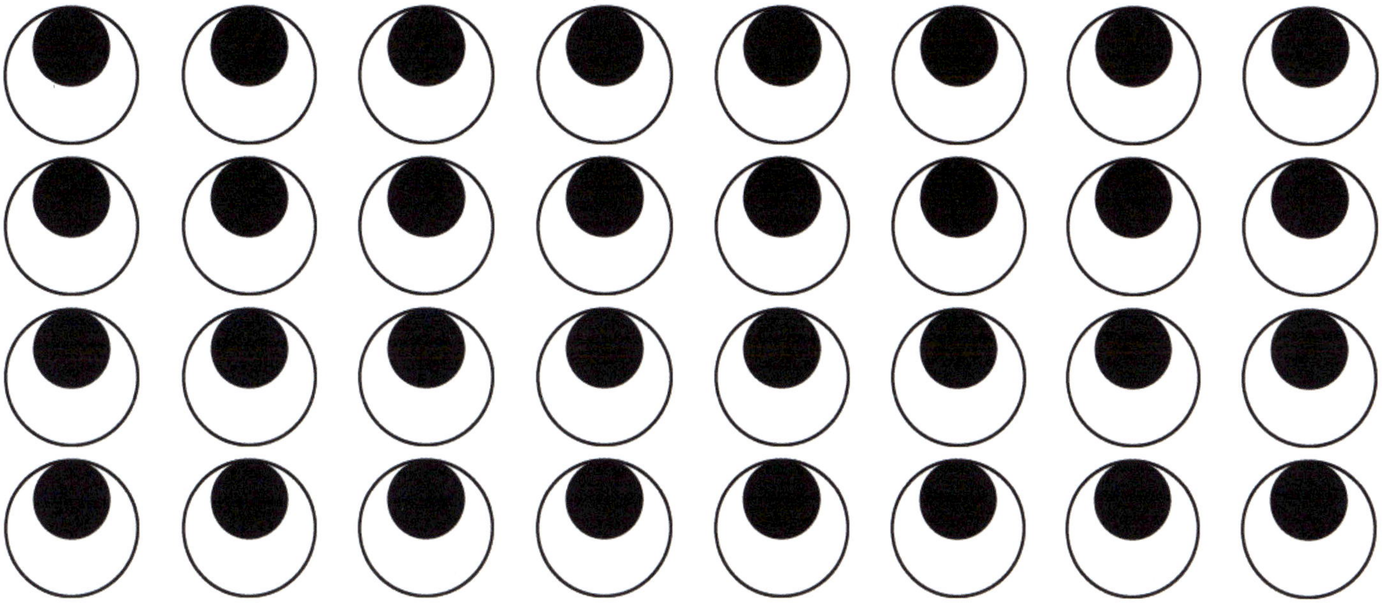

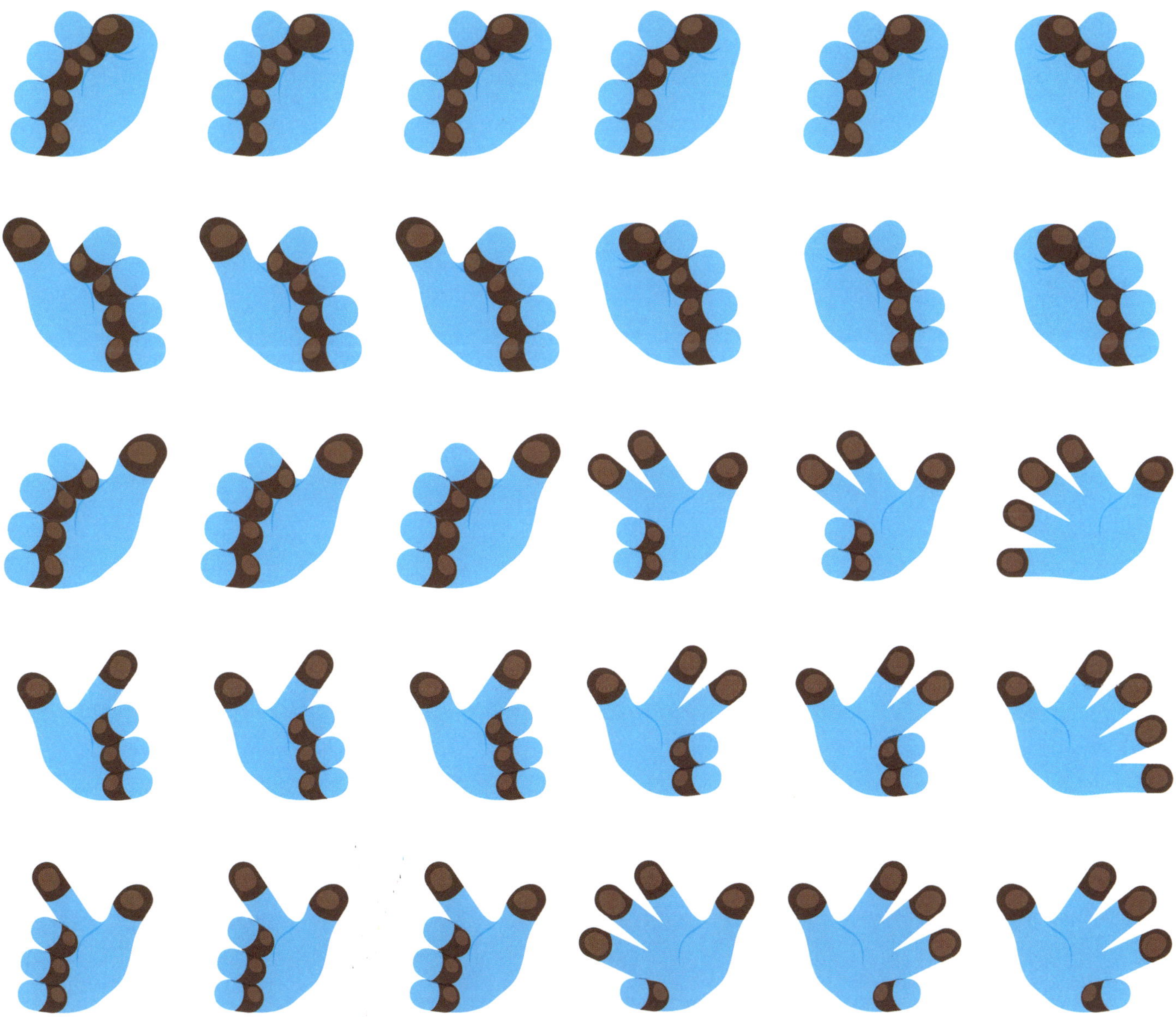

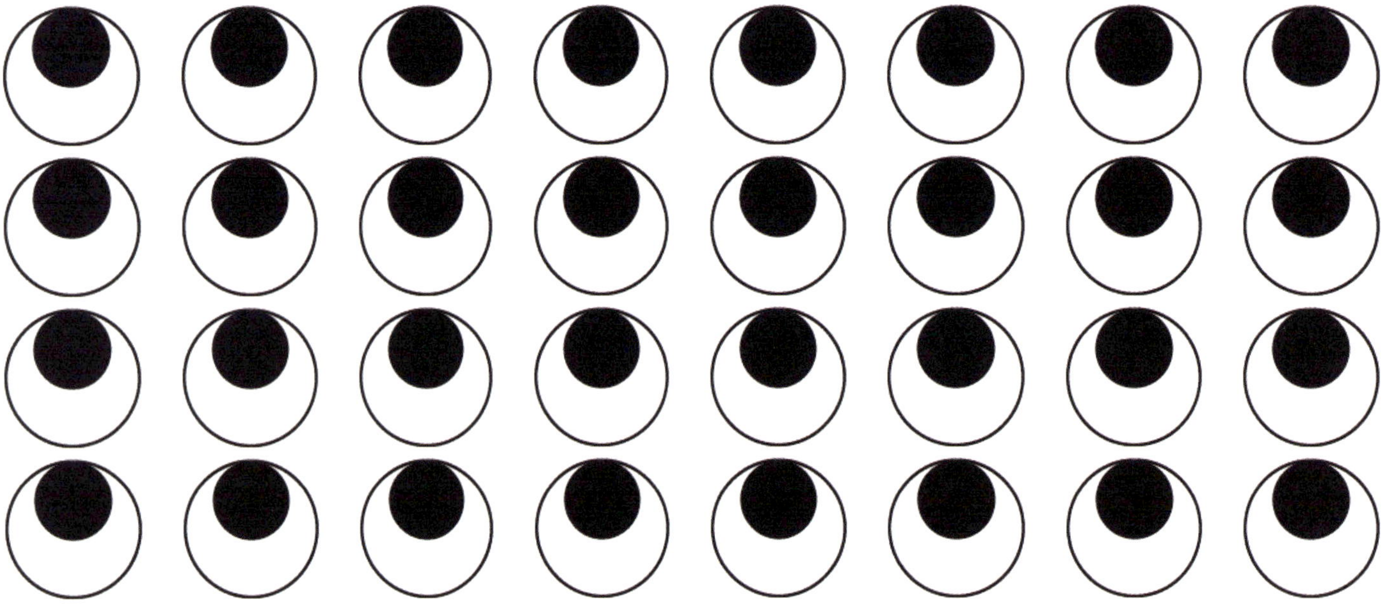

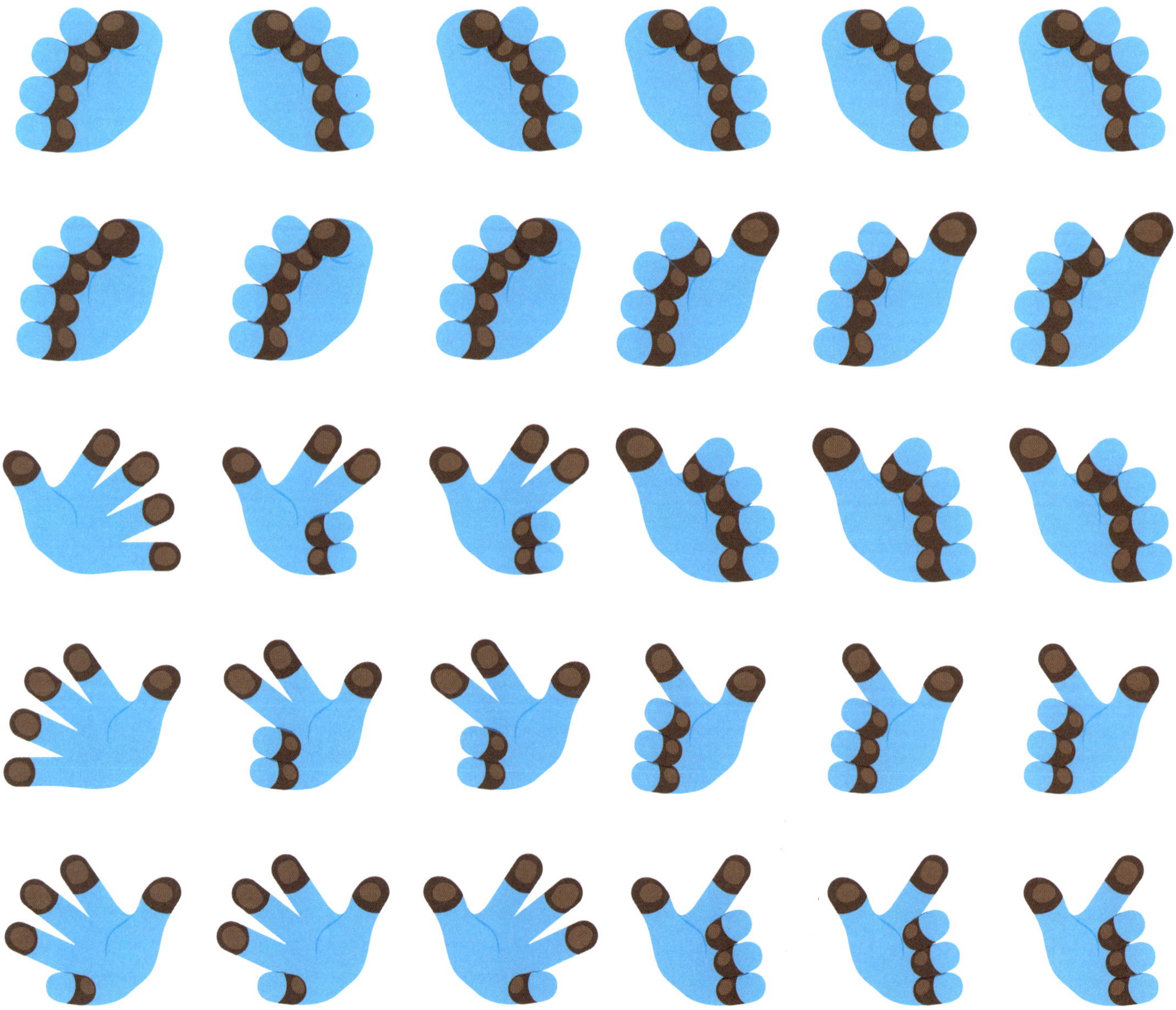

Les boites d'activités autonomes

Étiquettes pour les tiroirs

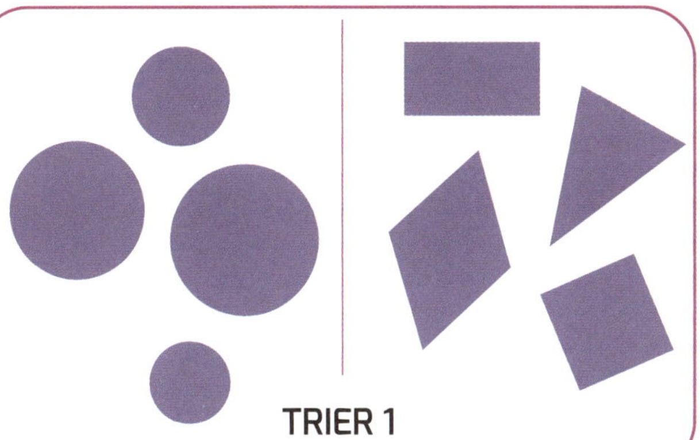

TRIER 1
Trier : rond / autres formes

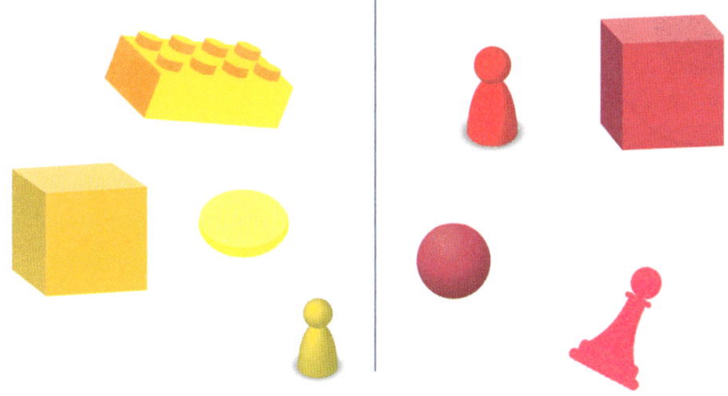

CLASSER 1
Classer par couleur

ASSOCIER 1
Associer des paires

VERSER
Remplir un pot

TRIER 2
Trier : carré /autres formes

CLASSER 2
Classer par taille

ASSOCIER 2
Associer deux moitiés

ÉNUMÉRER
Remplir un emplacement avec un objet

COMPTER 1

Reconstituer le minimonstre du 1

ASSEMBLER

Créer des mosaïques

ASSOCIER DES COLLECTIONS 1 - 2 - 3

Associer des collections d'objets aux faces du dé

PARTAGER 1

Partager une tour de cubes entre des figurines

ASSOCIER LES DOIGTS À UN NOMBRE

COMPTER 2

Reconstituer le minimonstre du 2

CLASSER 3 - 4

Classer par forme

PARTAGER 2 - 3

Partager une tour de cubes entre des figurines

SAC À TOUCHER
Associer un nom à sa forme

ALGORITHMES 1 - 2
Continuer un algorithme

COMPTER 3
Reconstituer le minimonstre du 3

TANGRAM
Reproduire un modèle

ÉTIQUETTES PERSONNALISABLES

Les boites d'activités autonomes
Cartes consigne

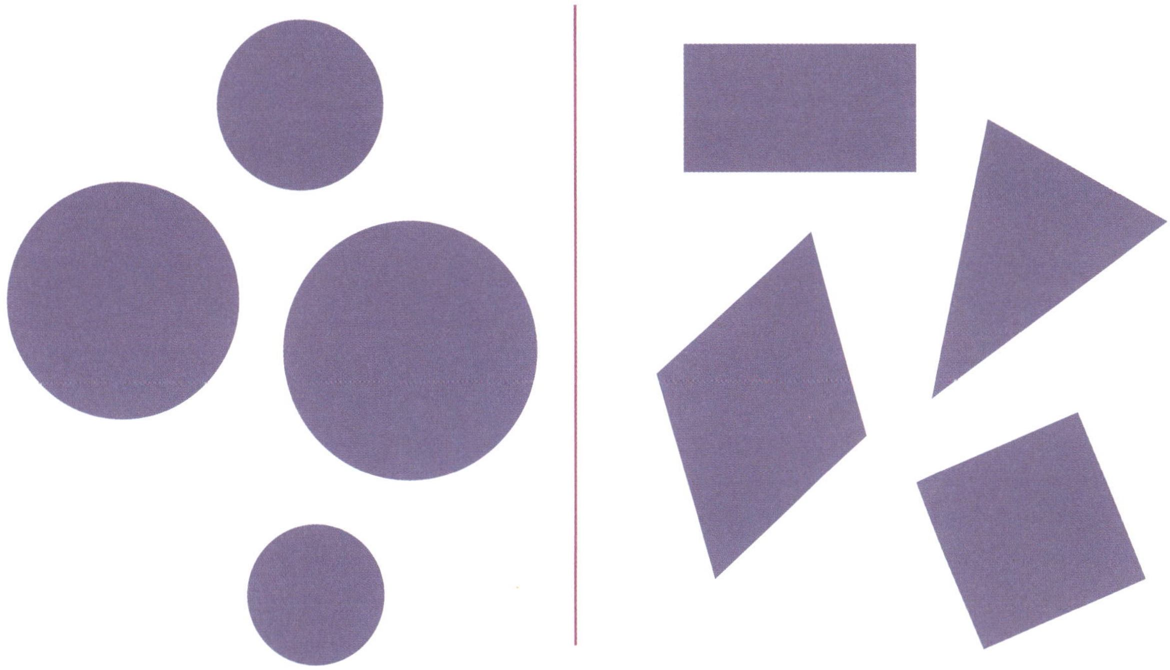

TRIER 1

Trier : rond / autres formes

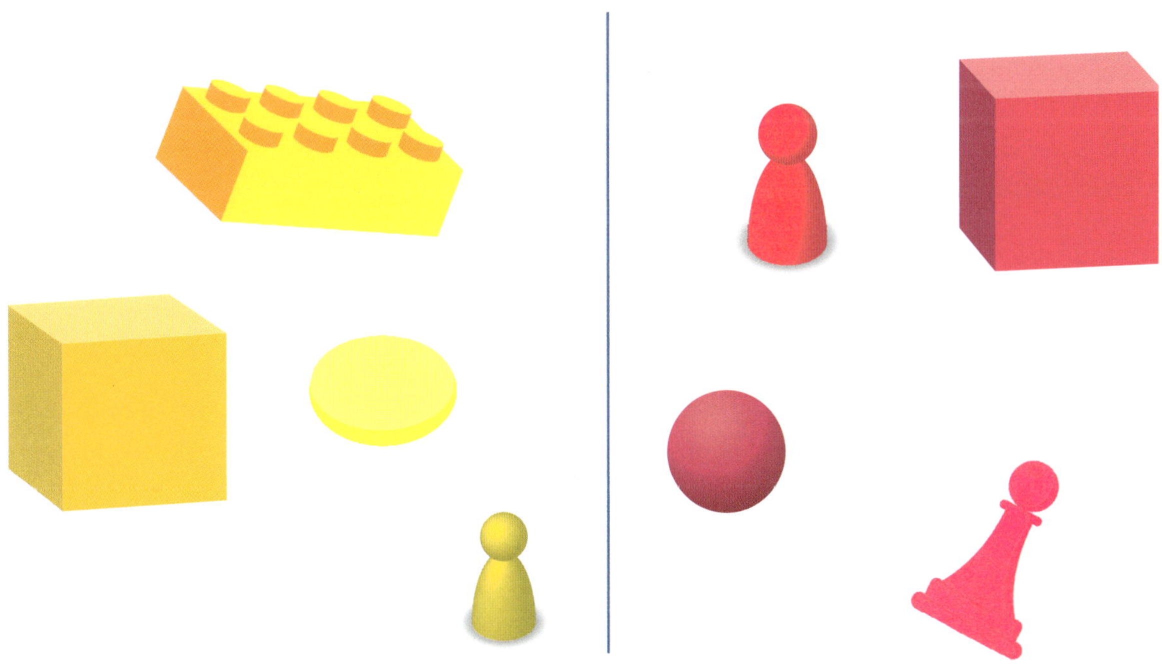

CLASSER 1

Classer par couleur

ASSOCIER 1

Associer des paires

VERSER

Remplir un pot

TRIER 2

Trier : carré /autres formes

CLASSER 2

Classer par taille

ASSOCIER 2

Associer deux moitiés

ÉNUMÉRER

Remplir un emplacement avec un objet

COMPTER 1

Reconstituer le minimonstre du 1

ASSEMBLER

Créer des mosaïques

ASSOCIER DES COLLECTIONS 1 - 2 - 3

Associer des collections d'objets aux faces du dé

PARTAGER 1

Partager une tour de cubes entre des figurines

ASSOCIER LES DOIGTS À UN NOMBRE

COMPTER 2

Reconstituer le minimonstre du 2

CLASSER 3 - 4

Classer par forme

PARTAGER 2 - 3

Partager une tour de cubes entre des figurines

M.H.M maternelle

M.H.M maternelle

SAC À TOUCHER

Associer un nom à sa forme

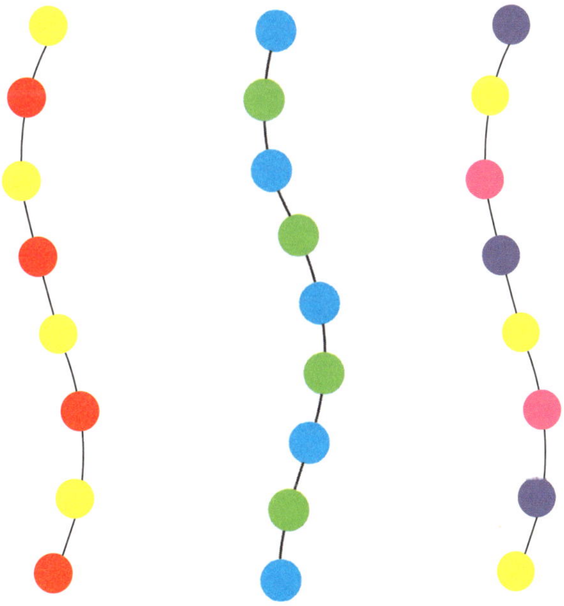

ALGORITHMES 1 - 2

Continuer un algorithme

COMPTER 3

Reconstituer le minimonstre du 3

TANGRAM

Reproduire un modèle

Les cartes flash

2

1

4

3

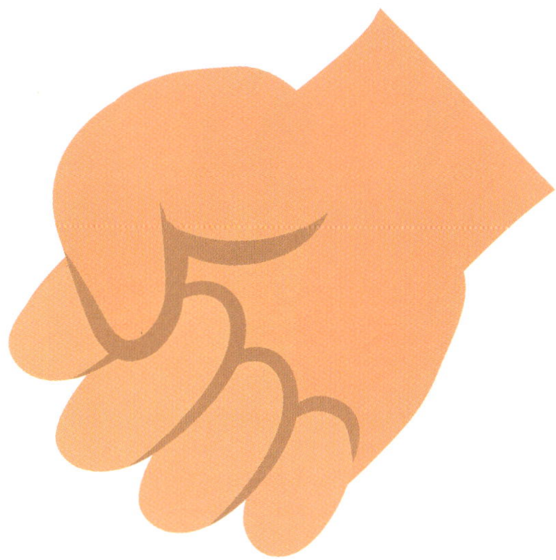

5

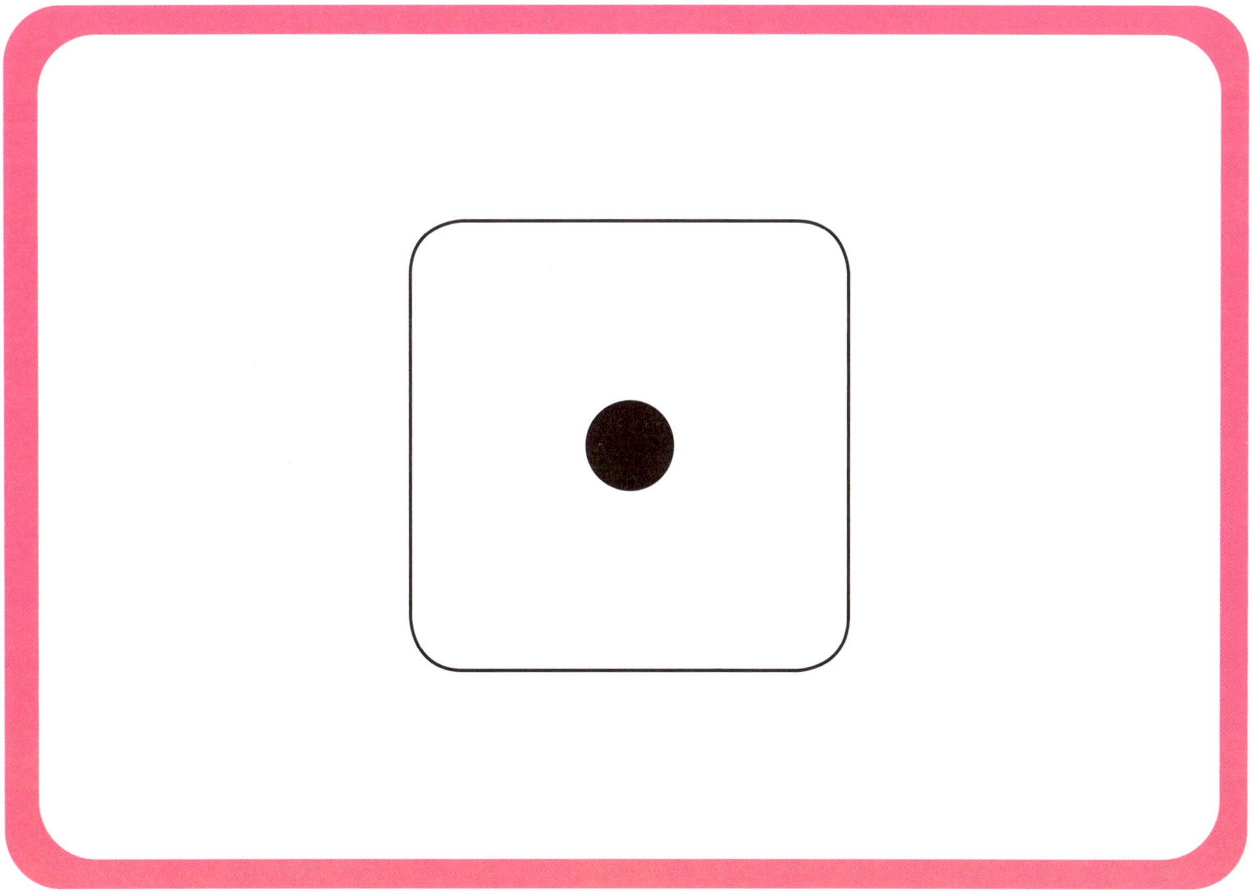

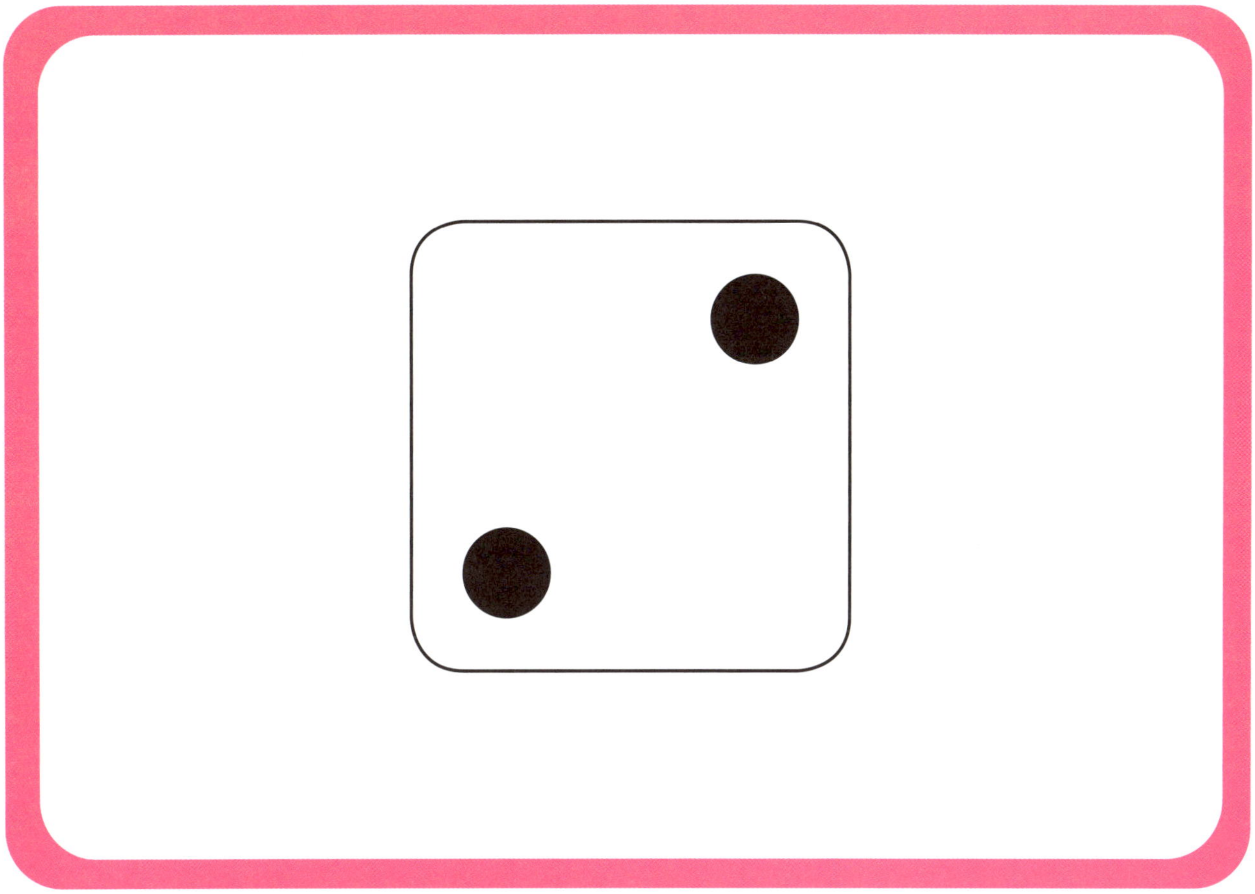

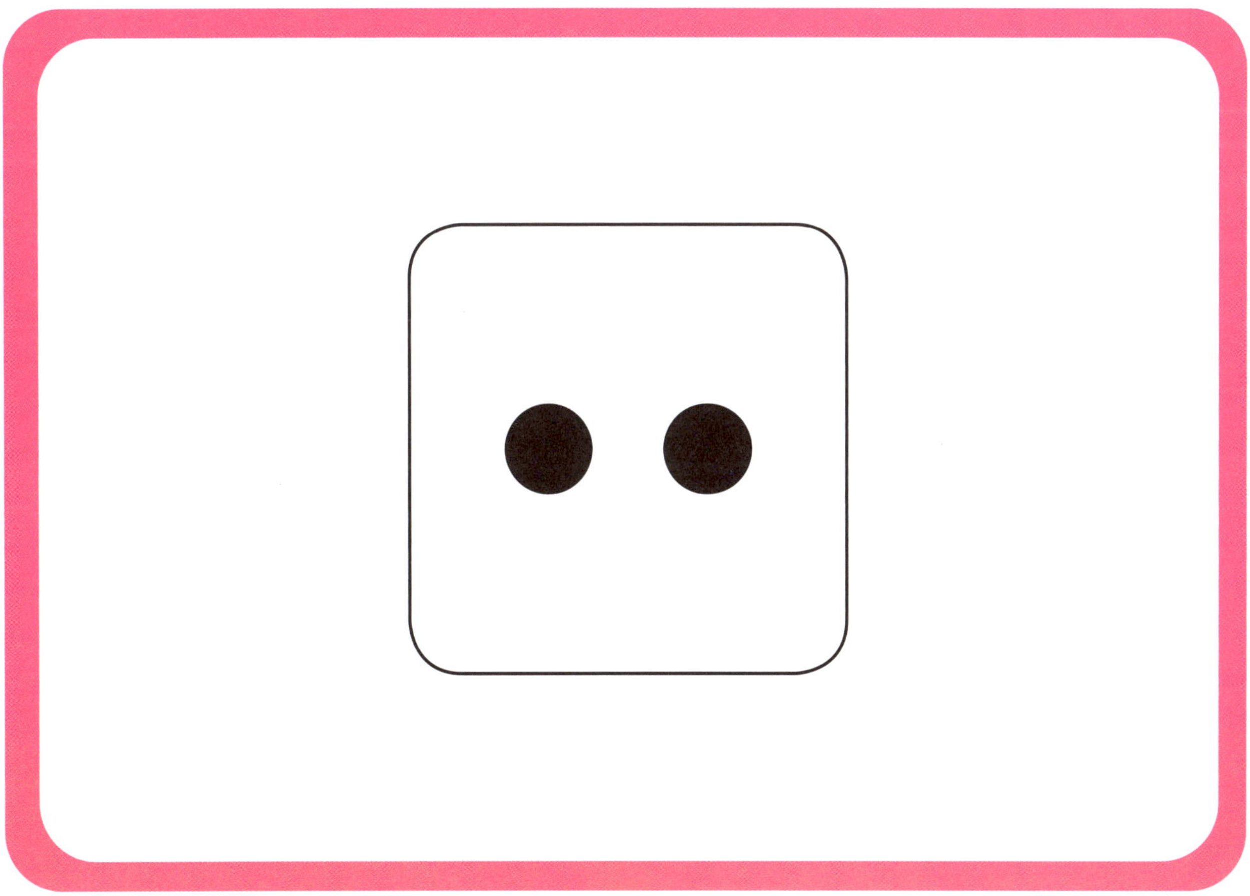

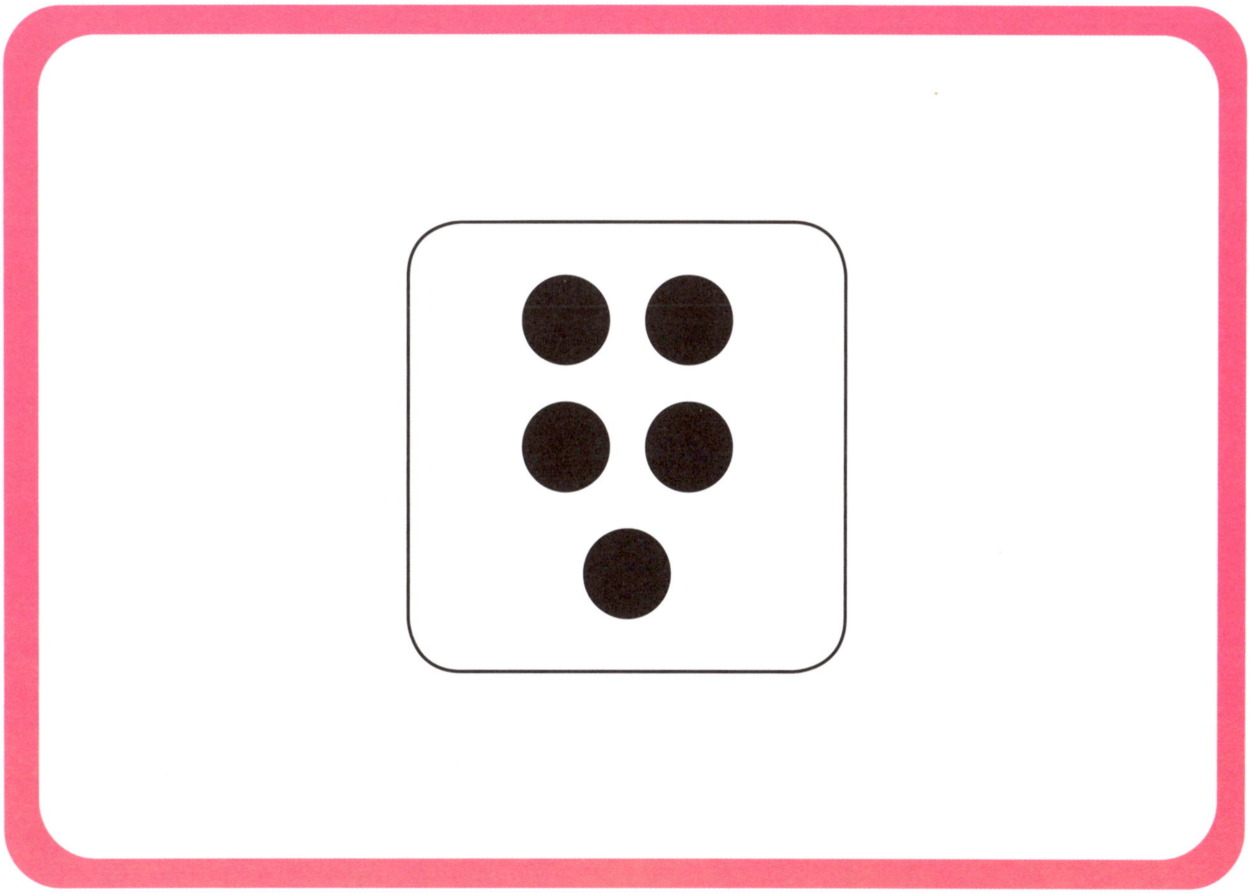

Les cartes Nombre

1

2

3

4

5

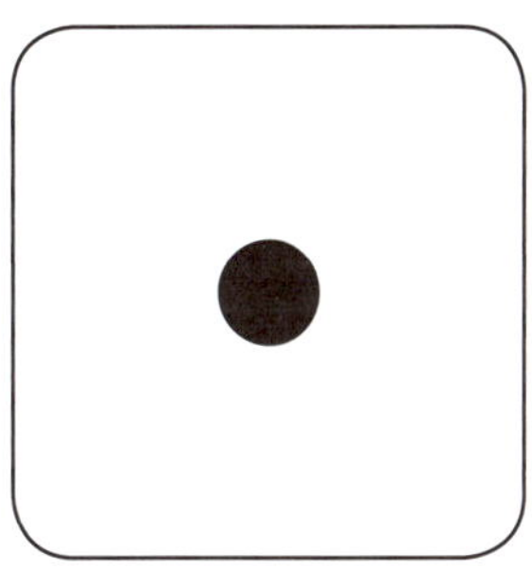

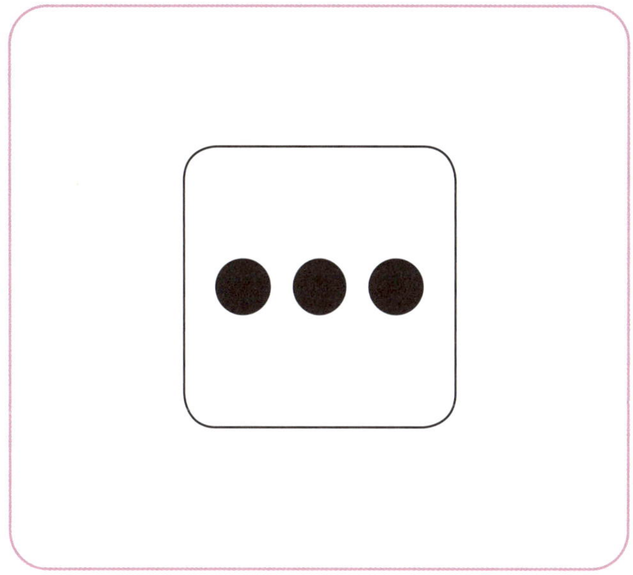

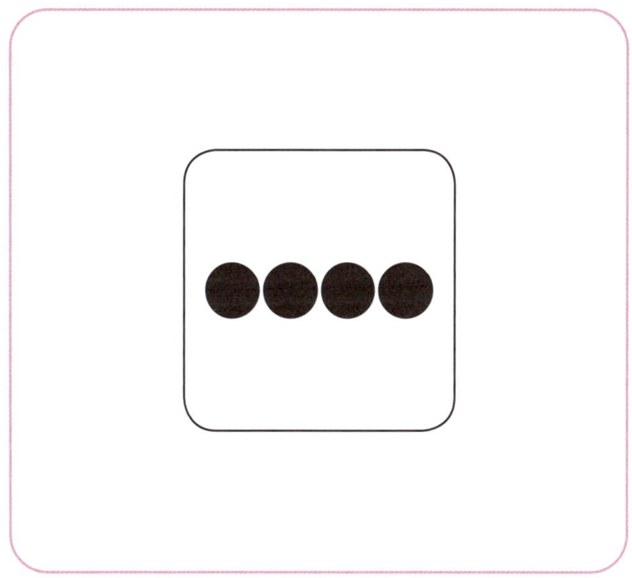
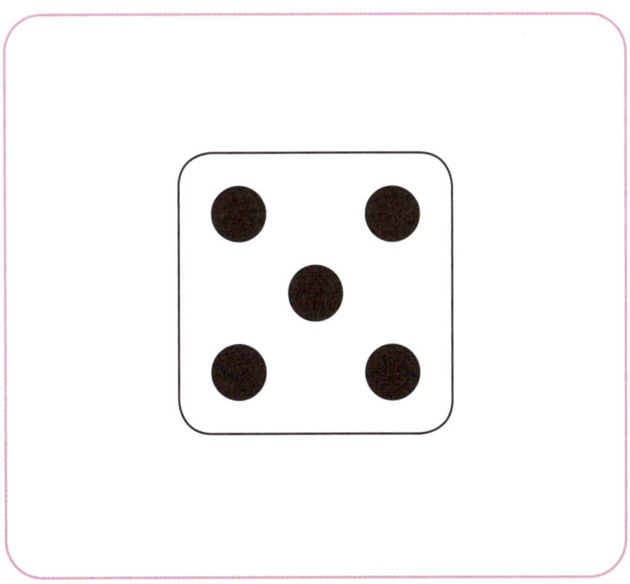
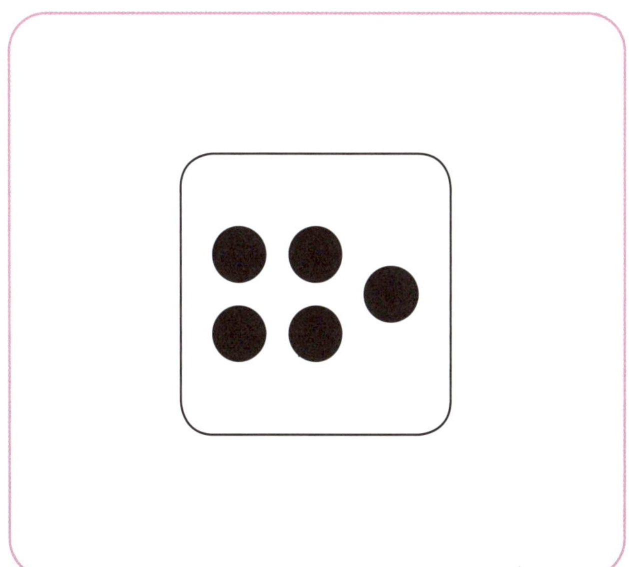

Les cartes Collection

Les dominos

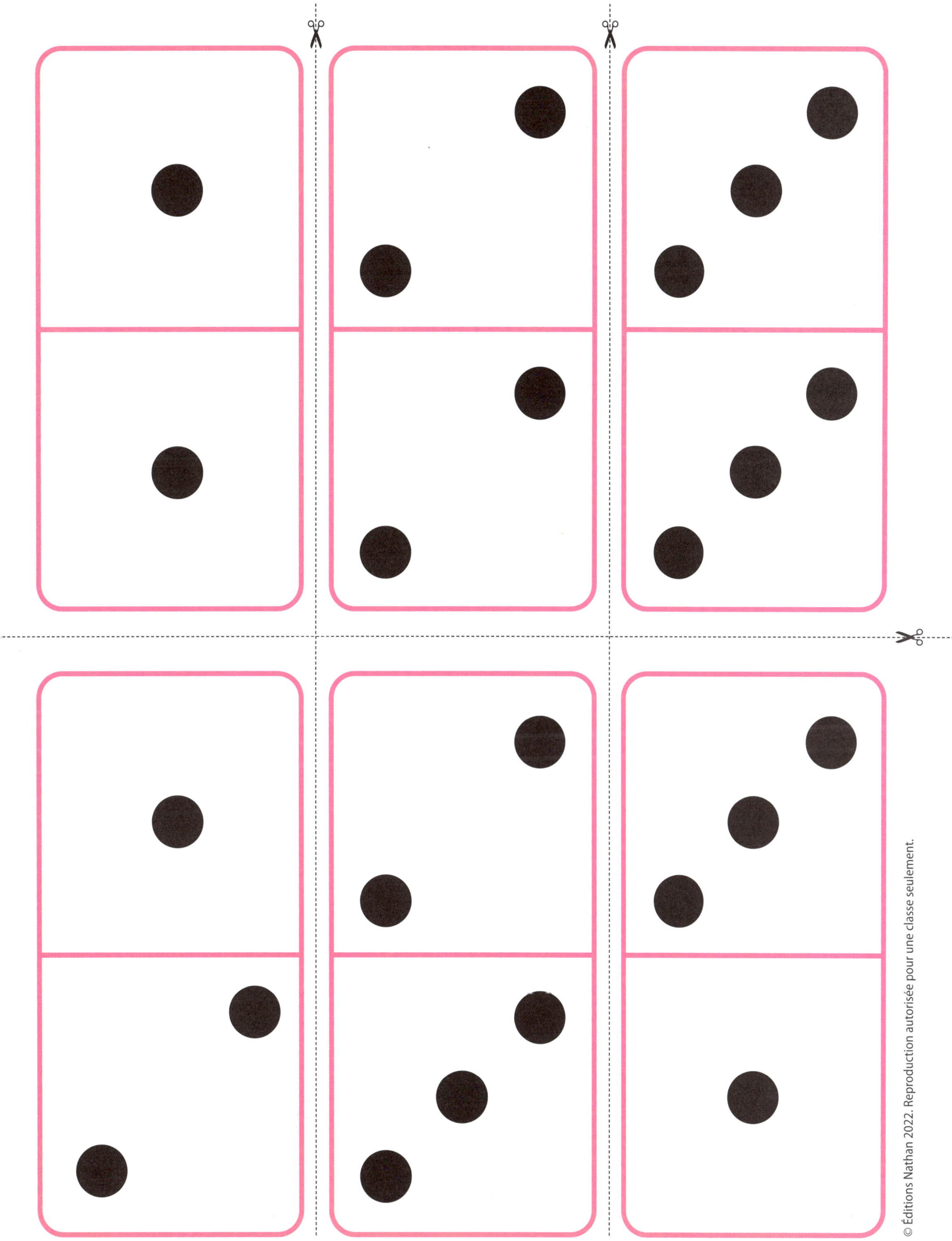

Les cartes Énigme

La BOITE à ÉNIGMES 1

LE PARKING

Écoute
la question.

Nathan

La BOITE à ÉNIGMES 2

LES ŒUFS

Écoute
la question.

Nathan

La BOITE à ÉNIGMES 1

★ Combien y a-t-il de voitures garées sur le parking ?

★★ Une voiture arrive sur le parking. Combien de voitures y a-t-il maintenant ?

★★★ Deux voitures partent du parking. Combien de voitures reste-t-il ?

Écoute la réponse.

Nathan

La BOITE à ÉNIGMES 2

★ Combien d'œufs y a-t-il dans la boite ?

★★ Maman a sorti 1 œuf de la boite. Combien d'œufs y avait-il avant ?

★★★ Si maman prend 3 œufs dans la boite, combien d'œufs va-t-il rester ?

Écoute la réponse.

Nathan

Maths et arts – Pixel art

Mes mains

Je suis le monstre à compter *(agiter le monstre devant les enfants)*

Voici mes mains *(secouer les deux mains et les montrer à gauche et à droite)*

Mes mains ouvertes *(ouvrir les mains)*

Mes mains fermées *(fermer les poings)*

Une main d'un côté *(secouer la main, cacher l'autre)*

Une main de l'autre côté *(secouer l'autre main, cacher l'autre main)*

Beaucoup de doigts pour te chatouiller *(faire semblant de chatouiller)*

Tout rond !

Tout rond est le cerceau
Rond comme la lettre O
Rond comme les roues du vélo

À l'école, on fait des ronds
On souffle sur les bulles de savon

Il y a des ronds partout
Les ronds sont tout doux !

Mon visage

Regarde, j'ai un visage !

Avec une oreille et encore une autre
Ça fait deux oreilles !

Mais aussi une narine, et encore une autre
Ça fait aussi deux !

Et enfin, un œil et encore un autre
Ça fait encore deux, j'ai deux yeux !

Le carré

Je suis le carré

Je ne roule pas,

J'ai quatre côtés

Je pique là, là, là et encore là !

Je ne suis pas caché

Je suis sous ton nez !

Les beaux triangles

Les triangles ont trois côtés
Trois bouts pointus
Il y a des triangles partout
Mais ils sont bien cachés !
Regarde dans la part de gâteau
Regarde le panneau
Ou la voile du bateau
Les triangles sont beaux !

Minimonstre gourmand

Voici venir notre petit copain

Gourmand et un peu coquin

Il mange un grain de raisin 

Et encore un 

Et encore un 

Il se régale avec trois grains de raisin !

Minimonstre deviendra grand

Il est plus grand que l'araignée

Mais ne veut pas l'écrabouiller

Il est plus grand que le scarabée

Qu'il voit souvent sous le tabouret

Minimonstre est déjà assez grand

Mais il est plus petit qu'un enfant !

Ils sont tous fous !

Tout à coup deux mains se posent sur le nez
Avec des doigts comme des pattes d'araignée
Tout excités et agités
En voilà deux qui vont se promener
Et trois autres sur le front pour tapoter
Heureusement j'ai appris à compter
Un doigt et encore un, ça fait deux doigts
Un doigt et encore deux, ça fait trois doigts !

Le petit train

Voici qu'arrive le petit train

Avec en premier le lapin

En deuxième son ami cochon

En troisième un drôle de mouton

Et qui va descendre du train ?

Le patron du minimonstre à compter

Les modèles d'algorithmes

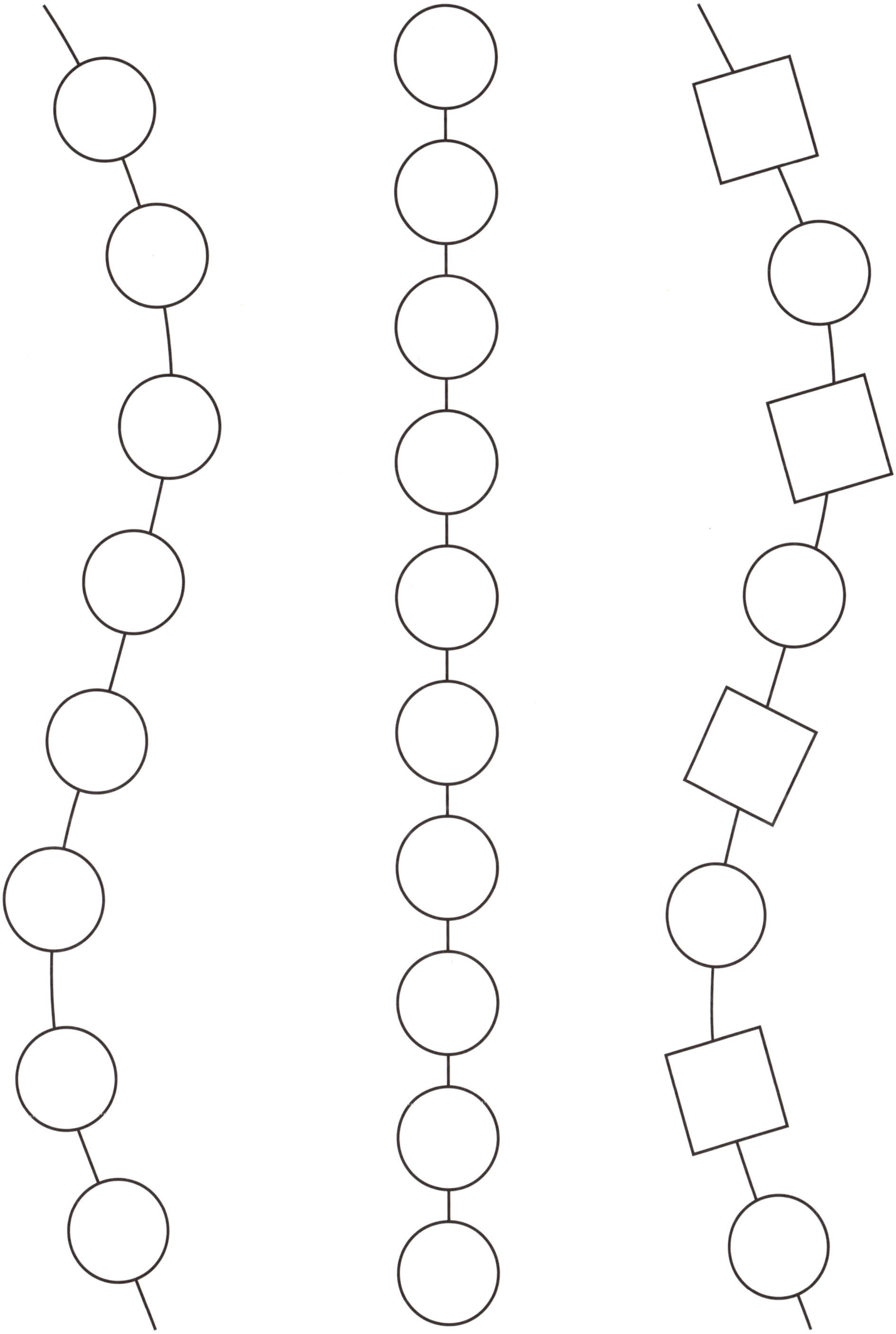

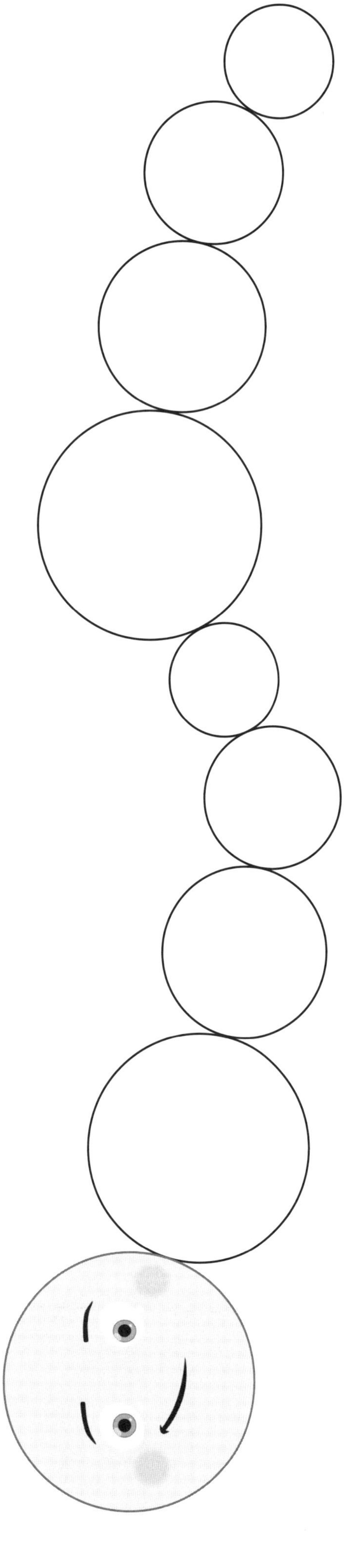

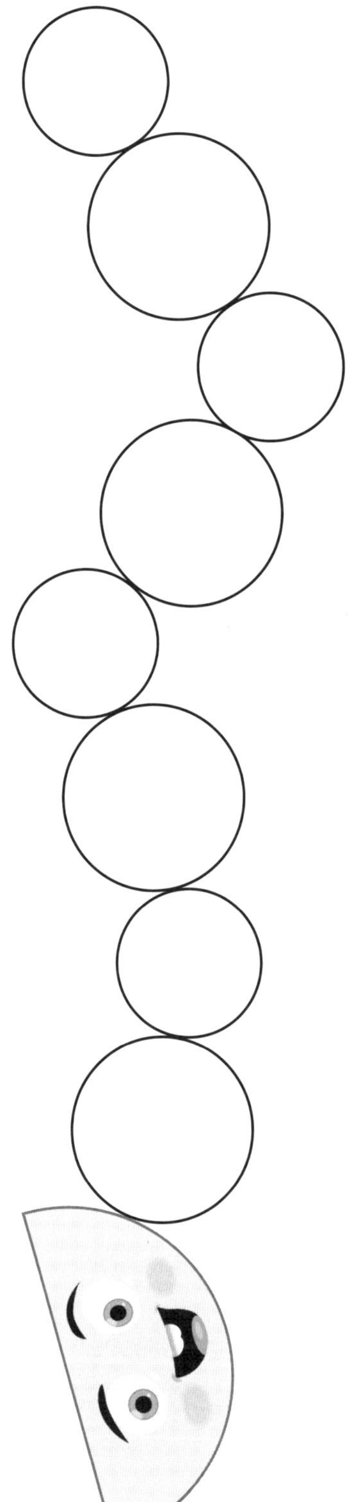

Le tangram Totem

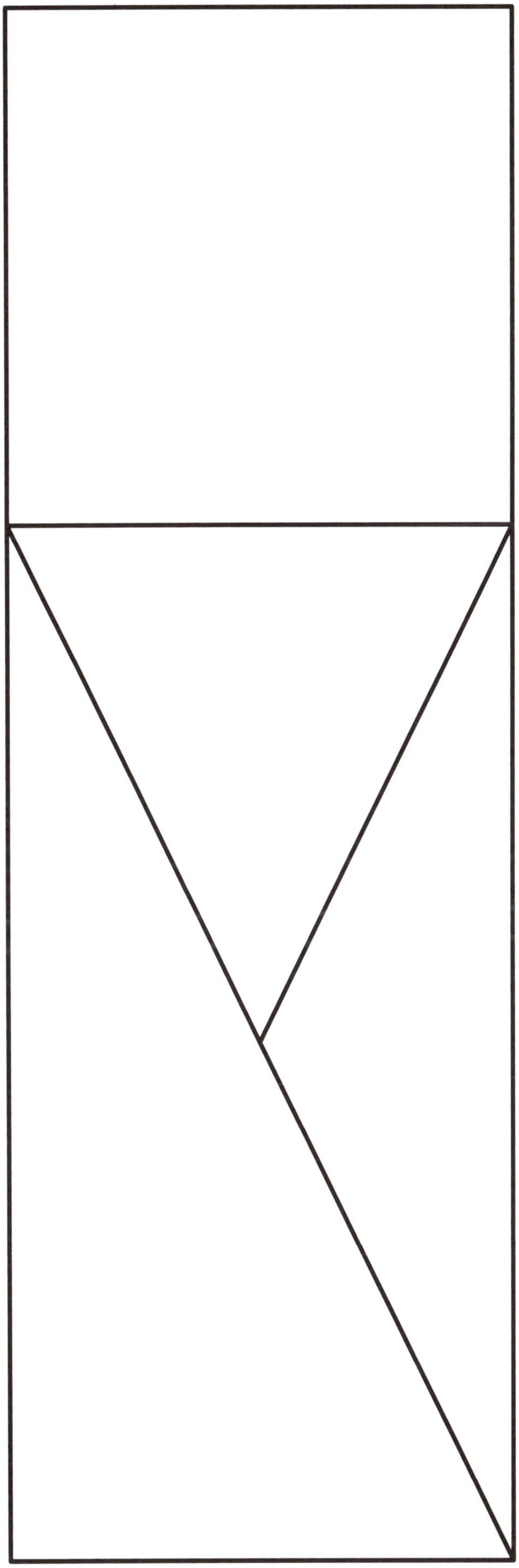

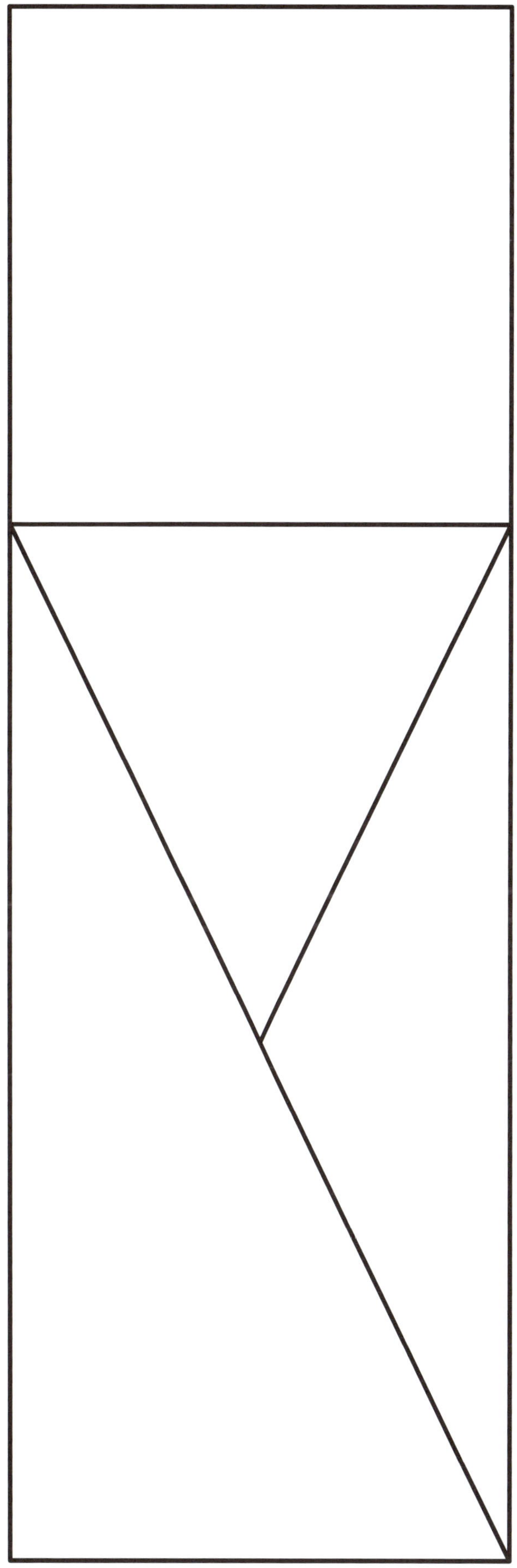

Les modèles de tangrams Totem

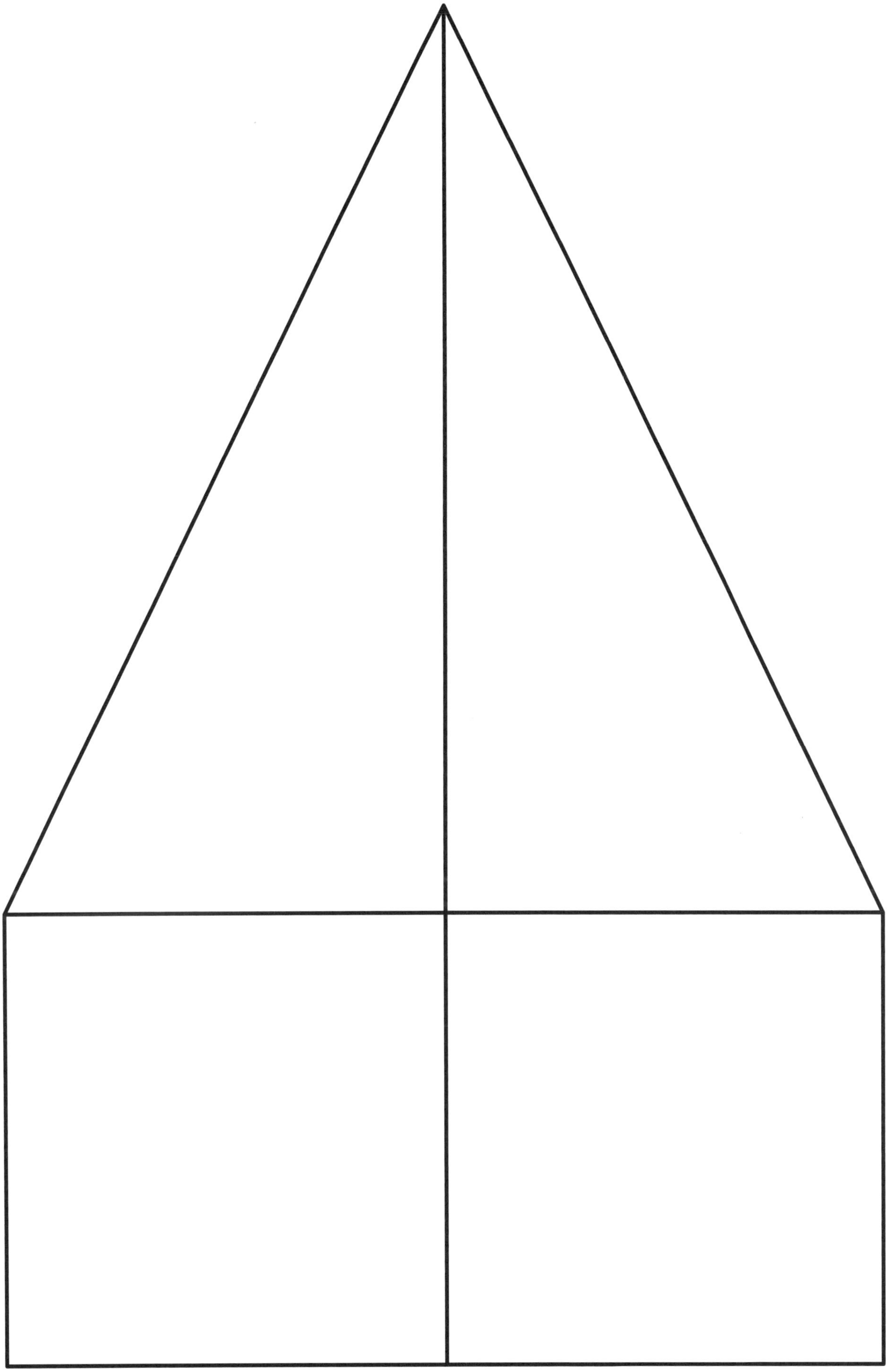

Le sapin pixels

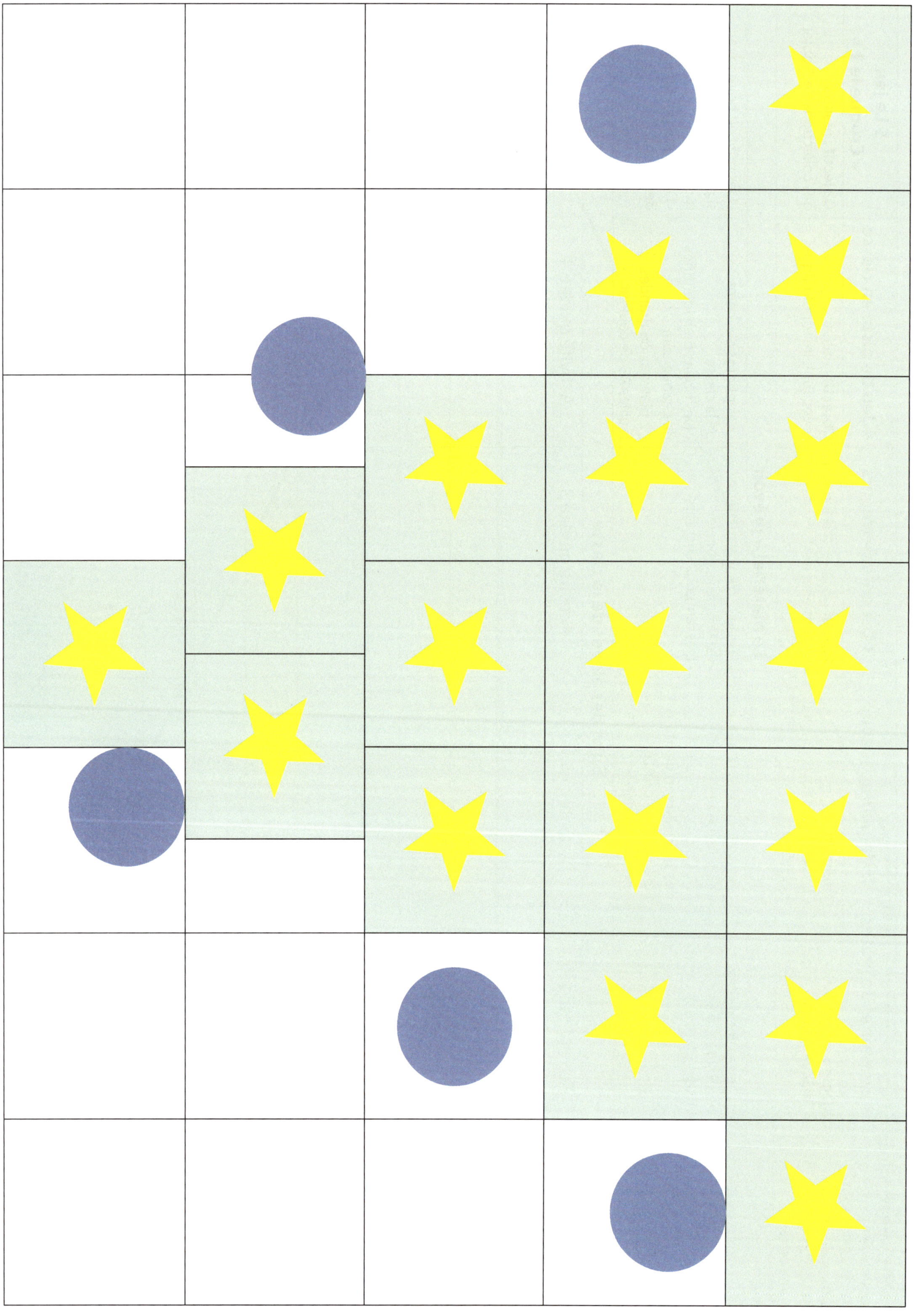

▶ Des versions modifiables de ces grilles sont disponibles dans les ressources numériques.

1 Le matériel de maths	2 Un peu/beaucoup	3 Les encastrements	4 Jeu de piste en classe	5 Le jeu « Croque le 1 »
Objectif : constituer un imagier maths	**Objectif :** réaliser des collections avec un peu/ beaucoup	**Objectif :** associer une forme à son empreinte	**Objectif :** utiliser le vocabulaire topologique	**Objectif :** réaliser des collections de 1 objet

Le matériel à prévoir

• Les cartes Vocabulaire • Des objets « réels » correspondant aux cartes	• Des paniers, des plateaux, des pots/boites • Des pions, des objets, des bouchons en quantité • Les cartes Vocabulaire « Peu/Beaucoup »	• Des jeux d'encastrements • De la pâte à modeler • Des tampons encreurs	• Les photos des coins de la classe • Des objets bien identifiés de chaque coin • 2 plateaux ou grandes feuilles A3 de couleur	• Des pots ou boites avec si possible un couvercle qui se visse • Des pions, des bouchons, des jetons...

Suivi des élèves de la classe

PRÉNOM	Activité guidée 1	Activité guidée 2	Activité guidée 3	Activité guidée 4	Activité guidée 5

FICHE DE SUIVI • ACTIVITÉS GUIDÉES PÉRIODE 2

1 Les faces du dé 1 et 2	2 Les dominos	3 Le sac à toucher	4 La chasse aux carrés	5 Le jeu « Croque le 2 »
Objectif : associer les représentations des nombres	**Objectif :** utiliser la correspondance terme à terme	**Objectif :** reconnaitre la forme ronde	**Objectif :** reconnaitre les carrés dans son environnement	**Objectif :** réaliser des collections de 2 objets

Le matériel à prévoir

• Les cartes flash 1 et 2 • Un sac opaque • Des pions • Un lot de cartes Nombre 1 et 2	• Un jeu de dominos • La carte Vocabulaire « Domino »	• Un sac à toucher • Des formes variées : ronds, carrés, triangles, rectangles	• Des objets carrés du quotidien, de la classe et de l'école • Un ou plusieurs objets « modèles » de forme carrée	• Des pots ou boites avec si possible un couvercle qui se visse • Des pions, des bouchons, des jetons...

Suivi des élèves de la classe

PRÉNOM	Activité guidée 1	Activité guidée 2	Activité guidée 3	Activité guidée 4	Activité guidée 5

1 Le mémory des 3 premiers nombres	2 Le jeu des associations	3 Le jeu du magicien	4 Le jeu de la tour	5 Les partages
Objectif : associer les représentations des nombres	**Objectif :** utiliser la correspondance terme à terme	**Objectif :** identifier des petites quantités sans les dénombrer	**Objectif :** réaliser une construction en volume avec une contrainte	**Objectif :** réaliser en situation de partage une collection dont le cardinal est compris entre 1 et 2
		Le matériel à prévoir		
• Les cartes Nombre des 3 premiers nombres • Les cartes Collection des 3 premiers nombres	• Des pions ou des figurines • Des sets de table • Les cartes Nombre « faces de dé » 1 à 3	• 2 ou 3 objets (pions, cubes, figurines)	• Des briques de jeux de construction	• Des pions, figurines, jetons identiques • Une petite boite ou barquette par élève

Suivi des élèves de la classe

PRÉNOM	Activité guidée 1	Activité guidée 2	Activité guidée 3	Activité guidée 4	Activité guidée 5

FICHE DE SUIVI • ACTIVITÉS GUIDÉES PÉRIODE 4

M.H.M Méthode Heuristique Mathématiques maternelle

1 Le vocabulaire topologique	2 Les collections à compléter	3 Les villages des nombres	4 Les triangles	5 Les faces du dé	6 Peser
Objectif : situer des objets par rapport à soi et aux autres	**Objectif :** composer et décomposer des collections jusqu'à 3	**Objectif :** réaliser des collections entre 1 et 3	**Objectif :** tracer et faire des empreintes de triangles	**Objectif :** utiliser le dé pour construire des collections	**Objectif :** comparer des masses en utilisant le vocabulaire adéquat

Le matériel à prévoir

• Les cartes Vocabulaire du vocabulaire topologique • Des objets de la classe, des cartons • Le minimonstre à compter	• Des pions ou des figurines • Des plateaux ou des boites • Les cartes Nombre • Les cartes Collection 1 à 3	• Des grandes feuilles A3 de couleur • Des objets de la classe en quantité • Des boites ou des maisons • Des petits paniers	• Des formes géométriques • Des bacs ou supports • Des gabarits de triangles • De quoi tracer les triangles	• Un dé de grande taille ne comprenant que des faces 1, 2, 3 • Un plateau • Des pions ou personnages • Les cartes Nombre « faces du dé » 1 à 3	• Des objets légers / lourds

Suivi des élèves de la classe

PRÉNOM	Activité guidée 1	Activité guidée 2	Activité guidée 3	Activité guidée 4	Activité guidée 5	Activité guidée 6

1 Les photos des villages des nombres	2 Le jeu « Croque le 3, 4 ou 5 »	3 Le tangram Totem	4 Les problèmes numériques	5 Les mascottes des formes	6 Peser/ 7 Décomposer les nombres
Objectif : réaliser des collections entre 3 et 5	**Objectif :** réaliser une collection de 3, 4 ou 5 objets	**Objectif :** résoudre des problèmes géométriques	**Objectif :** résoudre des problèmes numériques simples	**Objectif :** fabriquer des personnages géométriques	**Objectif :** comparer des masses **Objectif :** décomposer

Le matériel à prévoir

• Une grande feuille A3 avec les silhouettes des maisons des nombres • Une photo d'un village réalisé en période 4 • Des gommettes • Des photos ou images représentant des objets	• Des pions ou des figurines • Des pots ou des boites avec couvercle • Les cartes flash	• Plusieurs tangrams Totem • Les fiches modèles des tangrams	• Des objets permettant de mimer la situation problème • Les cartes Énigme de *La Boite à énigmes* MHM niveau PS	• Des bâtonnets ou des bâtons de glace en bois • Des gabarits de formes plastifiés • Des gommettes et des feutres	• Des objets légers/lourds • Un matériel de pesée • Les cartes Vocabulaire « Balance », « Lourd/léger » • Les cartes flash des 5 premiers nombres • Du matériel pour décomposer

Suivi des élèves de la classe

PRÉNOM	Activité guidée 1	Activité guidée 2	Activité guidée 3	Activité guidée 4	Activité guidée 5	Activité guidée 6 / 7

FICHE DE SUIVI • ACTIVITÉS SEMI-AUTONOMES

▶ Des versions modifiables de ces grilles sont disponibles dans les ressources numériques.

1	2	3	4	5
Objectif :	**Objectif :**	**Objectif :**	**Objectif :**	**Objectif :**

Le matériel à prévoir

• • • • • • •	• • • • • • •	• • • • • • •	• • • • • • •	• • • • • • •

Suivi des élèves de la classe

PRÉNOM	Activité 1	Activité 2	Activité 3	Activité 4	Activité 5

▶ Des versions modifiables de ces grilles sont disponibles dans les ressources numériques.

SYNTHÈSE ÉVALUATION • CLASSE DE PS

Période 1

PRÉNOMS	Connaitre le rond				Estimer une quantité		Réaliser des opérations mathématiques			
	Reconnaitre	Nommer	Différencier	Tracer	Un peu	Beaucoup	Trier	Classer	Énumérer	Correspondance terme à terme

SYNTHÈSE ÉVALUATION • CLASSE DE PS

Période 2

PRÉNOMS	Connaitre le carré				Estimer une quantité		Réaliser des opérations mathématiques				Maitriser les nombres		Assembler les formes (puzzles, pavages)	
	Reconnaitre	Nommer	Différencier	Tracer	Un peu	Beaucoup	Trier	Classer	Énumérer	Correspondance terme à terme	Le 1	Le 2	Tourner les pièces	Utiliser des stratégies

SYNTHÈSE ÉVALUATION • CLASSE DE PS

Période 3

PRÉNOMS	Connaitre le carré / le rond				Exploiter les collections							Réaliser des opérations mathématiques				Mesurer		
	Reconnaitre	Nommer	Différencier	Tracer	Un peu/ Beaucoup	Reconnaitre des collections			Constituer des collections			Trier	Classer	Énumérer	Correspondance terme à terme	Petit	Grand	Utiliser des stratégies
						1	2	3	1	2	3							

SYNTHÈSE ÉVALUATION • CLASSE DE PS

Période 4

PRÉNOMS	Connaitre les formes géométriques : carré, rond, triangle									Utiliser le nombre												Mesurer des masses			Se repérer dans l'espace et le temps
	Reconnaitre			Nommer			Différencier			Reconnaitre l'écriture chiffrée			Reconnaitre des collections			Constituer des collections			Compléter des collections			Lourd/ léger	Classer	Comparer des masses	Puzzles et jeux de logique
	R	C	T	R	C	T	R	C	T	1	2	3	1	2	3	1	2	3	1	2	3				

SYNTHÈSE ÉVALUATION • CLASSE DE PS

Période 5

PRÉNOMS	Connaitre les formes géométriques										Utiliser le nombre												Se repérer dans l'espace et le temps		Résoudre des situations problèmes
	Reconnaitre			Nommer			Différencier			Agencer un tangram	Reconnaitre l'écriture chiffrée			Reconnaitre des collections			Constituer des collections			Compléter des collections			Puzzles	Jeux de logiques	Comprendre, manipuler, transférer
	R	C	T	R	C	T	R	C	T		1	2	3	1	2	3	1	2	3	1	2	3			

SYNTHÈSE ÉVALUATION • CLASSE DE PS

Période

PRÉNOMS										

Crédits iconographiques : **17 ht** ©vectortatu – iStockphoto.com ; **55** cube ©Peter Hermés Furian – adobe.stock.com, pion ©Grey Ibex – adobe.stock.com, balle ©pixxsa – adobe.stock.com, carotte ©Arcady – adobe.stock.com, bouteille ©VikiVector – iStockphoto.com, crayon © Lucie – adobe.stock.com, pinceau ©Gstudio – adobe.stock.com ; **121 ht** Invader, PA_834, Paris, 2010 et b Invader, PA_1030, Paris, 2012. ©Invader/ADAGP, Paris 2022 ; **128** raisin ©uiliaaa – adobe.stock.com ; **129** araignée ©worldofvector – adobe.stock.com ; scarabée ©YuliaR – adobe.stock.com ; enfant ©kankhem – adobe.stock.com ; **131** ©k_tatsiana – adobe.stock.com

Illustrations :

Philippe Derrien : couverture et p. 3, 5, 7, 29 b

Coline Citron : p. 17 bg, 23 bd, 25 b, 27, 33 b, 39 b, 55 (Verser, Énumérer), 57 (Assembler, Partager) et leur reprise dans les cartes Consigne, 130

Élodie Lauret : p. 9, 11, 13, 15 ht, 21 b, 23 ht et bg, 31, 35, 37, 39 ht, 55 (Associer 1 et 2), 57 (Associer des collections, Associer les doigts à un nombre), 59 (Sac à toucher) et leur reprise dans les cartes Consigne, 113 et 115, 131 (animaux)

Mélisande Luthringer : p. 123 à 127

Rémy Tornior : minimonstres et monstre à compter

Édition : Anne Balaguier

Conception graphique : Anne-Danielle Naname

Coordination artistique et conception couverture : Julie Lannes

Mise en pages : CGI

Achevé d'imprimer en France en septembre 2022 par la Nouvelle Imprimerie Laballery
N° éditeur : 125213 / Code projet : 10287529 - Dépôt légal : juillet 2022 - N° impression : 207298

La Nouvelle Imprimerie Laballery est titulaire de la marque Imprim'Vert®